清宮林則徐檔案匯編

6

中國第一歷史檔案館
福建省林則徐研究會 編

海峽出版發行集團
海峽文藝出版社

第六册　目録

江蘇巡撫林則徐題本

題明直隸試用知縣姜畊親母在籍病故例應丁憂

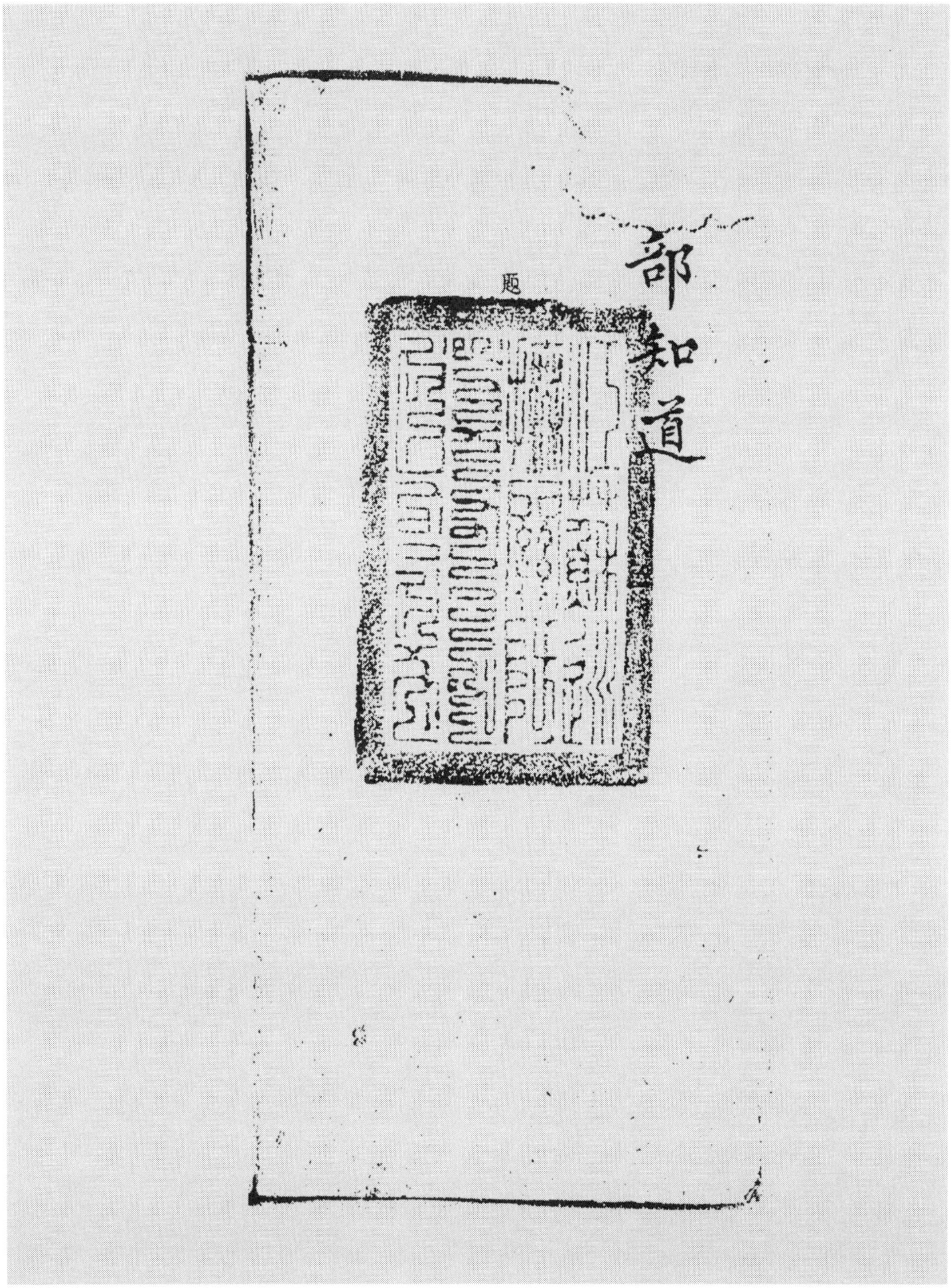

江蘇巡撫林則徐題本　題明直隸試用知縣姜畊親母在籍病故例應丁憂　道光十三年二月二十三日

兵部侍郎兼都察院右副都御史巡撫江蘇等處地方提督軍務總理糧儲臣林則徐謹
題爲報明丁憂事據江寧布政使趙盛奎詳稱據
揚州府申據東臺縣詳稱據家屬裴用呈稱竊
家長分發直隸試用知縣姜畊係東臺縣人由
廩生考取道光伍年乙酉科選拔貢生道光陸
年赴部
朝考錄取貳等第伍名引
見奉
旨以知縣用欽此籤掣直隸試用歷奉委署蠡縣贊
皇并經等縣事務今家長有親母劉氏於道光
拾貳年拾貳月初陸日在籍病故家長係屬親
子例應丁憂回籍守制除寄信報訃外理合報

明轉詳等情到縣由府轉申到司相應詳候核
題等情到臣據此該臣查得東臺縣人分發直隸
試用知縣姜畊有親母劉氏於道光拾貳年拾
貳月初陸日在籍病故該員係屬親子例應丁
憂回籍守制據江寧布政使趙盛奎詳報前來
除飭查明有無遏繼開明三代次丁取具族鄰
甘結詳咨並揭移吏部科暨直隸督臣外臣謹
具
題伏乞
皇上聖鑒勅部查照施行謹具題
聞

江蘇巡撫林則徐題本　題明直隸試用知縣姜晰親母在籍病故例應丁憂

道光十三年二月二十三日

道光拾叁年貳月貳拾叁日兵部侍郎兼都察院右副都御史巡撫江蘇等處地方提督軍務總理糧儲臣林則徐

兵部侍郎兼都察院右副都御史巡撫江蘇等處地方提督軍務總理糧儲臣林則徐謹

題為報明丁憂事該臣查得東臺縣人分發直隸

試用知縣姜晰有親母劉氏於道光拾貳年拾

貳月初陸日在籍病故該員係屬親子例應丁

憂回籍守制據江寧布政使趙盛奎詳報前來

除飭查明有無過繼開明三代次丁取具族鄰

甘結詳咨並揭移吏部科暨直隸督臣外謹具

題

聞

江蘇巡撫林則徐題本

松江鎮江府屬道光六年漕米續徵全完前署蘇松糧道蘇廷玉等題請開復

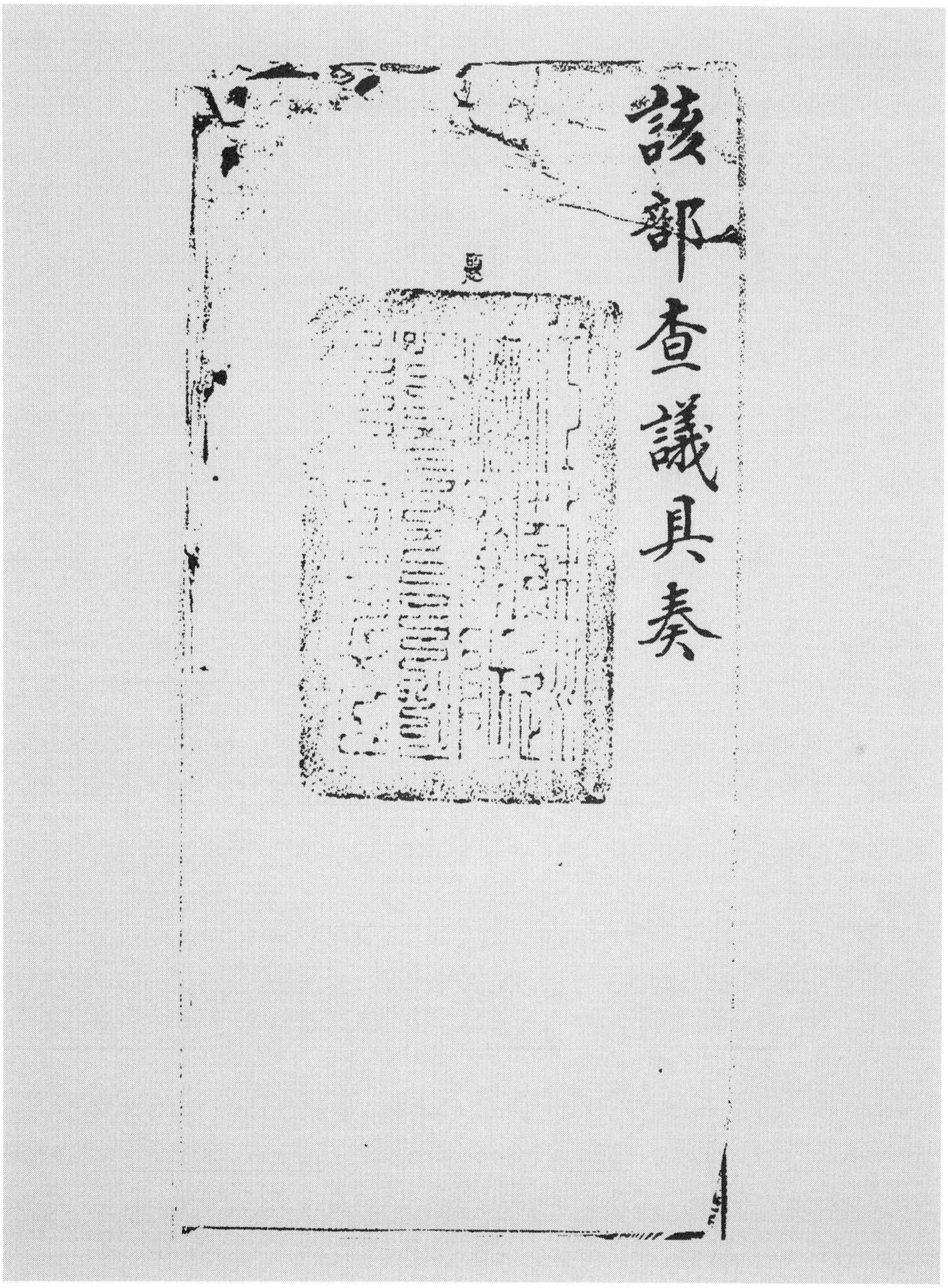
該部查議具奏

題

江蘇巡撫林則徐題本　松江鎮江府屬道光六年漕米續徵全完前署蘇松糧道蘇廷玉等題請開復
道光十三年二月二十三日

兵部侍郎兼都察院右副都御史巡撫江蘇等處地方提督軍務兼理糧儲臣林則徐謹
題爲經徵緩漕照數全完
題請開復事據蘇松督糧道陶廷杰詳稱竊照松
江鎮江貳府屬道光拾年冬應徵道光陸年分
緩漕肆次年限案内南匯縣未完正耗米貳千
肆拾壹石壹斗玖升陸合叁勺丹徒縣未完正
耗米壹百玖拾肆石伍斗叁合叁勺金壇縣未
完正耗米肆百柒拾肆石捌斗陸升貳合玖勺
共未完米貳千柒百壹拾石伍斗陸升貳合伍
勺先經開列經徵督催各官初參後參職名彙
案報參奉准部議經徵未完不及壹分之前任
丹徒縣知縣劉大烈前任金壇縣知縣陳希敬

均照例停其陞轉罰俸壹年戴罪徵收督催未
完不及壹分之署蘇松糧道事蘇松太道蘇廷
玉前任松江府知府趙炳言署鎮江府事蘇州
府海防同知劉鈴均照例停其陞轉罰俸陸箇
月戴罪督催經徵原欠未完不及壹分年限內
不全完之前任南匯縣知縣賀崇禧照例降壹
級留任再限壹年催徵蘇廷玉已陞山東按察
使趙炳言已調江寧府知府劉大烈已陞太湖
同知陳希敬已調江陰縣知縣劉鈴係署事官
其應照例議結之處均俟復參案內聲明卸事
日期吏部再行核議賀崇禧已調吳縣知縣又
經丁憂於限外卸事應令俟該員完繳降罰銀

江蘇巡撫林則徐題本　松江鎮江府屬道光六年漕米續徵全完前署蘇松糧道蘇廷玉等題請開復

道光十三年二月二十三日

兩報部查銷抑或俟後官續報全完再行題請
開復等因當經轉行遵照嗣查鎮江府屬丹徒
金壇貳縣未完米石續於道光拾壹年被歉案
内全數分别遞緩遞展應於道光拾貳拾叁拾
陸等年秋後啟徵又經詳請將原參前任丹徒
縣知縣劉大烈前任金壇縣知縣陳希敬奉議
停其陞轉罰俸壹年戴罪徵收前署鎮江府事
蘇州府海防同知劉命奉議停其陞轉罰俸陸
箇月戴罪督催之案具
題開復在案今查南匯縣原報未完米貳千肆拾
壹石壹斗玖升陸合叁勺先據報完米壹千伍
百貳石壹斗玖升叁合壹勺已於伍次年限内

内造報又續報完米伍百叁拾玖石叁合貳勺
應於陸次年限冊内造報統計松江鎮江貳府
屬未完米石除遞緩遞展外餘俱全數通完所
有原奉部議前署蘇松糧道蘇廷玉前任松江
府知府趙炳言停其陞轉罰俸陸箇月戴罪督
催前任南匯縣知縣賀崇禧降壹級留任之案
相應詳候具
題開復至各官應完降罰俸銀應聽藩司查明移
行扣解造報合詳聲明等情據此該臣查得松
江鎮江貳府屬道光拾年冬應徵道光陸年緩
漕肆次年限案内南匯縣未完正耗米貳千肆
拾壹石零丹徒縣未完正耗米壹百玖拾肆石

零金壇縣未完正耗米肆百柒拾肆石零共未
完米貳千柒百壹拾石零先經彙案報參接准
部議經徵未完不及壹分之前任丹徒縣知縣
劉大烈前任金壇縣知縣陳希敬均照例停其
陞轉罰俸壹年戴罪徵收督催未完不及壹分
之署蘇松糧道事蘇松太道蘇廷玉前任松江
府知府趙炳言署鎮江府事蘇州府海防同知
劉銓均照例停其陞轉罰俸陸個月戴罪督催
原欠未完不及壹分年限內不全完之前任南
匯縣知縣賀崇禧照例降壹級留任再限壹年
催徵蘇廷玉已陞山東按察使趙炳言已調江
寧府知府劉大烈已陞太湖同知陳希敬已調

江陰縣知縣劉鈴係署事官其應照例議結之處均俟獲參案內聲明卸事日期吏部再行核議賀崇禧已調吳縣知縣又經丁憂於限外卸事應令俟該員完繳降罰銀兩報部查銷抑或俟後官續報全完再行題請開復等因轉行遵照去後嗣查鎮江府屬丹徒金壇貳縣未完未石續於道光拾壹年被歉案內全數分別遞緩遞展應於道光拾貳拾叁拾陸等年秋後啟徵又經由道詳請將原參前任丹徒縣知縣劉大烈前任金壇縣知縣陳希敬奉議停其陞轉罰俸壹年戴罪徵收前署鎮江府事蘇州府海防同知劉鈴奉議停其陞轉罰俸陸個月戴罪督

催之案具
題開復在案今據蘇松督糧道陶廷杰詳稱南匯
縣原報未完米貳千肆拾壹石零先據報完未
壹千伍百貳石零已於伍次年限冊內造報又
據報完米伍百叁拾玖石零應於陸次年限冊
內造報統計松江鎮江貳府屬未完米石除遞
緩遞展外餘俱全數通完所有原奉部議前署
蘇松糧道蘇廷玉前任松江府知府趙炳言停
其陞轉罰俸陸箇月戴罪督催前任南匯縣知
縣賀崇祿降壹級留任之案詳候具
題開復并聲明各官應完降罰俸銀應聽藩司查
明移行加解造報等情前來臣覆核無異相應

具

題伏乞

皇上聖鑒敕部議覆施行謹題請

旨

道光十三年二月二十三日兵部侍郎兼都察院右副都御史巡撫江蘇等處地方提督軍務兼理糧儲臣林則徐

江蘇巡撫林則徐題本　松江鎮江府屬道光六年漕米續徵全完前署蘇松糧道蘇廷玉等題請開復
道光十三年二月二十三日

兵部侍郎兼都察院右副都御史巡撫江蘇等處地方提督軍務總理糧儲臣林則徐謹
題爲經徵緩漕照數全完
題請開復事該臣查得松江鎮江貳府屬道光拾
年冬應徵道光陸年緩漕肆次年限案內南匯
縣未完正耗米貳千肆拾壹石零丹徒縣未完
正耗米壹百玖拾肆石零金壇縣未完正耗米
肆百柒拾肆石零共未完米貳千柒百壹拾石
零先經彙案報參核准部議轉行遵照去後嗣
查鎮江府屬未完米石續於道光拾壹年被歉
案內全數分別遞緩遞展又經由道詳請將原
參前任丹徒縣知縣劉大烈前任金壇縣知縣
陳希敬奉議停其陞轉罰俸壹年戴罪徵收前
署鎮江府事蘇州府海防同知劉鈴奉議停其
陞轉罰俸陸箇月戴罪督催之案具
題開復在案今據蘇松督糧道陶廷杰詳稱南匯
縣原報未完米貳千肆拾壹石零先經報完米
壹千伍百貳石零已於伍次年限冊內造報又
據報完米伍百叁拾玖石零應於陸次年限冊
內造報統計松江鎮江貳府屬未完米石除遞
緩遞展外餘俱全數通完所有原奉部議前署
蘇松糧道蘇廷玉前任松江府知府趙炳言停
其陞轉罰俸陸箇月戴罪督催前任南匯縣知
縣賀崇禮降壹級留任之案詳
題開復前來臣覆核無異謹題請
旨

江蘇巡撫林則徐題本

蘇松等屬道光十一年秋成歉收災田題請遞緩舊欠漕糧銀米

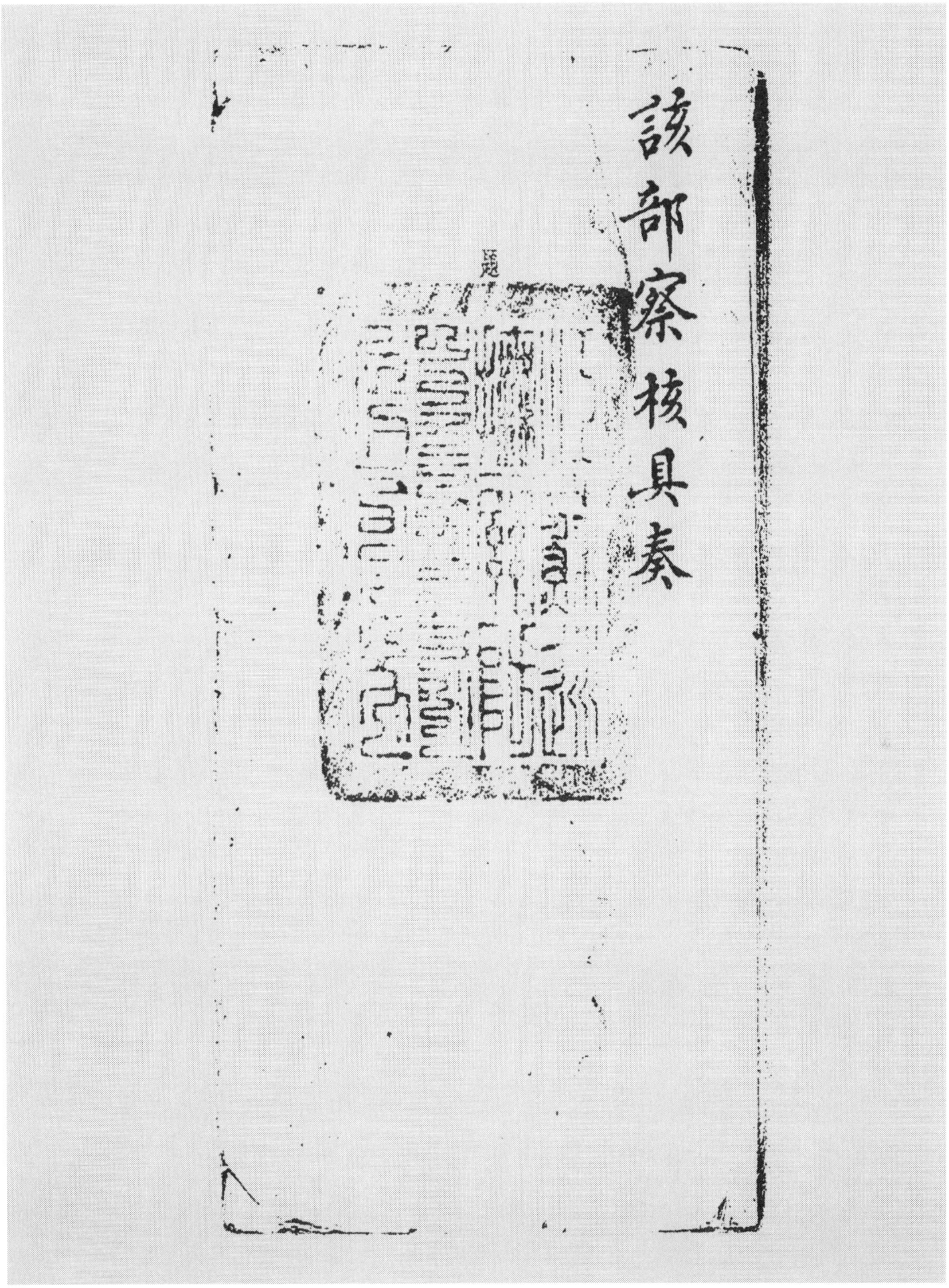
該部察核具奏

題

江蘇巡撫林則徐題本　蘇松等屬道光十一年秋成歉收災田題請遞緩舊欠漕糧銀米

道光十三年二月二十三日

兵部侍郎兼都察院右副都御史巡撫江蘇等處地方提督軍務總理糧儲臣林則徐謹

題為謹報等事據蘇州布政使陳鑾、蘇松督糧道

陶廷杰會詳稱案奉行准户部咨江南司案呈

户科抄出陞任江蘇巡撫程祖洛題江蘇上元

等廳州縣衛道光拾壹年夏秋被水成災分別

給賑蠲緩題報情形壹案道光拾壹年拾貳月

初柒日題拾貳年貳月初拾日奉

旨該部議奏欽此欽遵抄出到部該臣等查得陞任

江蘇巡撫程祖洛疏稱江蘇各屬道光拾壹年

夏間雨水過多江潮異漲或因堤工衝塌田廬

被淹或因秋間驟被風潮禾棉受傷先經臣與

督臣陶澍分投親往查勘諸將被水較重之上

江蘇巡撫林則徐題本　蘇松等屬道光十一年秋成歉收災田題請遞緩舊欠漕糧銀米　道光十三年二月二十三日

元揚州貳拾州縣衛先後奏請撫恤並因各災
屬米價增昂又經奏請酌借藩庫銀兩委員前
赴豫省採買米麥分撥災區減價糶濟又動碾
倉穀出糶以裕民食核計上元江寧句容溧水
高淳江浦六合無錫江陰靖江丹徒丹陽山陽
阜寧桃源鹽城高郵泰州東臺江都甘泉儀徵
興化寶應崇明海州沭陽泰興及海門廳並淮
安大河揚州等叁拾貳州廳縣衛被淹較重成
災伍陸柒捌玖拾分不等長洲元和吳縣吳江
震澤常熟昭文崑山新陽華亭奉賢婁縣上海
南匯青浦川沙武進陽湖金匱宜興荊溪金壇
溧陽清河安東銅山沛縣蕭縣碭山邳州宿遷

淮寧六倉鎮洋嘉定如皋暨蘇州鎮海徐州太
倉金山等肆拾壹州廳縣衛幫均係收成歉薄
勘不成災又金山縣本年低區田禾減色均經
飭令江寧蘇州兩藩司委員勘辦應俟結覆至
日由司覆核加結於分數案内另行題報外今
據江寧布政使林則徐蘇州布政使梁章鉅核
實成災及勘不成災各處彙敘情形詳題臣查
江蘇被水情形已據該司道並印委各員查勘
明確除江陰丹徒海門等廳縣成災田地及通
州被災窪地均經該地方官自行捐廉並勸捐
義賑接濟無庸請項外所有情形較重之上元
江寧句容溧水高淳江浦六合靖江丹陽山陽

阜寧桃源鹽城高郵泰州東臺江都甘泉儀徵
興化寶應崇明泰興淮安大河揚州等貳拾陸
州縣衛均係勘明成災應請按照成災分數查
明極次貧户口分别給賑貧生兵屬飢軍一律
查辦以上各該州縣衛同丹徒海門貳廳縣無
錫江陰海州沭陽贛州縣成災伍分田地應徵
道光拾壹年地丁漕糧漕項屯折學租蘆課等
項錢糧按分蠲免蠲剩銀米分年帶徵各災屬
薄有收成之區同其餘被歉之長洲元和吳縣
吳江震澤常熟昭文崑山新陽華亭奉賢婁縣
上海南匯青浦川沙武進陽湖金匱宜興荊溪
金壇溧陽清河安東銅山沛縣蕭縣碭山邳州

江蘇巡撫林則徐題本　蘇松等屬道光十一年秋成歉收災田題請遞緩舊欠漕糧銀米　道光十三年二月二十三日

宿遷睢寧太倉鎮洋嘉定如皋並蘇州徐州太
倉鎮海金山等肆拾壹州廳縣衛幫勘不成災
田地應徵道光拾壹年地漕屯折學租蘆課等
項銀米緩至來年秋成後分作貳年徵完其各
州縣蘆課學租湖租並抄案入官地畝等項錢
糧錯雜民田之內俱照坐落地方一律查辦鹽
場竈地應聽鹽政衙門辦理惟崇明縣鹽場竈
丁仍照舊案歸於民賑案內一體賑濟其應行
賑濟戶口按照成災分數照例分別給賑所需
賑濟口糧除以折色散放照例每大口給銀壹
錢伍分小口給銀柒分伍釐小建扣除又坐落
災田營分兵丁多餘家口各就被災查賑處所

江蘇巡撫林則徐題本　蘇松等屬道光十一年秋成歉收災田題請遞緩舊欠漕糧銀米
道光十三年二月二十三日

一體照例分別給賑又成災及勘不成災田地
應徵壬辰年新賦正耗銀兩均請緩至該年秋
成後啓徵其餘各災屬熟田應徵現年錢糧仍
令照常徵輸淮揚等屬減則蘆葦田地本年被
災較廣應請准照鄉田勘定災分查明極次貧
戶口一律給賑應徵錢糧同海州屬之一水一
麥減則田地准其一體緩徵又淸河縣勘不成
災臨湖各鄉圖均係例不應給賑惟係連年積
歉之區今秋收成失望之貧民應請酌給壹
月口糧以資接濟所需各災屬賑濟口糧銀兩
先將本省司道各庫銀兩撥存備用設有不敷
另請籌撥上元江寧高淳高郵泰州興化寶應

江蘇巡撫林則徐題本　蘇松等屬道光十一年秋成歉收災田題請遞緩舊欠漕糧銀米

道光十三年二月二十三日

等柒州縣成災田地在通境額田伍分以上之
成熟村莊皆與災區毗連應徵新舊錢糧力難
完納應請照例緩徵查賑員役薪水飯食等項
銀兩除捐廉津貼外其餘例給銀兩事竣另行
造報又江淮等屬應帶完嘉慶貳拾叁年起至
道光貳年舊欠地漕等項錢糧米麥豆石因頻
年積歉業經奏准從道光叁肆兩年秋成後起
各就最遠年分帶徵壹年本年被災較廣請將
分徵案內應帶徵最遠壹年及已啓徵未完並
道光叁肆伍陸柒捌玖拾等年災緩錢糧凡坐
落本年災區者一并緩至來年秋後分別啓徵
所有本年熟田應行帶徵最遠壹年並道光叁

肆伍陸柒捌玖拾等年舊欠錢糧本應按限啓
徵惟據各州縣以頻年積歉民力維艱詳請遞
緩現飭該管府州體察民情俟查覆另行專案
具奏又阜寧清河桃源宿遷海州沭陽等州縣
額徵漕兵米麥向係民折官辦本年均係被災
應請查照嘉慶拾伍年秋災奏准章程案內將
災田米麥緩俟成熟之年再行采辦熟田米麥
分別辦運所有應緩漕價各數統於奏銷案內
照數登報又蘇松等屬節年舊欠各項錢糧除
長洲元和金匱嘉定肆縣據請照常徵輸無庸
遞緩外其餘吳縣吳江陽湖無錫宜興溧陽崇
明荆縣並蘇州太倉貳衛及金山幫本年災歉

田畝應行帶徵道光拾年以前舊欠錢糧照例
緩至拾貳年秋成後分作兩年帶徵震澤昭文
崑山新陽華亭奉賢婁縣荊溪等捌縣除本年
災田新舊銀米應行照例緩徵外其餘成熟之
區及收成減色田畝若將新舊銀米一并徵輸
民力實有不逮應請將震澤崑山兩縣成熟各
鄉未完道光拾年以前舊欠地漕錢糧緩至拾
貳年秋後啓徵昭文縣熟田未完道光拾年初
貳兩限銀米緩至拾貳年秋後起各遞壹年徵
輸其道光玖年以前地漕銀兩緩至拾貳年秋
後啓徵新陽縣坐落災區各花戶熟田舊欠錢
糧展緩壹年緩至拾貳年秋後帶徵其未完拾

年災緩初貳兩限銀米緩至拾貳年秋後起以
次各遞壹年徵輸華亭縣本年減色熟田未完
道光玖年以前舊欠銀米遞緩壹年其未完陸
年拾年災緩初貳兩限銀米以次遞緩壹年所
有應徵本年熟田銀米及民欠拾年熟田錢糧
照常徵輸奉賢縣歉田未完各年舊欠錢糧照
例緩徵其道光陸年初貳兩限銀米並本年應
行帶徵之拾年初限銀米遞緩至拾貳年秋後
帶徵至拾貳年秋後屆徵之原緩拾年貳限銀
米並請展緩至拾叁年秋後帶徵至本年收成
減色之拾肆伍保內折糧叁拾柒圖未完拾年
以前舊欠錢糧及陸年初貳兩限銀米槩行遞

緩壹年婁縣本年收成減色各圖未完道光玖年以前舊欠及道光叁年災緩叁限錢糧照案槩予遞展壹年荆溪縣本年成熟之區應徵玖年貳限緩漕米石緩至拾貳年秋後啓徵此外尚有常熟縣未完道光貳年以前地漕蘆課銀米查係歉區請限分徵奏案以次遞展壹年其拾年分應緩銀米同歉田叁年以後舊欠地漕蘆課錢糧緩至拾貳年秋後分作貳年帶徵上海縣本年災熟各區未完道光叁陸兩年初限銀兩陸年貳限米石及拾年初限銀米拾年熟田銀兩緩至拾貳年秋成後啓徵其叁陸兩年貳限銀兩拾年貳限銀米緩至拾叁年秋後啓

江蘇巡撫林則徐題本　蘇松等屬道光十一年秋成歉收災田題請遞緩舊欠漕糧銀米
道光十三年二月二十三日

徵南匯縣本年歉田未完道光陸年貳限銀米
分別緩徵其沿浦一帶上年被歉叁拾陸圖原
緩道光拾年初貳兩限及拾年以前各年帶徵
銀米照案以次遞展壹年其餘熟田應徵本年
錢糧及各年舊欠銀米照常徵輸又青浦縣歉
户原緩道光拾年初限銀米緩至拾貳年秋後
帶徵貳限銀米緩至拾叁年秋後帶徵其陸年
貳限漕項錢糧及捌玖拾等年舊欠銀兩以次
遞展壹年川沙廳災屬各户未完道光陸年貳
限銀米照案遞展壹年緩至拾貳年秋後啓徵
其餘各年舊欠銀米照常徵收武進縣災熟各
户未完嘉慶貳拾肆伍及道光元叁等年災緩

伍年舊欠錢糧同辦徵河工銀兩照案遞展壹
年至道光拾貳年秋後起以次挨年帶徵其道
光陸年以後民欠漕項錢糧仍行照常徵輸又
江陰縣未完道光玖年拾年漕項銀米並拾年
壓徵玖年蘆課銀兩均係本年災戶所欠請緩
至拾貳年秋成後分限徵完其未完嘉慶貳拾
叁肆伍年並道光元貳叁年災緩地漕伍陸柒
捌等年地漕銀兩及嘉慶貳拾伍年壓徵貳拾
肆年起至道光玖年壓徵捌年蘆課錢糧緩至
拾貳年秋後各就最遠年分帶徵貳年以後遞
年各帶貳年靖江縣未完道光叁年災緩地丁
肆陸柒捌年地丁銀兩及道光元年壓徵嘉慶

貳拾伍年起至道光玖年壓徵捌年止盧課銀
兩查照拾年分徵奏案以次遞展壹年於道光
拾貳年秋後起各就最遠年分帶徵貳年以後
遞徵貳年其道光玖年拾年地丁及道光拾年
壓徵玖年盧課除熟田照常輸納外所有災田
民欠照例緩至拾貳年秋成後分作兩年帶徵
又丹徒縣未完道光玖年以前舊欠盧課銀兩
悉係坐落災洲請緩至拾貳年秋後分作貳年
帶納所有戶漕并衛民屯田地舊欠道光貳年
以前各年銀米請展緩至拾貳年秋後先儘最
遠年分以次遞展壹年帶徵其道光叁年以後
各年舊欠銀米請將本年被災各戶同連年坐

江蘇巡撫林則徐題本　蘇松等屬道光十一年秋成歉收災田題請遞緩舊欠漕糧銀米
道光十三年二月二十三日

落災區之戶緩至拾貳年秋後起分作貳年帶徵丹陽縣災田未完道光貳年以前各年銀米請照案展至拾貳年秋後起先儘最遠年分以次遞展壹年其道光叁年以後各年舊欠銀米緩至拾貳年秋後起分作兩年帶徵又金壇縣上年歉收今年復又被災道光玖拾兩年民欠銀米緩至拾叁年秋後啓徵其拾年被災遞緩之道光玖年災緩初貳限並捌年以前舊欠銀米請照上屆展緩之案從拾肆年秋後起以次遞展壹年按限帶徵完納太倉州災熟各戶未完道光叁年貳限銀米照案遞展壹年緩至拾貳年秋後啓徵叁限銀米展至拾叁年秋後啓

徵其叁年初限及柒捌玖年漕項銀兩俟叁年
貳叁兩限銀米限滿後挨次按最遠年分帶徵
壹年所有本年歉户未完道光拾年漕項正耗
銀兩仍照例緩至拾貳年秋後分作貳年帶徵
又鎮洋縣災歉各户未完道光叁年貳限銀米
照案遞緩壹年緩至道光拾貳年秋後啓徵叁
年貳限銀米緩至拾叁年秋後啓徵其拾年初
限銀米同各年舊欠銀兩槩行緩至拾貳年秋
後分作貳年帶徵其拾年貳限銀米展至拾年
初限限滿後接續啓徵又鎮海衛未完道光叁
年貳叁兩限銀米照案各遞壹年緩至拾貳年
秋後以次分別啓徵金山縣道光拾壹年入秋

江蘇巡撫林則徐題本 蘇松等屬道光十一年秋成歉收災田題請遞緩舊欠漕糧銀米
道光十三年二月二十三日

以來雨水較多收成減色自道光叁年大災之
後民間元氣未復新舊并徵力有不逮請將道
光玖年以前舊欠錢糧緩至拾貳年秋後啓徵
其拾年民欠及本年銀米照常徵輸等情應請
准其緩徵其餘歉收各縣熟田應徵新舊錢糧
仍令照常輸納無庸停緩其蘇松常太肆府州
屬應徵白糧米石仍於各該縣熟田漕項內撥
辦足額又各災屬無力貧民負畢來春應否接
濟統俟察看情形分別查辦除飭查明實在應
蠲應緩確數取造冊結另行詳題外所有道光
拾壹年江蘇省各屬秋禾被水情形分別辦理
緣由謹會同兩江總督臣陶澍漕運總督臣吳

邦慶合詞具
題再秋災情形例於玖月內詳題臣因前赴江寧
辦理文闈監臨並赴揚州一帶周歷查勘今甫
回省是以題報稍稽合并陳明等情具題前來
查江蘇省各屬道光拾壹年夏秋被水成災及
勘不成災情形先蒙兩江總督陶澍等奏報於
拾壹年拾月拾柒日奉
上諭陶澍等奏查明各州廳縣衛被水成災分數及
收成歉薄情形請分別給賑蠲緩賞給口糧一摺
本年江蘇省夏間雨水過多江潮異漲河湖漫溢
田廬被淹或因驟被風潮禾棉受傷業該督等查
明奏請恩施著照所請加恩將江寧府屬之上元

江寧句容溧水高淳江浦六合常州府屬之靖江
鎮江府屬之丹陽淮安府屬之山陽阜寧桃源鹽
城揚州府屬之高郵泰州東臺江都甘泉儀徵興
化寶應太倉州屬之崇明通州屬之泰興及淮安
大河揚州等衛坐落州縣衛按照災分查明極次
貧民戶口分別給賑貧生兵屬飢軍一律查辦繫
以折色散放照例每大口給銀壹錢伍分小口給
銀柒分伍釐小建扣除各該州縣衛成災地畝同
丹徒海門廳廳縣並無錫江陰海州沭陽暨州縣
成災伍分田地應徵道光拾壹年地丁漕糧漕項
學租蘆課色折各項銀米按分蠲免蠲剩銀米照
例分別帶徵所有成災各處內有勘不成災之區

同蘇州府屬之長洲元和吳縣吳江震澤常熟昭
文崑山新陽松江府屬之華亭奉賢婁縣上海南
匯青浦川沙常州府屬之武進陽湖金匱宜興荊
溪鎮江府屬之金壇溧陽淮安府屬之清河安東
徐州府屬之銅山沛縣蕭縣碭山邳州宿遷睢寧
太倉州并所屬之鎮洋嘉定通州屬之如皋暨蘇
州鎮海徐州太倉金山等肆拾壹州廳縣衛幫勘
不成災田地應徵道光拾壹年地漕學租並歷徵
蘆課各項銀米緩至本年秋成後分作貳年帶徵
又成災及勘不成災田地應徵壬辰年新賦均緩
至該年秋成後啓徵又淮揚等屬減則田地並海
州沭陽縣一水一麥田地准循照歷屆成案一律

江蘇巡撫林則徐題本　蘇松等屬道光十一年秋成歉收災田題請遞緩舊欠漕糧銀米　道光十三年二月二十三日

緩徵至各州縣蘆課學租河灘場租攤徵河銀出
借籽種口糧新陞地畝蘆葦牧馬各草場復賦籌
餉等款並抄案入官地畝錯雜民田之內俱照坐
落地方一律查辦鹽場竈地照例辦理惟崇明縣
鹽場竈丁均係民籍仍照舊案歸於民賑案內一
體賑濟所有委員等薪水等項係該撫等捐廉津
貼除例銷銀兩事竣造冊報部外此項無庸報銷
又阜寧清河桃源宿遷海州沭陽等州縣本年漕
糧被災處所准其援照成案俟成熟之年再行採
買分別辦運所有應緩應徵漕價各數著統於奏
銷案內照數登報又江淮各屬應行帶完道光貳
年以前舊欠地漕等項銀米麥豆前經奏准自道

光叁年並肆年秋成後起各就最遠年分帶徵壹
年本年被災較廣著將分徵案內應帶最遠壹年
及已啓徵未完並應徵道光叁肆伍陸柒捌玖拾
等年災熟錢糧凡坐落本年災區者一并緩至來
年秋後分別啓徵至本年熟田應行帶徵最遠壹
年並道光叁肆伍陸柒捌玖拾等年舊欠錢糧現
據該督等轉飭詳核分別辦理又蘇藩司各屬本
年成災勘不成災及連年積歉之區各州縣衛幫
應行帶徵道光拾年以前銀米豆石並河工借帑
等銀除長洲元和金匱嘉定肆縣舊欠銀米無庸
緩徵外其餘吳縣等叁拾貳州廳縣衛幫同金山
縣秋禾減色田畝應徵舊欠銀米各照分徵原案

及遞緩年限著該督等查明另請分別遞展徵收
其蘇州松江常州太倉肆府州屬應徵白糧米石
仍於各該縣熟田漕糧項下撥辦足額以紓民力
該部知道欽此又於是年拾貳月拾陸日據該督
奏奉
上諭陶澍等奏江揚各屬成災伍分以上成熟村莊
請一體緩徵一摺江蘇省上元等柒州縣本年被
水較廣成災田地俱在通境額田伍分以上其成
熟村莊皆與災區毗連間有薄收僅資口食若令
完納糧賦民力實有未逮加恩著照所請准將上
元江寧高淳高郵泰州興化寶應柒州縣本年熟
田應徵新舊錢糧照例緩至來歲秋成後啓徵以

紓民力其清河縣臨湖被淹之吳壹圖吳伍圖懷
壹圖泰安來鄉等鄉圖乏食貧民例不給賑現屆
隆冬殊形拮据著加恩賞給壹月口糧以資接濟
所需銀兩即於前次奏撥賑款內動給該督等即
飭屬起查戶口核實散放刊發謄黃遍行曉諭務
期實惠及民用副朕軫念災區至意該部知道欽
此欽遵均經臣部先後行文欽遵辦理各在案
今據該撫將成災伍陸柒捌玖拾分不等及勘
不成災各廳州縣衛被災輕重情形分別給賑
蠲緩錢漕各事宜詳晰題報臣部核與前奉
諭旨均屬相符至吳縣等叁拾貳州縣廳衛同金山
幫秋禾減色田畝先據該督等奏明另疏題請

江蘇巡撫林則徐題本　蘇松等屬道光十一年秋成歉收災田題請遞緩舊欠漕糧銀米
道光十三年二月二十三日

分别遞展徵收現在既據該撫將各屬道光拾
年以前舊欠銀米豆石分晰應徵應緩逐一題
報及淮安揚州等府屬例不報災之減則蘆葦
田地本年被災較廣應請援照成案准照鄰田
勘定災分查明極次貧民户口一律給賑臣部
核與歷届成案相符均應如該撫所題辦理仍
令該撫將其餘各災屬熟田應徵新舊錢糧飭
令照常徵輸其江淮等府屬道光拾壹年熟田
應行帶徵最遠壹年並道光叁肆伍陸柒捌玖
拾等年舊欠錢糧現據該撫等奏奉
上諭緩至道光拾貳年秋成後分别啓徵亦經臣部
行文該撫欽遵在案應令該撫即飭遵照原奉

諭旨辦理至各災屬無力貧民貧軍據稱今春應否
接濟統俟察看情形分別查辦應令該撫即飭
屬體察如有必須接濟之處另行奏明辦理報
部所有用過賑賞口糧及辦賑員役公費等項
銀兩飭於事竣後核實造冊依限題銷其前赴
豫省採買及動碾倉穀分撥災區減價糶濟米
麥亦即造具細數清冊送部查核仍責成該督
撫董率所屬認真經理將成災分數及蠲緩銀
米款目年限出示曉諭俾災黎均沾實惠倘官
吏有影射冒報情弊立即嚴參究辦再據該撫
疏稱鎮洋縣災熟各户未完道光叁年貳限銀
米照案遞減壹年緩至道光拾貳年秋後啓徵

叁年貳限銀米緩至拾叁年秋後啓徵之處查
該縣災熟各户未完道光叁年貳限銀米該撫
既稱照案遞減壹年緩至拾貳年秋後起徵何
以又稱叁年貳限銀米緩至拾叁年秋後啓徵
殊未明晰並令該撫即飭詳細查明專案報部
查核等因道光拾貳年陸月初玖日題本月拾
壹日奉
旨依議欽此相應行文漕運總督遵照可也等因轉
行司道奉經移行欽遵在案據蘇州布政使陳
鑾蘇松督糧道陶廷杰會查得蘇松等屬道光
拾壹年秋成歉收成災及勘不成災并熟田遞
緩舊欠項下嘉慶貳拾叁年分道光拾年遞緩

漕項正銀貳千壹百伍拾玖兩捌錢玖分肆釐隨正伍分耗羨銀壹百柒兩玖錢玖分伍釐道光玖年遞緩漕項正銀捌百柒拾玖兩捌錢叁分壹釐隨正柒分耗羨銀陸拾壹兩伍錢捌分捌釐道光叁年遞緩漕項正銀肆千伍百玖拾壹兩捌錢肆分柒釐隨正伍柒分耗羨銀貳百叁拾玖兩伍錢捌分伍釐嘉慶貳拾肆年分道光拾年遞緩漕項正銀肆千叁百兩壹錢捌分叁釐隨正伍分耗羨銀貳百壹拾伍兩壹分壹釐道光玖年遞緩漕項正銀壹千伍百捌拾叁兩壹錢玖分玖釐隨正伍柒分耗羨銀玖拾陸兩伍錢柒分捌釐道光叁年遞緩漕項正銀陸

千壹百捌拾兩柒錢壹分捌釐隨正伍柒分耗
羨銀叁百貳拾柒兩柒錢玖分陸釐嘉慶貳拾
伍年分道光拾年遞緩漕項正銀伍千伍百捌
兩肆錢捌分壹釐隨正伍分耗羨銀貳百柒拾
伍兩肆錢貳分叁釐道光玖年遞緩漕項正銀
玖百兩陸錢捌分貳釐隨正伍柒分耗羨銀伍
拾壹兩伍錢柒分壹釐道光叁年遞緩漕項正
銀伍千柒百肆拾柒兩陸錢陸分柒釐隨正伍
柒分耗羨銀叁百壹拾叁兩伍錢玖分叁釐道
光元年分道光拾年遞緩漕項正銀伍千柒百
肆拾柒兩捌分叁釐隨正伍分耗羨銀貳百捌
拾柒兩叁錢伍分伍釐道光玖年遞緩漕項正

銀貳千伍百捌拾壹兩壹錢捌分柒釐隨正伍柒分耗羨銀壹百伍拾陸兩伍錢玖分叁釐道光叁年遞緩漕項正銀陸千捌百玖拾伍兩陸錢叁分捌釐隨正伍柒分耗羨銀叁百柒拾叁兩捌錢伍分壹釐道光貳年分道光拾年遞緩漕項正銀玖千貳百伍拾兩伍分捌釐隨正伍分耗羨銀肆百陸拾貳兩伍錢陸釐道光玖年遞緩漕項正銀壹千陸百伍拾壹兩捌錢柒分捌釐隨正伍柒分耗羨銀玖拾玖兩捌釐道光叁年遞緩漕項正銀陸千捌百肆拾陸兩肆錢捌分叁釐隨正伍柒分耗羨銀叁百肆拾捌兩叁錢叁分肆釐道光叁年分道光拾年遞緩漕

項正銀叁千捌百肆拾叁兩柒錢捌分隨正伍
柒分耗羨銀壹百玖拾貳兩柒錢玖分捌釐道
光拾年遞展漕項正銀柒千伍百壹兩肆錢玖
分伍釐隨正伍分耗羨銀叁百柒拾伍兩壹錢
叁分叁釐道光拾年遞緩叁年原緩初限漕項
正銀貳拾貳兩玖錢叁分伍釐隨正伍分耗羨
銀壹兩壹錢肆分柒釐道光玖年遞緩漕項正
銀貳千陸百捌拾柒兩玖錢玖分柒釐隨正伍
柒分耗羨銀壹百陸拾陸兩壹錢壹分柒釐道
光叁年原緩漕項正銀壹萬壹千玖拾捌兩捌
釐隨正伍柒分耗羨銀伍百陸拾貳兩肆錢叁
分柒釐道光叁年原緩初限漕項正銀玖百伍

拾柒兩叁錢柒分捌釐隨正伍分耗羨銀肆拾
柒兩捌錢陸分玖釐又道光叁年原緩漕項米
伍百玖拾伍石玖斗柒升捌合玖勺道光拾年
遞緩漕糧漕項等米壹百柒拾石肆斗叁升叁
合玖勺內漕糧改兌糧壹百貳拾肆石捌斗陸
升加叁耗米叁拾柒石肆斗伍升捌合漕贈五
米捌石壹斗壹升伍合玖勺道光玖年遞緩漕
糧漕項等米壹千陸拾肆石壹斗柒升貳合肆
勺內漕糧正兌糧肆百肆拾伍石肆斗柒升貳
合柒勺加肆耗米壹百柒拾捌石壹斗捌升玖
合壹勺漕贈五米叁拾壹石壹斗捌升叁合貳
勺行月米肆百玖石叁斗貳升柒合肆勺道光

玖年遞緩原緩漕糧漕項等米肆百柒拾石伍斗柒升陸勺內漕糧改兌糧貳百石叁斗肆升伍合肆勺加叁耗米陸拾石壹斗叁合柒勺漕贈五米壹拾叁石貳升貳合肆勺行月米壹百玖拾柒石玖升玖合壹勺道光肆年分未完漕項正銀捌千貳百柒拾柒兩貳錢壹分隨正伍分耗羨銀肆百壹拾叁兩捌錢陸分道光拾年遞緩漕項正銀陸千伍百玖拾肆兩叁錢陸分叁釐隨正伍柒分耗羨銀叁百叁拾兩捌錢捌分壹釐道光玖年遞緩漕項正銀叁百肆拾柒兩伍分柒釐隨正柒分耗羨銀貳拾肆兩貳錢玖分伍釐道光伍年分未完漕項正銀叁千貳

百陸拾貳兩肆錢柒分陸釐隨正伍柒分耗羨
銀壹百柒拾貳兩壹錢肆分道光拾年遞緩漕
項正銀陸千肆拾捌兩叁分叁釐隨正伍柒分
耗羨銀叁百貳兩柒錢捌分伍釐道光玖年遞
緩漕項正銀壹千貳百伍拾兩貳錢陸分陸釐
隨正柒分耗羨銀捌拾柒兩伍錢壹分玖釐道
光陸年分未完漕項正銀壹萬捌百捌拾玖兩
玖錢玖分伍釐隨正伍分耗羨銀伍百肆拾肆
兩肆錢玖分玖釐道光拾年遞緩漕項正銀陸
千叁百柒拾叁兩伍錢伍分柒釐隨正伍柒分
耗羨銀叁百壹拾玖兩壹錢捌分肆釐道光拾
年遞展陸年秋災原緩初貳限漕項正銀陸千

壹百陸拾貳兩貳錢叁分捌釐隨正伍分耗羨
銀叁百捌兩壹錢壹分貳釐道光玖年遞緩熟
田漕項正銀捌百壹拾陸兩捌錢伍分伍釐隨
正柒分耗羨銀伍拾柒兩壹錢柒分玖釐道光
玖年遞緩漕項正銀壹千伍百壹拾捌兩柒錢
肆分玖釐隨正柒分耗羨銀壹百陸兩叁錢壹
分叁釐道光拾年遞緩原緩漕糧漕項等米壹
百陸拾柒石柒斗叁升陸合伍勺内漕糧改兌
糧壹百貳拾貳石捌斗捌升叁合玖勺加叁耗
米叁拾陸石捌斗陸升伍合壹勺漕贈五米柒
石玖斗捌升柒合伍勺道光拾年遞展陸年秋
災原緩初貳限漕糧、漕項等米貳萬捌千壹百

石陸斗捌升叁合柒勺內漕糧正兌糧壹萬捌
千叁百伍拾捌石捌斗陸升捌合伍勺加肆耗
米柒千叁百肆拾叁石伍斗肆升柒合伍勺漕
贈五米壹千貳百捌拾伍石壹斗貳升捌勺行
月米壹千壹百壹拾叁石壹斗肆升陸合玖勺
道光玖年遞緩原緩漕糧漕項等米陸百陸拾
玖石陸斗玖升陸合貳勺內漕糧改兌糧貳百
玖拾玖石貳斗叁升伍合玖勺加叁耗米捌拾
玖石柒斗柒升捌勺漕贈五米壹拾玖石肆斗
伍升叁勺行月米貳百陸拾壹石貳斗叁升玖
合貳勺道光玖年遞緩原緩貳限漕糧漕項等
米柒百肆拾肆石玖升捌合肆勺內漕糧改兌

稷伍百肆拾伍石壹斗貳升柒合加叁耗米壹
百陸拾叁石伍斗叁升捌合壹勺漕贈五米叁
拾伍石肆斗叁升叁合叁勺道光柒年分未完
漕項正銀壹萬伍千壹百柒拾柒兩柒分隨正
伍柒分耗羨銀柒百捌拾陸兩捌錢伍分伍釐
道光拾年遞緩漕項正銀壹萬壹千貳百柒拾
陸兩玖錢肆分伍釐隨正伍柒分耗羨銀伍百
陸拾陸兩柒錢伍釐道光玖年遞緩漕項正銀
肆千貳拾壹兩叁錢玖分肆釐隨正伍柒分耗
羨銀貳百伍拾柒兩壹錢柒釐道光捌年分未
完漕項正銀貳萬壹千伍百捌拾捌兩伍錢壹
分伍釐隨正伍柒分耗羨銀壹千貳百貳拾壹

兩貳錢壹分玖釐道光拾年遞緩漕項正銀壹
萬伍千肆百壹拾肆兩玖錢伍分陸釐隨正伍
分耗羨銀柒百柒拾兩柒錢肆分捌釐道光玖
年遞緩漕項正銀壹千柒百壹拾兩貳錢捌分
玖釐隨正伍柒分耗羨銀玖拾肆兩肆錢壹分
叁釐道光玖年分未完漕項正銀貳萬陸千叁
百柒拾伍兩肆錢柒分肆釐隨正伍柒分耗羨
銀壹千肆百肆拾肆兩壹錢伍釐又行月米伍
百叁拾肆石陸斗伍升捌合未完熟田漕項正
銀貳千伍百玖拾肆兩肆錢叁分陸釐隨正柒
分耗羨銀壹百捌拾壹兩陸錢壹分壹釐未完
原緩漕項正銀貳千陸百柒拾叁兩肆錢柒分

玖釐隨正伍柒分耗羨銀壹百陸拾兩貳錢捌
分捌釐道光拾年遞緩漕項正銀壹萬伍千伍
百肆拾捌兩捌錢柒分陸釐隨正伍柒分耗羨
銀陸百柒拾捌兩肆分肆釐道光拾年遞緩原
緩漕糧漕項等米壹百伍拾捌石伍斗叁合捌
勺內漕糧正兌糧壹百柒石捌斗貳升伍合柒
勺加肆耗米肆拾叁石壹斗叁升叁勺漕贈五
米柒石伍斗肆升柒合捌勺道光玖年原緩漕
糧漕項等米壹萬壹百肆拾叁石壹斗柒升玖
合伍勺內漕糧正兌糧陸千叁拾肆石玖斗壹
升柒合玖勺加肆耗米貳千肆百壹拾叁石玖
斗陸升柒合漕糧改兌糧伍百陸拾石加叁耗

江蘇巡撫林則徐題本 蘇松等屬道光十一年秋成歉收災田題請遞緩舊欠漕糧銀米

道光十三年二月二十三日

米壹百陸拾捌石漕贈五米肆百伍拾捌石捌
斗肆升肆合貳勺行月米伍百柒石肆斗伍升
肆勺道光拾年分未完漕項正銀叁萬叁千玖
百叁拾捌兩貳錢伍分玖釐隨正伍柒分耗羨
銀壹千玖百貳拾兩柒錢陸分叁釐又行月米
貳千伍拾伍石叁斗肆升肆合未完熟田漕項
正銀玖千貳百陸拾柒兩叁錢貳分伍釐隨正
伍柒分耗羨銀伍百陸拾玖兩捌錢玖分叁釐
道光拾年原緩漕項正銀貳萬壹千捌百捌拾
叁兩肆錢貳分玖釐隨正伍柒分耗羨銀壹千
玖拾肆兩柒錢貳分陸釐道光拾年原緩漕糧
漕項等米柒萬柒千陸百陸拾石伍斗貳升捌

合柒勺內漕糧正兌糧伍萬肆百壹拾柒石捌
斗玖升貳合捌勺加肆耗米貳萬壹百陸拾柒
石壹斗伍升陸合玖勺漕糧改兌糧壹百壹石
玖斗壹升肆合貳勺加叁耗米叁拾石伍斗柒
升肆合貳勺漕贈五米叁千伍百叁拾伍石捌
斗柒升陸合捌勺行月米叁千肆百柒石壹斗
壹升叁合捌勺又道光拾年原緩漕項米柒石
貳斗玖合陸勺未完漕項米叁百柒拾叁石陸
斗陸升捌合柒勺又歉田秋成減色展緩項下
嘉慶貳拾叁年分道光拾年遞緩漕項正銀叁
拾壹兩陸錢貳分貳釐隨正伍分耗羨銀壹兩
伍錢捌分壹釐未完道光叁年遞緩漕項正銀

捌百伍拾伍兩貳錢捌分叁釐隨正伍分耗羨

銀肆拾貳兩柒錢陸分肆釐未完道光陸年遞

緩漕項正銀捌拾兩肆錢壹分壹釐隨正伍分

耗羨銀肆兩貳分壹釐嘉慶貳拾肆年分道光

拾年遞緩漕項正銀伍拾肆兩陸錢陸分捌釐

隨正伍分耗羨銀貳兩柒錢叁分叁釐未完道

光叁年遞緩漕項正銀叁百壹拾柒兩柒錢捌

分玖釐隨正伍分耗羨銀壹拾伍兩捌錢玖分

未完道光陸年遞緩漕項正銀叁拾肆兩叁錢

肆分隨正伍分耗羨銀壹兩柒錢壹分柒釐嘉

慶貳拾伍年分道光拾年遞緩漕項正銀壹拾

捌兩肆錢捌釐隨正伍分耗羨銀玖錢貳分柒

完道光叁年遞緩漕項正銀肆百陸拾伍兩捌
錢玖分肆釐隨正伍分耗羨銀貳拾叁兩貳錢
玖分伍釐未完道光陸年遞緩漕項正銀肆拾
陸兩貳錢叁分貳釐隨正伍分耗羨銀貳兩叁
錢壹分貳釐道光元年分道光拾年遞緩漕項
正銀肆兩肆錢玖分伍釐隨正伍分耗羨銀貳
錢貳分伍釐未完道光叁年遞緩漕項正銀柒
百伍拾兩柒錢叁分陸釐隨正伍分耗羨銀叁
拾柒兩伍錢叁分陸釐未完道光陸年遞緩漕
項正銀伍兩壹錢貳釐隨正伍分耗羨銀貳錢
伍分伍釐道光貳年分道光拾年遞緩漕項正
銀叁百捌拾捌兩柒錢肆分伍釐隨正伍分耗

羨銀壹拾玖兩肆錢叁分柒釐未完道光叁年
遞緩漕項正銀肆千叁百玖拾叁兩柒錢玖分
貳釐隨正伍分耗羨銀貳百壹拾玖兩陸錢玖
分捌釐未完道光陸年遞緩漕項正銀叁百貳
兩叁錢陸分伍釐隨正伍分耗羨銀壹拾伍兩
壹錢壹分捌釐道光叁年分道光拾年遞展漕
項正銀壹千肆百貳拾玖兩玖分肆釐隨正伍
分耗羨銀柒拾壹兩叁錢玖分捌釐未完道光
叁年秋災原緩漕項正銀壹千肆百肆拾柒兩
捌錢壹分肆釐隨正伍分耗羨銀柒拾貳兩叁
錢玖分貳釐未完道光陸年遞緩漕項正銀貳
百貳拾玖兩叁錢陸釐隨正伍分耗羨銀壹拾

壹兩肆錢陸分伍釐道光肆年分道光拾年遞
展漕項正銀叁百捌拾肆兩伍錢陸分陸釐隨
正伍分耗羨銀壹拾玖兩貳錢貳分捌釐未完
道光陸年遞緩漕項正銀捌拾陸兩壹錢捌分
玖釐隨正伍分耗羨銀肆兩叁錢壹分道光伍
年分道光拾年遞展漕項正銀叁千玖百玖拾
貳兩柒錢捌分捌釐隨正伍分耗羨銀壹百玖
拾玖兩陸錢叁分玖釐未完道光陸年遞緩漕
項正銀貳百柒拾叁兩壹錢陸分柒釐隨正伍
分耗羨銀壹拾叁兩陸錢伍分玖釐道光陸年
分道光拾年遞展漕項正銀柒千叁百陸拾叁
兩壹分肆釐隨正伍分耗羨銀叁百陸拾捌兩

壹錢伍分壹釐未完熟田漕項正銀叁千陸百
貳拾壹兩柒分陸釐隨正伍分耗羨銀壹百捌
拾壹兩伍分肆釐道光柒年分道光拾年遞展
漕項正銀伍千玖百玖拾兩柒錢捌分陸釐隨
正伍分耗羨銀貳百玖拾玖兩伍錢叁分玖釐
未完漕項正銀叁千玖百壹拾捌兩壹錢貳分
柒釐隨正伍分耗羨銀壹百玖拾伍兩玖錢陸
釐道光捌年分道光拾年遞展漕項正銀陸千
玖百壹兩玖錢伍釐隨正伍分耗羨銀叁百肆
拾伍兩玖分伍釐未完漕項正銀陸千叁百肆
兩肆錢叁分貳釐隨正伍分耗羨銀叁百壹拾
伍兩貳錢貳分貳釐道光玖年分道光拾年遞

辰漕項正銀壹千捌拾捌兩伍錢伍分貳釐隨
正伍分耗羨銀伍拾肆兩肆錢貳分柒釐未完
漕項正銀壹萬叁千叁百捌拾叁兩陸錢叁分
叁釐隨正伍分耗羨銀陸百陸拾玖兩壹錢陸
分柒釐道光玖年原緩貳限漕糧漕項等米貳
千玖百伍拾叁石柒斗柒升貳合內漕糧正兌
糧壹千捌百玖拾捌石肆斗伍升捌合陸勺加
肆耗米柒百伍拾玖石叁斗捌升叁合肆勺漕
贈五米壹百叁拾貳石捌斗玖升貳合壹勺行
月米壹百柒拾叁石叁升柒合玖勺道光拾年
分未完熟田漕項正銀貳百叁拾捌兩玖錢肆
分肆釐隨正伍分耗羨銀壹拾壹兩玖錢肆分

江蘇巡撫林則徐題本 蘇松等屬道光十一年秋成歉收災田題請遞緩舊欠漕糧銀米 道光十三年二月二十三日

柒釐又災田遞緩至道光拾貳年秋後帶徵項
下嘉慶貳拾叁年分道光叁年遞緩漕項正銀
肆千壹百貳拾壹兩壹錢叁分貳釐隨正伍分
耗羡銀貳百陸兩伍分柒釐嘉慶貳拾肆年分
道光叁年遞緩漕項正銀陸千伍百陸拾貳兩
玖錢陸分肆釐隨正伍分耗羡銀叁百貳拾捌
兩壹錢肆分玖釐嘉慶貳拾伍年分道光叁年
遞緩漕項正銀柒千壹百肆拾柒兩玖錢伍釐
隨正伍分耗羡銀叁百伍拾柒兩叁錢玖分伍
釐道光元年分道光叁年遞緩漕項正銀陸千
玖百柒拾捌兩柒錢玖釐隨正伍分耗羡銀叁
百肆拾捌兩玖錢叁分陸釐道光貳年分道光

拾年遞緩漕項正銀貳拾兩玖錢伍分伍釐隨
正伍分耗羡銀壹兩肆分柒釐道光叁年遞緩
漕項正銀壹萬捌拾肆兩柒錢捌分肆釐隨正
伍分耗羡銀伍百肆兩貳錢肆分道光叁年分
道光拾年遞緩漕項正銀叁拾兩貳錢玖分叁
釐隨正伍分耗羡銀壹兩伍錢壹分肆釐道光
叁年原緩漕項正銀柒千貳百壹拾玖兩捌錢
伍分伍釐隨正伍分耗羡銀叁百陸拾兩玖錢
玖分叁釐道光肆年分未完漕項正銀叁千陸
拾壹兩貳錢壹分隨正伍分耗羡銀壹百伍拾
叁兩陸分貳釐道光伍年分未完漕項正銀貳
千肆百肆拾兩捌分柒釐隨正伍分耗羡銀壹

百貳拾貳兩肆釐道光陸年分未完漕項正銀捌千肆百叁拾壹兩捌錢陸分貳釐隨正伍分耗羨銀肆百貳拾壹兩伍錢玖分貳釐道光柒年分道光拾年遞緩漕項正銀捌拾肆兩壹錢陸分壹釐隨正伍分耗羨銀肆兩貳錢捌釐未完漕項正銀捌千捌百捌拾叁兩陸錢叁分貳釐隨正伍分耗羨銀肆百肆拾肆兩壹錢捌分叁釐道光捌年分道光拾年遞緩漕項正銀叁百壹拾貳兩伍錢捌分伍釐隨正伍分耗羨銀壹拾伍兩陸錢叁分未完漕項正銀捌千玖百肆拾貳兩叁錢叁分貳釐隨正伍分耗羨銀肆百肆拾柒兩壹錢壹分陸釐道光玖年分道光

拾年遞緩漕項正銀叁百伍拾壹兩陸錢捌分
隨正伍分耗羨銀壹拾柒兩伍錢捌分肆釐末
完漕項正銀捌千貳百肆拾柒兩捌錢捌釐隨
正伍分耗羨銀肆百壹拾貳兩叁錢玖分道光
拾年分未完漕項正銀伍千玖百兩柒錢柒分
叁釐隨正伍分耗羨銀貳百玖拾伍兩肆分又
秋成歉收展緩項下道光叁年分道光拾年展
緩叁年原緩貳限漕項米捌拾貳石捌斗壹升
叁合肆勺又叁限漕項米肆拾柒石伍斗壹升
陸合捌勺又上海川沙貳廳縣秋成歉收及熟
田收成減色展緩項下道光叁年分道光拾年
遞緩初貳限漕項正銀貳千肆百玖拾兩陸錢

叁分叁釐隨正伍分耗羨銀壹百貳拾肆兩伍
錢叁分壹釐道光陸年分道光拾年遞緩陸年
秋災原緩初限漕項正銀玖百貳拾捌兩肆錢
貳分壹釐隨正伍分耗羨銀肆拾陸兩肆錢貳
分壹釐道光拾年遞緩陸年秋災原緩貳限漕
項正銀壹千貳百伍拾叁兩捌錢捌釐隨正伍
分耗羨銀陸拾貳兩陸錢玖分壹釐道光拾年
遞緩陸年秋災原緩貳限漕糧漕項等米壹萬
叁拾肆石柒斗捌升柒合內漕糧正兌糧陸千
肆百陸拾肆石捌升玖合壹勺加肆耗米貳千
伍百捌拾伍石肆斗叁升伍合陸勺漕贈五米
肆百伍拾貳石肆斗捌升陸合貳勺行月米伍

百叁拾貳石伍斗柒升陸合壹勺道光拾年分
道光拾年秋災原緩初貳限漕項正銀貳千貳
百玖拾柒兩伍分壹釐遞正伍分耗羨銀壹百
壹拾肆兩捌錢伍分叁釐道光拾年秋災原緩
初貳限漕糧漕項等米壹萬陸千叁百玖拾石
叁斗玖升玖合柒勺內漕糧正兌糧壹萬伍百
柒拾伍石叁斗肆升伍合柒勺加肆耗米肆千
貳百叁拾石壹斗叁升捌合叁勺漕贈五米柒
百肆拾石貳斗柒升肆合壹勺行月米捌百肆
拾肆石陸斗肆升壹合陸勺未完熟田漕項正
銀叁千肆百貳拾捌兩陸錢捌分陸釐遞正伍
分耗羨銀壹百柒拾壹兩肆錢叁分肆釐又遞

光貳年以前舊欠照案以次遞展壹年帶徵項
下嘉慶貳拾叁年分未完道光叁年遞展漕項
正銀壹百柒拾陸兩柒分柒釐隨正柒分耗羨
銀壹拾貳兩叁錢叁分道光玖年遞展漕項正
銀肆百貳拾柒兩貳錢肆分叁釐隨正柒分耗
羨銀貳拾玖兩玖錢貳釐前項正耗銀兩遞展
至道光拾貳年秋成後帶徵嘉慶貳拾肆年分
未完道光叁年遞展漕項正銀壹千肆百叁拾
肆兩捌錢伍分隨正柒分耗羨銀壹百兩肆錢
肆分道光玖年遞展漕項正銀壹千叁百柒拾
兩玖分貳釐隨正柒分耗羨銀玖拾伍兩玖錢
柒釐道光拾年遞展漕項正銀壹千陸百壹拾

兩叁錢玖分隨正伍柒分耗羨銀捌拾壹兩伍
錢貳分道光拾年遞展原緩行月米壹拾伍石
柒斗叁升陸勺前項正耗銀米遞展至道光拾
貳拾叁年秋成後帶徵嘉慶貳拾伍年分道光
玖年遞展原緩漕糧漕項等米壹千肆百柒拾
陸石柒斗捌升柒合叁勺內漕糧正兑糧陸百
貳拾貳石陸斗玖升柒合玖勺加肆耗米貳百
肆拾玖石柒升玖合漕糧改兑糧壹拾陸石柒
斗叁升肆合捌勺加叁耗米伍石貳升肆勺漕
贈五米肆拾肆石陸斗柒升陸合捌勺行月米
伍百叁拾捌石伍斗柒升捌合肆勺道光拾年
遞展原緩漕糧漕項等米壹百伍拾伍石玖斗

伍升捌合陸勺內漕糧正兌糧壹百陸石玖升
肆合叁勺加肆耗米肆拾貳石肆斗叁升柒合
柒勺漕贈五米柒石肆斗貳升陸合陸勺前項
米石遞展至道光拾貳拾肆年秋成後帶徵道
光元年分未完道光叁年遞展漕項正銀貳千
玖百肆拾兩貳分隨正柒分耗羨銀貳百伍兩
捌錢壹釐道光玖年遞展漕項正銀壹千壹百
叁拾陸兩陸分玖釐隨正柒分耗羨銀柒拾玖
兩伍錢貳分伍釐道光拾年遞展漕項正銀陸
千肆百玖拾叁兩貳錢肆釐隨正伍柒分耗羨
銀叁百貳拾伍兩捌錢伍分玖釐道光玖年遞
展原緩行月米陸百壹拾肆石捌斗柒升貳合

叁勺道光拾年遞展原緩行月米壹百伍拾柒
石捌斗叁升貳合前項正耗銀米遞展壬道光
拾叁拾伍年秋成後帶徵道光貳年分未完道
光叁年遞展漕項正銀陸百陸拾貳兩肆錢玖
分隨正柒分耗羨銀肆拾陸兩叁錢柒分肆釐
道光玖年遞展漕項正銀陸百叁拾柒兩柒錢
叁分伍釐隨正柒分耗羨銀肆拾肆兩陸錢肆
分貳釐道光拾年遞展漕項正銀柒千玖百肆
拾捌兩捌錢伍分玖釐隨正伍分耗羨銀叁百
玖拾柒兩肆錢叁分柒釐前項正耗銀兩遞展
至道光拾肆拾陸年秋成後帶徵又武進縣秋
成歉收展緩舊欠照案以次遞展壹年帶徵項

下嘉慶貳拾肆年分道光玖年遞展漕項正銀
陸百貳拾捌兩柒錢陸分玖釐隨正柒分耗羨
銀肆拾肆兩壹分叁釐前項正耗銀兩遞展至
道光拾貳年秋成後帶徵嘉慶貳拾伍年分道
光玖年遞展漕項正銀玖百柒拾兩陸錢叁分
叁釐隨正柒分耗羨銀陸拾柒兩玖錢肆分叁
釐漕糧漕項等米壹千柒百壹拾柒石壹斗肆
升玖合內漕糧正兌糧壹千壹百陸拾捌石壹
斗貳升捌合陸勺加肆耗米肆百陸拾柒石貳
斗伍升壹合肆勺漕贈五米捌拾壹石柒斗陸
升玖合前項正耗銀米遞展至道光拾叁年秋
成後帶徵道光元年分道光玖年遞展漕項正

銀捌百捌拾肆兩叁錢肆分壹釐隨正柒分耗
羨銀陸拾壹兩玖錢肆釐漕糧漕項等米壹千
柒百貳拾叁石伍升内漕糧正兑糧壹千壹百
柒拾貳石壹斗肆升貳合玖勺加肆耗米肆百
陸拾捌石捌斗伍升柒合壹勺漕贈五米捌拾
貳石伍升前項正耗銀米遞展至道光拾肆年
秋成後帶徵道光叁年分未完原緩漕項正銀
叁百柒拾肆兩柒分叁釐隨正柒分耗羨銀貳
拾陸兩壹錢捌分陸釐前項正耗銀兩遞展至
道光拾伍年秋成後帶徵道光伍年分未完漕
項正銀玖百叁兩陸錢叁分壹釐隨正柒分耗
羨銀陸拾叁兩貳錢伍分叁釐前項正耗銀兩

遞展至道光拾陸年秋成後帶徵又江陰縣道
光捌年以前展緩舊欠遞年帶徵貳年項下應
自道光拾貳年秋後起加限壹年帶徵內嘉慶
貳拾叁年分道光拾年展緩漕項正銀叁千捌
百貳拾捌兩陸錢伍分玖釐隨正米分耗羨銀
貳百陸拾捌兩柒釐嘉慶貳拾肆年分道光拾
年展緩漕項正銀貳千壹百肆拾叁兩捌錢玖
分肆釐隨正米分耗羨銀壹百伍拾兩柒分叁
釐應自道光拾叁年秋後起加限壹年帶徵內
嘉慶貳拾伍年分道光拾年展緩漕項正銀叁
千伍百肆拾捌兩捌錢伍分玖釐隨正米分耗
羨銀貳百肆拾捌兩肆錢貳分道光元年分道

江蘇巡撫林則徐題本　蘇松等屬道光十一年秋成歉收災田題請遞緩舊欠漕糧銀米

道光十三年二月二十三日

光拾年展緩漕項正銀叁千捌百叁拾玖兩叁
錢玖分貳釐隨正柒分耗羨銀貳百陸拾捌兩
柒錢伍分捌釐應自道光拾肆年秋後起扣限
壹年帶徵內道光貳年分道光拾年展緩漕項
正銀叁千伍百捌拾兩陸錢柒分壹釐隨正柒
分耗羨銀貳百伍拾兩陸錢肆分柒釐道光叁
年分道光拾年展緩漕項正銀伍百貳拾兩叁
錢叁分肆釐隨正柒分耗羨銀叁拾陸兩肆錢
貳分叁釐應自道光拾伍年秋後起扣限壹年
帶徵內道光伍年分道光拾年展緩漕項正銀
貳千貳百肆兩玖錢玖分貳釐隨正柒分耗羨
銀壹百伍拾肆兩叁錢伍分道光陸年分道光

拾年展緩漕項正銀叁千叁百肆拾伍兩叁錢
貳分貳釐隨正柒分耗羨銀貳百叁拾肆兩壹
錢柒分貳釐應自道光拾陸年秋後起扣限壹
年帶徵內道光柒年分道光拾年展緩漕項正
銀肆千陸拾捌兩柒錢柒分肆釐隨正柒分耗
羨銀貳百捌拾肆兩捌錢壹分伍釐道光捌年
分道光拾年展緩漕項正銀肆千肆百捌拾壹
兩肆分陸釐隨正柒分耗羨銀叁百壹拾叁兩
陸錢柒分叁釐又金壇縣秋成歉收勘不成災
展緩分別各年帶徵項下應自道光拾叁年秋
後起扣限壹年帶徵內道光玖年分未完熟田
漕項正銀叁千捌百柒拾壹兩壹錢貳分陸釐

隨正柒分耗羨銀貳百柒拾兩玖錢柒分玖釐
又行月米貳千捌拾壹石伍升陸合陸勺道光
拾年分未完漕項正銀伍千貳百捌拾柒兩肆
錢陸分隨正柒分耗羨銀叁百柒拾兩壹錢貳
分貳釐又行月米壹千肆拾石肆斗肆升應自
道光拾肆年秋後起扣限壹年帶徵內嘉慶貳
拾叁年分道光玖年遞展漕項正銀壹千伍百
伍拾玖兩柒錢柒分捌釐隨正柒分耗羨銀壹
百玖兩壹錢捌分肆釐道光叁年分未完秋災
原緩漕項正銀貳千柒百捌拾伍兩玖錢伍釐
隨正柒分耗羨銀壹百玖拾伍兩壹分肆釐道
光玖年遞緩貳限行月米壹百伍拾石叁斗伍

升肆合肆勺道光玖年分未完秋災原緩初限
漕項正銀肆百柒拾玖兩肆錢壹分釐正柒分
耗羨銀叁拾叁兩伍錢伍分玖釐秋災原緩初
限漕糧漕項等米柒百伍拾石伍斗貳升叁合
貳勺內漕糧正兌糧伍百壹拾石伍斗陸升加
肆耗米貳百肆石貳斗貳升肆合漕贈五米叁
拾伍石柒斗叁升玖合貳勺應自道光拾伍年
秋後起扣限壹年帶徵內嘉慶貳拾肆年分道
光拾年遞展原緩漕項正銀肆百捌拾柒兩陸
分陸釐隨正柒分耗羨銀叁拾肆兩玖分伍釐
又道光拾年遞展漕糧漕項等米貳千壹百玖
拾捌石陸斗壹升捌合叁勺內漕糧正兌糧壹

千石陸斗叁升捌合柒勺加肆耗米肆百石貳
斗伍升伍合肆勺漕糧改兌糧伍百叁拾叁石
玖升捌合伍勺加叁耗米壹百伍拾玖石玖斗
貳升玖合陸勺漕贈五米壹百肆石陸斗玖升
陸合壹勺道光肆年分道光拾年遞展原緩漕
項正銀叁百壹拾兩肆錢伍分貳釐隨正柒分
耗羨銀貳拾壹兩柒錢叁分貳釐道光玖年分
道光拾年遞展秋災原緩貳限漕項正銀肆百
柒拾玖兩肆錢壹分隨正柒分耗羨銀叁拾叁
兩伍錢伍分捌釐又道光拾年遞展秋災原緩
貳限漕糧漕項等米貳千貳百玖石玖斗玖升
捌合貳勺內漕糧正兌糧壹千捌拾玖石玖斗

捌升玖合叁勺加肆耗米肆百叁拾伍石玖斗
玖升伍合柒勺漕糧改兑糧叁百石加叁耗米
玖拾石漕贈五米玖拾伍石柒斗玖升玖合貳
勺行月米壹百玖拾捌石貳斗壹升肆合應自
道光拾陸年秋後起扣限壹年帶徵内嘉慶貳
拾伍年分道光拾年遞展原緩漕項正銀貳千
肆百肆拾貳兩壹錢捌釐隨正柒分耗羨銀壹
百柒拾兩玖錢肆分玖釐又道光拾年遞展漕
糧漕項等米陸拾肆石肆斗捌升伍合伍勺内
漕糧正兑糧叁拾玖石玖斗叁升叁合貳勺加
肆耗米壹拾伍石玖斗柒升叁合叁勺漕贈五
米貳石柒斗玖升伍合叁勺行月米伍石柒斗

捌升叁合柒勺道光伍年分道光拾年遞展原
緩漕項正銀貳千柒百叁拾壹兩伍錢壹分壹
釐隨正柒分耗羨銀壹百玖拾壹兩貳錢陸釐
道光陸年分道光拾年遞展原緩漕項正銀叁
千玖百捌拾玖兩肆錢叁分肆釐隨正柒分耗
羨銀貳百柒拾玖兩貳錢陸分道光拾年遞展
秋災原緩漕項正銀伍百柒拾捌兩玖錢柒分
叁釐隨正柒分耗羨銀肆拾兩伍錢貳分捌釐
道光玖年遞緩原緩初限漕糧漕項等米肆百
玖拾捌石陸斗陸合壹勺內漕糧改兌糧叁百
陸拾伍石貳斗柒升玖合壹勺加叁耗米壹百
玖石伍斗捌升叁合捌勺漕贈五米貳拾叁石

柒斗肆升叁合貳勺道光拾年遞展原緩貳限
漕糧漕項等米肆百玖拾捌石陸斗伍合玖勺
內漕糧改兌糧叁百陸拾伍石貳斗柒升玖合
壹勺加叁耗米壹百玖石伍斗捌升叁合柒勺
漕贈五米貳拾叁石柒斗肆升叁合壹勺應自
道光拾柒年秋後起加限壹年帶徵內道光元
年分道光拾年遞展原緩漕糧漕項等米貳千
叁百陸拾肆石壹斗叁升柒合壹勺內漕糧正
兌糧肆百肆拾壹石壹斗叁升柒合伍勺加肆
耗米壹百柒拾陸石肆斗伍升伍合漕糧改兌
糧壹千貳百伍拾陸石捌斗玖升柒合肆勺加
叁耗米叁百柒拾柒石陸升玖合叁勺漕贈五

米壹百壹拾貳石伍斗柒升柒合玖勺道光柒年分道光玖年遞緩熟田漕項正銀陸百伍拾兩貳分伍釐隨正柒分耗羨銀肆拾伍兩伍錢壹釐道光拾年遞展漕項正銀叁千伍百玖拾玖兩肆錢叁分伍釐隨正柒分耗羨銀貳百伍拾壹兩玖錢陸分壹釐應自道光拾捌年秋後起扣限壹年帶徵內道光貳年分道光玖年遞緩漕項正銀伍百柒拾肆兩叁錢柒分陸釐隨正柒分耗羨銀肆拾兩貳錢柒釐道光拾年遞展漕項正銀叁千玖百壹拾玖兩壹錢陸分壹釐隨正柒分耗羨銀貳百柒拾肆兩叁錢肆分壹釐又道光拾年遞展漕糧漕項等米壹千柒

拾石柒升伍合叁勺內漕糧正兌糧柒百貳拾
柒石玖斗肆升貳合肆勺加肆耗米貳百玖拾
壹石壹斗柒升陸合玖勺漕贈五米伍拾石玖
斗伍升陸合道光捌年分道光玖年遞緩熟田
漕項正銀肆百肆拾柒兩陸錢伍分伍釐隨正
柒分耗羨銀叁拾壹兩叁錢叁分貳釐道光拾
年遞展漕項正銀叁千捌百壹拾貳兩肆錢貳
釐隨正柒分耗羨銀貳百陸拾陸兩捌錢柒分
貳釐又災熟各戶未完道光叁年貳叁限銀米
照案遞展壹年帶徵項下道光叁年分道光拾
年展緩叁年秋災原緩貳限漕項正銀玖千玖
百捌拾兩叁錢柒分捌釐隨正伍分耗羨銀肆

百玖拾玖兩壹分玖釐道光拾年展緩叁年秋
災原緩貳限漕糧漕項等米叁萬叁千貳百玖
石陸升貳合肆勺內漕糧正兌糧貳萬壹千貳
百壹拾貳石陸斗伍升肆合貳勺加肆耗米捌
千肆百捌拾伍石陸升壹合陸勺漕贈五米壹
千肆百捌拾肆石捌斗捌升伍合捌勺行月米
貳千貳拾陸石肆斗陸升捌勺道光拾年展緩
叁年被災原緩貳限白糧正耗等米貳千肆百
柒拾柒石貳斗肆升貳合壹勺內白糧正米壹
千叁百貳拾叁石叁斗壹升叁合加叁耗米叁
百玖拾陸石玖斗玖升叁合玖勺盤用耗米貳
百陸拾肆石陸斗陸升貳合柒勺舂辦耗米叁

江蘇巡撫林則徐題本　蘇松等屬道光十一年秋成歉收災田題請遞緩舊欠漕糧銀米
道光十三年二月二十三日

百玖拾陸石玖斗玖升叁合玖勺運船水手食
米玖拾伍石貳斗柒升捌合陸勺道光拾年展
緩叁年秋災原緩叁限漕項正銀壹千陸百陸
拾陸兩伍錢貳釐隨正伍分耗羨銀捌拾叁兩
叁錢貳分肆釐道光拾年展緩叁年秋災原緩
叁限漕糧漕項等米伍千陸石玖斗玖升肆合
貳勺內漕糧正兌糧叁千壹百玖拾捌石壹斗
柒升壹合伍勺加肆耗米壹千貳百柒拾玖石
貳斗陸升捌合伍勺漕贈五米貳百貳拾叁石
捌斗柒升壹合玖勺行月米叁百伍石陸斗捌
升貳合叁勺道光拾年展緩叁年秋災原緩叁
限白糧正耗等米肆百伍拾叁石柒斗貳升叁

合伍勺内白糧正米貳百肆拾貳石叁斗柒升
叁合柒勺加叁耗米柒拾貳石柒斗壹升貳合
壹勺盤用耗米肆拾捌石肆斗柒升肆合柒勺
舂辦耗米柒拾貳石柒斗壹升貳合壹勺運船
水手食米壹拾柒石肆斗伍升玖勺又道光叁
年初限及柒捌玖年銀兩俟叁年貳叁限屆滿
後挨次按最遠年分帶徵壹年項下道光叁年
分道光拾年展緩叁年秋災原緩初限漕項正
銀叁千捌百叁拾捌兩捌錢壹分捌釐隨正伍
分耗羨銀壹百玖拾壹兩玖錢肆分叁釐道光
柒年分道光拾年展緩漕項正銀肆千陸百壹
拾捌兩貳錢肆分肆釐隨正伍分耗羨銀貳百

叁拾兩玖錢壹分貳釐道光捌年分道光拾年
展緩漕項正銀肆千貳百伍拾兩玖錢叁分隨
正伍分耗羨銀貳百壹拾貳兩伍錢肆分柒釐
道光玖年分道光拾年展緩漕項正銀陸千壹
百伍拾壹兩叁錢玖分伍釐隨正伍分耗羨銀
叁百柒兩伍錢柒分又道光拾年貳限銀米展
至拾年初限屆滿後接續啓徵項下道光拾年
分道光拾年原緩貳限漕項正銀肆百肆拾柒
兩陸錢柒釐隨正伍分耗羨銀貳拾貳兩叁錢
捌分道光拾年原緩貳限漕糧漕項等米壹千
肆百伍拾石陸斗肆升陸合玖勺內漕糧正兌
糧玖百貳拾伍石貳斗壹升捌合叁勺加肆耗

江蘇巡撫林則徐題本　蘇松等屬道光十一年秋成歉收災田題請遞緩舊欠漕糧銀米
道光十三年二月二十三日

米叁百柒拾石捌升柒合肆勺漕贈五米陸拾
肆石柒斗陸升伍合叁勺行月米玖拾石伍斗
柒升伍合玖勺相應專案造冊詳送核
題
等情據此該臣查得蘇松等屬道光拾壹年秋
成歉收成災及勘不成災并熟田應行遞緩舊
欠漕糧漕項銀米案經飭行造報去後今據蘇
州布政使陳鑾蘇松督糧道陶廷杰會詳稱蘇
松等屬道光拾壹年遞緩舊欠項下嘉慶貳拾
叁年分道光拾年遞緩漕項正銀貳千壹百伍
拾玖兩零耗羨銀壹百柒兩零道光玖年遞緩
漕項正銀捌百柒拾玖兩零耗羨銀陸拾壹兩
零道光叁年遞緩漕項正銀肆千伍百玖拾壹

兩零耗羨銀貳百叁拾玖兩零嘉慶貳拾肆年
分道光拾年遞緩漕項正銀肆千叁百兩零耗
羨銀貳百壹拾伍兩零道光玖年遞緩漕項正
銀壹千伍百捌拾叁兩零耗羨銀玖拾陸兩零
道光叁年遞緩漕項正銀陸千壹百捌拾兩零
耗羨銀叁百貳拾柒兩零嘉慶貳拾伍年分道
光拾年遞緩漕項正銀伍千伍百捌兩零耗羨
銀貳百柒拾伍兩零道光玖年遞緩漕項正銀
玖百兩零耗羨銀伍拾壹兩零道光叁年遞緩
漕項正銀伍千柒百肆拾柒兩零耗羨銀叁百
壹拾叁兩零道光元年分道光拾年遞緩漕項
正銀伍千柒百肆拾柒兩零耗羨銀貳百捌拾

柒兩零道光玖年遞緩漕項正銀貳千伍百捌拾壹兩零耗羨銀壹百伍拾陸兩零道光叁年遞緩漕項正銀陸千捌百玖拾伍兩零耗羨銀叁百柒拾叁兩零道光貳年分道光拾年遞緩漕項正銀玖千貳百伍拾兩零耗羨銀肆百陸拾貳兩零道光玖年遞緩漕項正銀壹千陸百伍拾壹兩零耗羨銀玖拾玖兩零道光叁年遞緩漕項正銀陸千捌百肆拾陸兩零耗羨銀叁百肆拾捌兩零道光叁年分道光拾年遞緩漕項正銀叁千捌百肆拾叁兩零耗羨銀壹百玖拾貳兩零道光拾年遞展漕項正銀柒千伍百壹兩零耗羨銀叁百柒拾伍兩零道光拾年遞

緩叁年原緩初限漕項正銀貳拾貳兩零耗羨
銀壹兩零道光玖年遞緩漕項正銀貳千陸百
捌拾柒兩零耗羨銀壹百陸拾陸兩零道光叁
年原緩漕項正銀壹萬壹千玖拾捌兩零耗羨
銀伍百陸拾貳兩零道光叁年原緩初限漕項
正銀玖百伍拾柒兩零耗羨銀肆拾柒兩零又
道光叁年原緩漕項米伍百玖拾伍石零道光
拾年遞緩漕糧漕項等米壹百柒拾石零道光
玖年遞緩漕糧漕項等米壹千陸拾肆石零道
光玖年遞緩原緩漕糧漕項等米肆百柒拾石
零道光肆年分未完漕項正銀捌千貳百柒拾
柒兩零耗羨銀肆百壹拾叁兩零道光拾年遞

緩漕項正銀陸千伍百玖拾肆兩零耗羡銀叁
百叁拾兩零道光玖年遞緩漕項正銀叁百肆
拾柒兩零耗羡銀貳拾肆兩零道光伍年分未
完漕項正銀叁千貳百陸拾貳兩零耗羡銀壹
百柒拾貳兩零道光拾年遞緩漕項正銀陸千
肆拾捌兩零耗羡銀叁百貳兩零道光玖年遞
緩漕項正銀壹千貳百伍拾兩零耗羡銀捌拾
柒兩零道光陸年分未完漕項正銀壹萬捌百
捌拾玖兩零耗羡銀伍百肆拾肆兩零道光拾
年遞緩漕項正銀陸千叁百柒拾叁兩零耗羡
銀叁百壹拾玖兩零道光拾年遞展陸年秋災
原緩初貳限漕項正銀陸千壹百陸拾貳兩零

耗羨銀叁百捌兩零道光玖年遞緩熟田漕項
正銀捌百壹拾陸兩零耗羨銀伍拾柒兩零道
光玖年遞緩漕項正銀壹千伍百壹拾捌兩零
耗羨銀壹百陸兩零道光拾年遞緩原緩漕糧
漕項等米壹百陸拾柒石零道光拾年遞展陸
年秋災原緩初貳限漕糧漕項等米貳萬捌千
壹百石零道光玖年遞緩原緩漕糧漕項等米
陸百陸拾玖石零道光玖年遞緩原緩貳限漕
糧漕項等米柒百肆拾肆石零道光柒年分未
完漕項正銀壹萬伍千壹百柒拾柒兩零耗羨
銀柒百捌拾陸兩零道光拾年遞緩漕項正銀
壹萬壹千貳百柒拾陸兩零耗羨銀伍百陸拾

陸兩零道光玖年遞緩漕項正銀肆千貳拾壹
兩零耗羨銀貳百伍拾柒兩零道光捌年分未
完漕項正銀貳萬壹千伍百捌拾捌兩零耗羨
銀壹千貳百貳拾壹兩零道光拾年遞緩漕項
正銀壹萬伍千肆百壹拾肆兩零耗羨銀柒百
柒拾兩零道光玖年遞緩漕項正銀壹千柒百
壹拾兩零耗羨銀玖拾肆兩零道光玖年分未
完漕項正銀貳萬陸千叁百柒拾伍兩零耗羨
銀壹千肆百肆拾肆兩零又行月米伍百叁拾
肆石零未完熟田漕項正銀貳千伍百玖拾肆
兩零耗羨銀壹百捌拾壹兩零未完原緩漕項
正銀貳千陸百柒拾叁兩零耗羨銀壹百陸拾

兩零道光拾年遞緩漕項正銀壹萬伍千伍百肆拾捌兩零耗羨銀陸百柒拾捌兩零道光拾年遞緩原緩漕糧漕項等米壹百伍拾捌石零道光玖年原緩漕糧漕項等米壹萬壹百肆拾叁石零道光拾年分未完漕項正銀叁萬叁千玖百叁拾捌兩零耗羨銀壹千玖百貳拾兩零又行月米貳千伍拾伍石零未完熟田漕項正銀玖千貳百陸拾柒兩零耗羨銀伍百陸拾玖兩零道光拾年原緩漕項正銀貳萬壹千捌百捌拾叁兩零耗羨銀壹千玖拾肆兩零道光拾年原緩漕糧漕項等米柒萬柒千陸百陸拾石零又道光拾年原緩漕項米柒石零未完漕項

米叁百柒拾叁石零又熟田秋成減色展緩項
下嘉慶貳拾叁年分道光拾年遞緩漕項正銀
叁拾壹兩零耗羨銀壹兩零未完道光叁年遞
緩漕項正銀捌百伍拾伍兩零耗羨銀肆拾貳
兩零未完道光陸年遞緩漕項正銀捌拾兩零
耗羨銀肆兩零嘉慶貳拾肆年分道光拾年遞
緩漕項正銀伍拾肆兩零耗羨銀貳兩零未完
道光叁年遞緩漕項正銀叁百壹拾柒兩零耗
羨銀壹拾伍兩零未完道光陸年遞緩漕項正
銀叁拾肆兩零耗羨銀壹兩零嘉慶貳拾伍年
分道光拾年遞緩漕項正銀壹拾捌兩零耗羨
銀玖錢零未完道光叁年遞緩漕項正銀肆百

陸拾伍兩零耗羨銀貳拾叁兩零未完道光陸
年遞緩漕項正銀肆拾陸兩零耗羨銀貳兩零
道光元年分道光拾年遞緩漕項正銀肆兩零
耗羨銀貳錢零未完道光叁年遞緩漕項正銀
柒百伍拾兩零耗羨銀叁拾柒兩零未完道光
陸年遞緩漕項正銀伍兩零耗羨銀貳錢零道
光貳年分道光拾年遞緩漕項正銀叁百捌拾
捌兩零耗羨銀壹拾玖兩零未完道光叁年遞
緩漕項正銀肆千叁百玖拾叁兩零耗羨銀貳
百壹拾玖兩零未完道光陸年遞緩漕項正銀
叁百貳兩零耗羨銀壹拾伍兩零道光叁年分
道光拾年遞展漕項正銀壹千肆百貳拾玖兩

零耗羨銀柒拾壹兩零未完道光叁年秋災原
緩漕項正銀壹千肆百肆拾柒兩零耗羨銀柒
拾貳兩零未完道光陸年遞緩漕項正銀貳百
貳拾玖兩零耗羨銀壹拾壹兩零道光肆年分
道光拾年遞展漕項正銀叁百捌拾肆兩零耗
羨銀壹拾玖兩零未完道光陸年遞緩漕項正
銀捌拾陸兩零耗羨銀肆兩零道光伍年分道
光拾年遞展漕項正銀叁千玖百玖拾貳兩零
耗羨銀壹百玖拾玖兩零未完道光陸年遞緩
漕項正銀貳百柒拾叁兩零耗羨銀壹拾叁兩
零道光陸年分道光拾年遞展漕項正銀柒千
叁百陸拾叁兩零耗羨銀叁百陸拾捌兩零未

完熟田漕項正銀叁千陸百貳拾壹兩零耗羨
銀壹百捌拾壹兩零道光柒年分道光拾年遞
展漕項正銀伍千玖百玖拾兩零耗羨銀貳百
玖拾玖兩零未完漕項正銀叁千玖百壹拾捌
兩零耗羨銀壹百玖拾伍兩零道光捌年分道
光拾年遞展漕項正銀陸千玖百壹兩零耗羨
銀叁百肆拾伍兩零未完漕項正銀陸千叁百
肆兩零耗羨銀叁百壹拾伍兩零道光玖年分
道光拾年遞展漕項正銀壹千捌拾捌兩零耗
羨銀伍拾肆兩零未完漕項正銀壹萬叁千叁
百捌拾叁兩零耗羨銀陸百陸拾玖兩零道光
玖年原緩貳限漕糧漕項等米貳千玖百伍拾

叁石零道光拾年分未完熟田漕項正銀貳百叁拾捌兩零耗羨銀壹拾壹兩零又熟田遞緩至道光拾貳年秋後帶徵項下嘉慶貳拾叁年分道光叁年遞緩漕項正銀肆千壹百貳拾壹兩零耗羨銀貳百陸兩零嘉慶貳拾肆年分道光叁年遞緩漕項正銀陸千伍百陸拾貳兩零耗羨銀叁百貳拾捌兩零嘉慶貳拾伍年分道光叁年遞緩漕項正銀柒千壹百肆拾柒兩零耗羨銀叁百伍拾柒兩零道光元年分道光叁年遞緩漕項正銀陸千玖百柒拾捌兩零耗羨銀叁百肆拾捌兩零道光貳年分道光拾年遞緩漕項正銀貳拾兩零耗羨銀壹兩零道光叁

年遞緩漕項正銀壹萬捌拾肆兩零耗羨銀伍
百肆兩零道光叁年分道光拾年遞緩漕項正
銀叁拾兩零耗羨銀壹兩零道光叁年原緩漕
項正銀柒千貳百壹拾玖兩零耗羨銀叁百陸
拾兩零道光肆年分未完漕項正銀叁千陸拾
壹兩零耗羨銀壹百伍拾叁兩零道光伍年分
未完漕項正銀貳千肆百肆拾兩零耗羨銀壹
百貳拾貳兩零道光陸年分未完漕項正銀捌
千肆百叁拾壹兩零耗羨銀肆百貳拾壹兩零
道光柒年分道光拾年遞緩漕項正銀捌拾肆
兩零耗羨銀肆兩零未完漕項正銀捌千捌百
捌拾叁兩零耗羨銀肆百肆拾肆兩零道光捌

年分道光拾年遞緩漕項正銀叁百壹拾貳兩
零耗羨銀壹拾伍兩零未完漕項正銀捌千玖
百肆拾貳兩零耗羨銀肆百肆拾柒兩零道光
玖年分道光拾年遞緩漕項正銀叁百伍拾壹
兩零耗羨銀壹拾柒兩零未完漕項正銀捌千
貳百肆拾柒兩零耗羨銀肆百壹拾貳兩零道
光拾年分未完漕項正銀伍千玖百兩零耗羨
銀貳百玖拾伍兩零又秋成歉收展緩項下道
光叁年分道光拾年展緩叁年原緩貳限漕項
米捌拾貳石零又叁限漕項米肆拾柒石零又
上海川沙貳廳縣秋成歉收及熟田收成減色
展緩項下道光叁年分道光拾年遞緩初貳限

漕項正銀貳千肆百玖拾兩零耗羨銀壹百貳
拾肆兩零道光陸年分道光拾年遞緩陸年秋
災原緩初限漕項正銀玖百貳拾捌兩零耗羨
銀肆拾陸兩零道光拾年遞緩陸年秋災原緩
貳限漕項正銀壹千貳百伍拾叁兩零耗羨銀
陸拾貳兩零道光拾年遞緩陸年秋災原緩貳
限漕糧漕項等米壹萬叁拾肆石零道光拾年
分道光拾年秋災原緩初貳限漕項正銀貳千
貳百玖拾柒兩零耗羨銀壹百壹拾肆兩零道
光拾年秋災原緩初貳限漕糧漕項等米壹萬
陸千叁百玖拾石零未完熟田漕項正銀叁千
肆百貳拾捌兩零耗羨銀壹百柒拾壹兩零又

江蘇巡撫林則徐題本　蘇松等屬道光十一年秋成歉收災田題請遞緩舊欠漕糧銀米

道光十三年二月二十三日

道光貳年以前舊欠照案以次遞展壹年帶徵
項下嘉慶貳拾叁年分未完道光叁年遞展漕
項正銀壹百柒拾陸兩零耗羨銀壹拾貳兩零
道光玖年遞展漕項正銀肆百貳拾柒兩零耗
羨銀貳拾玖兩零前項正耗銀兩遞展至道光
拾貳年秋成後帶徵嘉慶貳拾肆年分未完道
光叁年遞展漕項正銀壹千肆百叁拾肆兩零
耗羨銀壹百兩零道光玖年遞展漕項正銀壹
千叁百柒拾兩零耗羨銀玖拾伍兩零道光拾
年遞展漕項正銀壹千陸百壹拾兩零耗羨銀
捌拾壹兩零道光拾年遞展原緩行月米壹拾
伍石零前項正耗銀米遞展至道光拾貳拾叁

江蘇巡撫林則徐題本　蘇松等屬道光十一年秋成歉收災田題請遞緩舊欠漕糧銀米
道光十三年二月二十三日

年秋成後帶徵嘉慶貳拾伍年分道光玖年遞
展原緩漕糧漕項等米壹千肆百柒拾陸石零
道光拾年遞展原緩漕糧漕項等米壹百伍拾
伍石零前項米石遞展至道光拾貳拾肆年秋
成後帶徵道光元年分未完道光叁年遞展漕
項正銀貳千玖百肆拾兩零耗羨銀貳百伍兩
零道光玖年遞展漕項正銀壹千壹百叁拾陸
兩零耗羨銀柒拾玖兩零道光拾年遞展漕項
正銀陸千肆百玖拾叁兩零耗羨銀叁百貳拾
伍兩零道光玖年遞展原緩行月米陸百壹拾
肆石零道光拾年遞展原緩行月米壹百伍拾
柒石零前項正耗銀米遞展至道光拾叁拾伍

江蘇巡撫林則徐題本 蘇松等屬道光十一年秋成歉收災田題請遞緩舊欠漕糧銀米

道光十三年二月二十三日

年秋成後帶徵道光貳年分未完道光叁年遞
展漕項正銀陸百陸拾貳兩零耗羨銀肆拾陸
兩零道光玖年遞展漕項正銀陸百叁拾柒兩
零耗羨銀肆拾肆兩零道光拾年遞展漕項正
銀柒千玖百肆拾捌兩零耗羨銀叁百玖拾柒
兩零前項正耗銀兩遞展至道光拾肆拾陸年
秋成後帶徵又武進縣秋成歉收展緩舊欠照
案以次遞展壹年帶徵項下嘉慶貳拾肆年分
道光玖年遞展漕項正銀陸百貳拾捌兩零耗
羨銀肆拾肆兩零前項正耗銀兩遞展至道光
拾貳年秋成後帶徵嘉慶貳拾伍年分道光玖
年遞展漕項正銀玖百柒拾兩零耗羨銀陸拾

柒兩零漕糧漕項等米壹千柒百壹拾柒石零
前項正耗銀米遞展至道光拾叁年秋成後帶
徵道光元年分道光玖年遞展漕項正銀捌百
捌拾肆兩零耗羨銀陸拾壹兩零漕糧漕項等
米壹千柒百貳拾叁石零前項正耗銀米遞展
至道光拾肆年秋成後帶徵道光叁年分未完
原緩漕項正銀叁百柒拾肆兩零耗羨銀貳拾
陸兩零前項正耗銀兩遞展至道光拾伍年秋
成後帶徵道光伍年分未完漕項正銀玖百叁
兩零耗羨銀陸拾叁兩零前項正耗銀兩遞展
至道光拾陸年秋成後帶徵又江陰縣道光捌
年以前展緩舊欠遞年帶徵貳年項下應自道

光拾貳年秋後起扣限壹年帶徵內嘉慶貳拾叁年分道光拾年展緩漕項正銀叁千捌百貳拾捌兩零耗羨銀貳百陸拾捌兩零嘉慶貳拾肆年分道光拾年展緩漕項正銀貳千壹百肆拾叁兩零耗羨銀壹百伍拾兩零應自道光拾叁年秋後起扣限壹年帶徵內嘉慶貳拾伍年分道光拾年展緩漕項正銀叁千伍百肆拾捌兩零耗羨銀貳百肆拾捌兩零道光元年分道光拾年展緩漕項正銀叁千捌百叁拾玖兩零耗羨銀貳百陸拾捌兩零應自道光拾肆年秋後起扣限壹年帶徵內道光貳年分道光拾年展緩漕項正銀叁千伍百捌拾兩零耗羨銀貳

百伍拾兩零道光叁年分道光拾年展緩漕項
正銀伍百貳拾兩零耗羨銀叁拾陸兩零應自
道光拾伍年秋後起扣限壹年帶徵內道光伍
年分道光拾年展緩漕項正銀貳千貳百肆兩
零耗羨銀壹百伍拾肆兩零道光陸年分道光
拾年展緩漕項正銀叁千叁百肆拾伍兩零耗
羨銀貳百叁拾肆兩零應自道光拾陸年秋後
起扣限壹年帶徵內道光柒年分道光拾年展
緩漕項正銀肆千陸拾捌兩零耗羨銀貳百捌
拾肆兩零道光捌年分道光拾年展緩漕項正
銀肆千肆百捌拾壹兩零耗羨銀叁百壹拾叁
兩零又金壇縣秋成歉收勘不成災展緩分別

各年帶徵項下應自道光拾叁年秋後起扣限壹年帶徵内道光玖年分未完熟田漕項正銀叁千捌百柒拾壹兩零耗羨銀貳百柒拾兩零又行月米貳千捌拾壹石零道光拾年分未完漕項正銀伍千貳百捌拾柒兩零耗羨銀叁百柒拾兩零又行月米壹千肆拾石零應自道光拾肆年秋後起扣限壹年帶徵内嘉慶貳拾叁年分道光玖年遞展漕項正銀壹千伍百伍拾玖兩零耗羨銀壹百玖兩零道光叁年分未完秋災原緩漕項正銀貳千柒百捌拾伍兩零耗羨銀壹百玖拾伍兩零道光玖年遞緩貳限行月米壹百伍拾石零道光玖年分未完秋災原

緩初限漕項正銀肆百柒拾玖兩零耗羨銀叁
拾叁兩零秋災原緩初限漕糧漕項等米柒百
伍拾石零應自道光拾伍年秋後起扣限壹年
帶徵內嘉慶貳拾肆年分道光拾年遞展原緩
漕項正銀肆百捌拾柒兩零耗羨銀叁拾肆兩
零又道光拾年遞展漕糧漕項等米貳千壹百
玖拾捌石零道光肆年分道光拾年遞展原緩
漕項正銀叁百壹拾兩零耗羨銀貳拾壹兩零
道光玖年分道光拾年遞展秋災原緩貳限漕
項正銀肆百柒拾玖兩零耗羨銀叁拾叁兩零
又道光拾年遞展秋災原緩貳限漕糧漕項等
米貳千貳百玖石零應自道光拾陸年秋後起

扣限壹年帶徵內嘉慶貳拾伍年分道光拾年
遞展原緩漕項正銀貳千肆百肆拾貳兩零耗
羨銀壹百柒拾兩零又道光拾年遞展漕糧漕
項等米陸拾肆石零道光伍年分道光拾年遞
展原緩漕項正銀貳千柒百叁拾壹兩零耗羨
銀壹百玖拾壹兩零道光陸年分道光拾年遞
展原緩漕項正銀叁千玖百捌拾玖兩零耗羨
銀貳百柒拾玖兩零道光拾年遞展秋災原緩
漕項正銀伍百柒拾捌兩零耗羨銀肆拾兩零
道光玖年遞緩原緩初限漕糧漕項等米肆百
玖拾捌石零道光拾年遞展原緩貳限漕糧漕
項等米肆百玖拾捌石零應自道光拾柒年秋

後起扣限壹年帶徵内道光元年分道光拾年
遞展原緩漕糧漕項等米貳千叁百陸拾肆石
零道光柒年分道光玖年遞緩熟田漕項正銀
陸百伍拾兩零耗羨銀肆拾伍兩零道光拾年
遞展漕項正銀叁千伍百玖拾玖兩零耗羨銀
貳百伍拾壹兩零應自道光拾捌年秋後起扣
限壹年帶徵内道光貳年分道光玖年遞緩漕
項正銀伍百柒拾肆兩零耗羨銀肆拾兩零道
光拾年遞展漕項正銀叁千玖百壹拾玖兩零
耗羨銀貳百柒拾肆兩零又道光拾年遞展漕
糧漕項等米壹千柒拾石零道光捌年分道光
玖年遞緩熟田漕項正銀肆百肆拾柒兩零耗

羨銀叁拾壹兩零道光拾年遞展漕項正銀叁
千捌百壹拾貳兩零耗羨銀貳百陸拾陸兩零
又災熟各户未完道光叁年貳叁限銀米照案
遞展壹年帶徵項下道光叁年分道光拾年展
緩叁年秋災原緩貳限漕項正銀玖千玖百捌
拾兩零耗羨銀肆百玖拾玖兩零道光拾年展
緩叁年秋災原緩貳限漕糧漕項等米叁萬叁
千貳百玖石零道光拾年展緩叁年被災原緩
貳限白糧正耗等米貳千肆百柒拾柒石零道
光拾年展緩叁年秋災原緩叁限漕項正銀壹
千陸百陸拾陸兩零耗羨銀捌拾叁兩零道光
拾年展緩叁年秋災原緩叁限漕糧漕項等米

伍千陸石零道光拾年展緩叁年秋災原緩叁
限白糧正耗等米肆百伍拾叁石零又道光叁
年初限及柒捌玖年銀兩俟叁年貳叁限屆滿
後挨次按最遠年分帶徵壹年項下道光叁年
分道光拾年展緩叁年秋災原緩初限漕項正
銀叁千捌百叁拾捌兩零耗羨銀壹百玖拾壹
兩零道光柒年分道光拾年展緩漕項正銀肆
千陸百壹拾捌兩零耗羨銀貳百叁拾兩零道
光捌年分道光拾年展緩漕項正銀肆千貳百
伍拾兩零耗羨銀貳百壹拾貳兩零道光玖年
分道光拾年展緩漕項正銀陸千壹百伍拾壹
兩零耗羨銀叁百柒兩零又道光拾年貳限銀

未展至拾年初限屆滿後接續啓徵項下道光
拾年分道光拾年原緩貳限漕項正銀肆百肆
拾柒兩零耗羨銀貳拾貳兩零道光拾年原緩
貳限漕糧漕項等米壹千肆百伍拾石零專案
造冊詳送核
題等情前來臣覆核無異除冊分送部科查核外
謹會同漕運總督臣蘇成額合詞具
題伏乞
皇上聖鑒勅部核覆施行謹題請
旨

江蘇巡撫林則徐題本　蘇松等屬道光十一年秋成歉收災田題請遞緩舊欠漕糧銀米
道光十三年二月二十三日

道光[illegible]兵部侍郎兼都察院右副都御史巡撫江蘇等處地方提督軍務總理糧儲臣林則徐

兵部侍郎兼都察院右副都御史巡撫江蘇等處地方提督軍務總理糧儲臣林則徐謹

題爲謹報等事。該臣查得蘇松等屬道光拾壹年秋成歉收成災及勘不成災并熟田應行遞緩舊欠漕糧漕項銀米，案經飭行造報去後，今據蘇州布政使陳鑾、蘇松督糧道陶廷杰會詳稱：蘇松等屬道光拾壹年遞緩舊欠，又秋成歉收展緩遞緩，又上海、川沙貳廳縣秋成歉收及熟田收成減色展緩，又道光貳年以前舊欠照案以次遞展，又武進縣秋成歉收展緩舊欠照案以次遞展壹年帶徵，又江陰縣道光捌年以前展緩舊欠遞年帶徵，又金壇縣秋成歉收勘不成災展緩分別帶徵，又災熟各戶未完銀米照案遞展壹年帶徵，又道光拾年貳限銀米展至拾年初限屆滿後接續啓徵各項，造册詳

題前來。臣覆核無異，除册分送部科外，謹會題請

旨

江蘇巡撫林則徐題本

題報貴州省京鉛行抵儀徵委員聞訃丁憂委通判李嘉奎接運

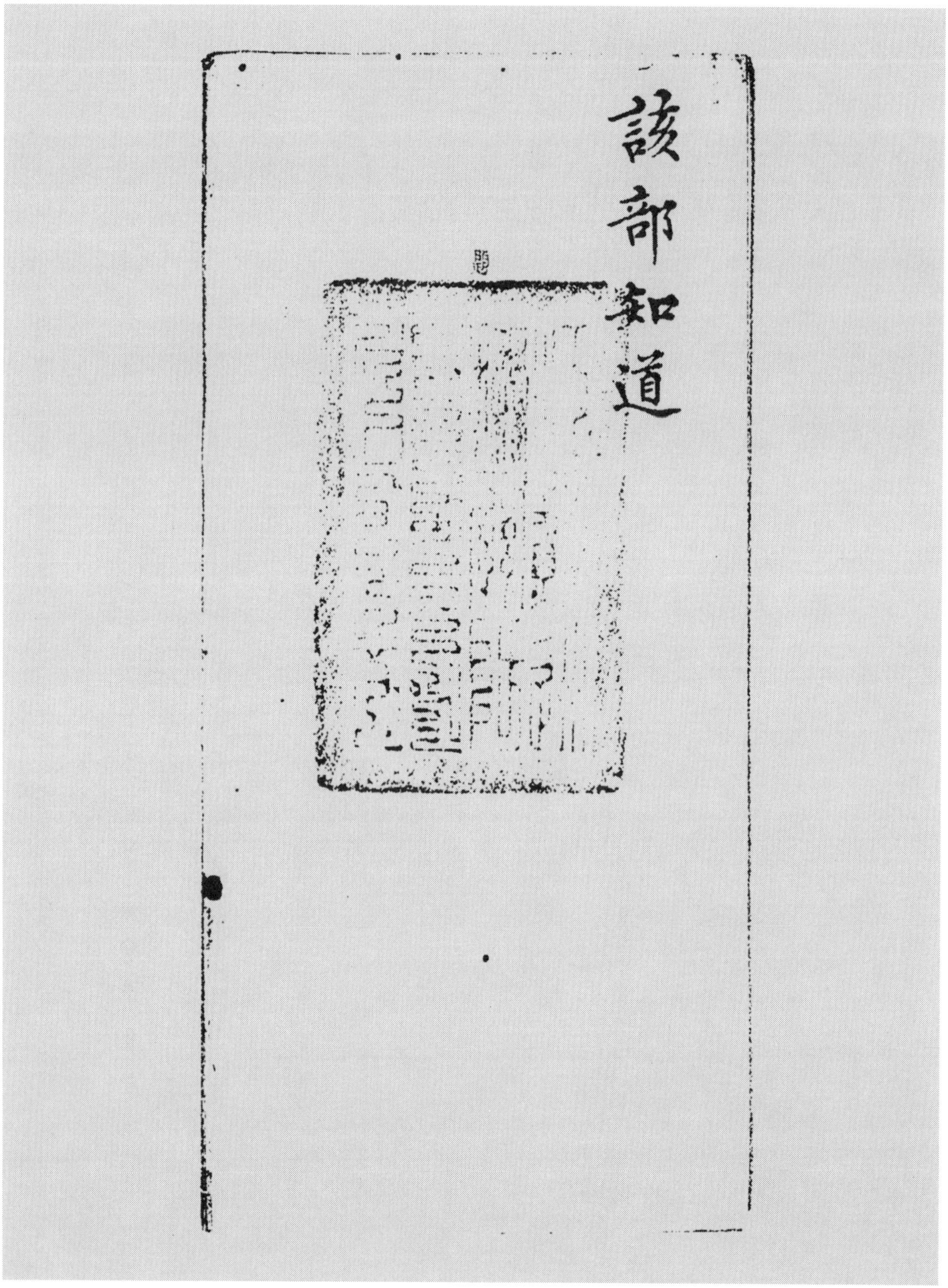
該部知道

江蘇巡撫林則徐題本　題報貴州省京鉛行抵儀徵委員聞訃丁憂委通判李嘉奎接運

道光十三年二月二十三日

兵部侍郎兼都察院右副都御史巡撫江蘇等處地方提督軍務總理糧儲臣林則徐謹
題爲遴員接運京鉛事據江寧布政使趙盛奎詳
稱據署儀徵縣知縣孫炳煒詳稱據貴州委員
署思南府印江縣事龍里縣知縣劉逢家屬張
炳呈稱家長劉逢係山西平陽府洪洞縣人於
署印江縣任內奉委辦運壬辰年下運貳起京
鉛於道光拾貳年正月內自黔領運起程拾壹
月貳拾日運抵儀徵縣境循例換船開行拾貳
月初貳日行至江都縣境內石馬橋地方水勢
漸淺河道水凍不敢前進照例停泊守凍拾貳
月貳拾叁日接到家信知家長親父肇書玖月
間由黔回籍行至河南禹州地方染患寒疫於

拾月初貳日在途病故家長係屬親子例應聞
訃丁憂爲此具呈報明等情由縣詳報到司該
江寧布政使趙盛奎查得各省委員運解京局
銅鉛中途遇有事故例應委員稱收接運今貴
州委員劉遴領解壬辰年下運京局白鉛壹百
玖萬柒千玖百柒拾捌斤捌兩黑鉛拾貳萬伍
千捌百玖斤捌兩陸錢柒分餘白鉛叁千斤黑
鉛伍百斤行抵儀徵縣境聞訃丁父憂應即照
例由寧委員接運查有署江寧府南捕通判李
嘉奎堪以飭委除飭飛赴前次隨同道府眼同
原運委員劉遴照依原帶法馬三面秉公盤交
查明有無餘剩水脚銀兩一并據實結報起運

江蘇巡撫林則徐題本　題報貴州省京鉛行抵儀徵委員聞訃丁憂委通判李嘉奎接運
道光十三年二月二十三日

進京外相應詳候具

題等情據此該户查得滇黔等省運京銅鉛解員

中途遇有事故例應遴員稱收接運今據江寧

布政使趙盛奎詳稱龍里縣知縣劉蓮領解壬

辰年下運京局白鉛壹百玖萬柒千玖百柒拾

捌斤零黑鉛拾貳萬伍千捌百玖斤零餘白鉛

叁千斤黑鉛伍百斤行抵儀徵縣境聞訃丁父

憂查有署江寧府南捕通判李嘉奎堪以飭委

除飭飛赴前次隨同道府眼同原運委員劉蓮

照依原帶法馬三面秉公盤交查明有無餘剩

水脚銀兩一并據實結報趕運進京外相應詳

候具

江蘇巡撫林則徐題本　題報貴州省京鉛行抵儀徵委員聞訃丁憂委通判李嘉奎接運
道光十三年二月二十三日

題等情前來臣覆查無異除咨明吏戶工部暨黔
省督撫山西撫臣知照并分咨經護催趲前進
外謹會同兩江總督臣陶澍合詞具
題伏乞
皇上聖鑒勅部查照施行謹具題
聞

道光十三年二月二十三日兵部右侍郎兼都察院右副都御史巡撫江蘇等處地方提督軍務總理糧儲臣林則徐

江蘇巡撫林則徐題本　題報貴州省京鉛行抵儀徵委員聞訃丁憂委通判李嘉奎接運

道光十三年二月二十三日

兵部侍郎兼都察院右副都御史巡撫江蘇等處地方提督軍務兼理糧餉臣林則徐謹

題爲遴員接運京鉛事。竊照滇黔等省運京
銅鉛解員中途遇有事故，例應遴員頂補接運。
今據江寧布政使趙盛奎詳稱，貴州委員龍里
縣知縣劉燮領解壬辰年下運京局白鉛壹百
玖萬柒千玖百柒拾捌斤零，黑鉛捌拾柒萬伍千
捌百玖拾斤零，餘白鉛叁千斤，黑鉛伍百斤，行抵
儀徵縣境，聞訃丁憂。查有署江寧府南捕通
判李嘉奎堪以勝任，除飭催赴儀徵，同道府
隨同原運委員劉燮照依原帶法馬，三面秉公
盤兌，查明有無餘剩，水脚銀兩一并移交結報，
趕運進京外，相應詳請具
題等情前來。臣覆查無異，除咨明吏戶工部，并分
咨經過各省外，謹會具
題。

江蘇巡撫林則徐題本

審明宿遷縣民許瑣子等毆斃陸景哲案分別定擬（首缺）

景哲問年五拾叁歲驗得合面致命右後脇木
器傷壹處圍圓叁寸青紅色餘無故委係受傷
身死報畢親驗無異弔取兇器木棍比對傷痕
相符塡格取結屍飭棺殮訊據地保王斯行供
與報詞同據鄰佑葉建齋葉如在同供陸景哲
是陸紹柱長子陸紹柱承典徐鳴山地貳畝道
光拾貳年伍月間徐鳴山把地捌畝零絕賣與
許佩紳因陸紹柱所典地畝在內要贖回并賣
貳拾壹日徐鳴山邀同陸紹柱許佩紳們赴地
看文陸景哲因他家承典在先向許佩紳情懇
讓買未允彼此爭毆許佩紳的兄弟許瑣子用
棍戳傷陸景哲身死並沒起釁別故是實據見

趙王興業洪道光拾貳年伍月間徐鳴山有地
捌畝零央小的作中絕賣與許佩紳爲業言明
每畝大錢肆千柒百文尚未立契因内有貳畝
徐鳴山先與陸紹柱爲業要贖回并賣那月
貳拾壹日徐鳴山邀同小的及陸紹柱許佩紳
赴地看丈陸紹柱的兒子陸景哲陸景鳴聞知
情由因地家承典在先向許佩紳懇情讓買許
佩紳不允彼此爭吵許佩紳用拳毆打陸景鳴
右腮頰壹下陸景鳴不依同陸景哲把許佩紳
胸衣扭住拚命那時許佩紳的兄弟許瑣子看
見上前幫護順拾場上木棍嚇戳適傷陸景哲
右後脇倒地小的們連忙勸散不料陸景哲傷

連痛了一會就死了並沒起釁別故小的勸阻
不及是實孱屍父陸紹桂供陸景哲是小的長
子道光拾壹年玖月內徐鳴山把地貳畝出典
與小的為業言明錢到取贖拾貳年伍月間徐
鳴山把地剩畝餘絕賣與許佩紳尚未立契因
小的所典地畝在內要回贖并賣貳拾壹日徐
鳴山邀小的同許佩紳們前往地內看文那時
兒子陸景哲陸景鳴聞知情由因承典在先向
許佩紳懇情讓買許佩紳不允彼此爭吵許佩
紳用拳毆傷次子陸景鳴右腮頰陸景鳴不依
向長子陸景哲把許佩紳胸衣扭住拚鬧許佩
紳的兄弟許瑣子看見上前幫護拾取場上木

跟赫戳適傷長子陸景哲右後脇倒地是王與
業們勸散不料兒子陸景哲傷重隔了一會就
死了並沒別故求究抵償屍弟陸景鳴供陸紹
柱是父親陸景哲是長兄餘供與伊父陸紹柱
供同傷徐鳴山供小的有地捌畝餘內有貳畝
先典與陸紹柱管業道光拾貳年伍月間小的
因無錢用度央王興業說合把地畝一并絕賣
與許佩紳管業言明每畝大錢肆千柒百文尚
未立契要向陸紹柱贖回并賣那月貳拾壹日
小的邀同陸紹柱與許佩紳王興業前往地內
看丈那時陸紹柱的兒子陸景哲陸景鳴問知
情由說他家承典在先當向許佩紳懇備讓買

許佩紳不允彼此爭吵許佩紳用拳毆打陸景
鳴右腿頰壹下陸景鳴不依同陸景哲把許佩
紳脅衣扭住拚命許佩紳的兄弟許瑣子看見
上前幫護拾取場上木棍嚇戳適傷陸景哲右
後跌倒地小的們連忙趕上勸散不料陸景哲
傷重過了一會就死了並沒別故是實據許佩
紳供年參拾貳歲許瑣子是小的兄弟道光拾
貳年伍月內小的憑中王興業價買徐鳴山地
捌畝零言明每畝大錢肆千柒百文尚未立契
因內有貳畝徐鳴山先典與陸紹桂管業要贖
回并曾那月貳拾壹日徐鳴山邀小的同陸紹
桂王興業前往地內看文那時陸紹桂的長子

陸景哲次子陸景鳴聞知情由說他家典買在
先向小的懇情議買小的不允因此爭吵小的
用拳毆打陸景鳴右腮頰壹下陸景鳴不依同
陸景哲把小的胸衣扭住拚命兄弟許瑣子看
見上前幫護拾取場上木棍嚇戳適傷陸景哲
右後脅倒地是王興業們勸散不料陸景哲傷
重隔了一會就死了並沒起釁別故是實據兇
犯許瑣子供宿遷縣人年拾玖歲父親許忠信
母親鹿氏年俱伍拾叁歲弟兄叁人大哥許佩
紳二哥許二子小的並沒娶妻與陸景哲素識
無嫌道光拾貳年伍月間哥子許佩紳憑中王
興業承買徐鴻山地捌畝零言明每畝大錢肆

千柒百文向卞立契因內有地貳畝徐鳴山先
與族陸景哲說父親陸紹桂曾業要贖回并責
那月貳拾壹日徐鳴山邀陸紹桂同哥子許佩
紳共王興業前往地內看丈那時陸景哲同他
兄弟陸景鳴罵知情由因地家承典在先向哥
子許佩紳混爭論罵哥子不允彼此爭吵哥子
用拳毆打陸景鳴右腮頰壹下陸景鳴不依同
陸景哲把哥子胸衣扭住拚命小的看見上前
幫護順拾場上木棍虛戳適傷陸景哲右後脇
倒地是王興業們勸散不料陸景哲傷重隔了
一會就死了並非有心欲殺也沒起釁別故又
在場幫毆的人木棍現已起案是實名等供據

此飭仵驗得陸景鴻右腿踢傷壹處青紅色
與單附卷將犯收禁發醫調治吊驗陸紹位等
與徐鴻山契據無異前縣李萬倉未及詳報卸
事卑職署任接准移交錄供通詳奉批飭審訊
月拾壹日據禁卒稟報許瑣子在監患病醫治
痊於該月拾貳日報痊查驗陸景鴻傷已平
復隨提犯證覆訊各供均與前縣所審相同不
敘外該署宿遷縣知縣曹文昭審看得縣民許
瑣子毆傷陸景哲身死壹案緣許瑣子籍隸宿
遷與陸景哲素識無嫌道光拾貳年伍月許瑣
子之兄許保紳憑中王興業承買徐鴻山地捌
畝零議定價值尚未立契因內有貳畝徐鴻山

先典與陸景哲之父陸紹往爲業旋贖回并賣
是月初拾壹日徐鳴山往邀陸紹柱與許佩紳
王興業赴地看丈時陸景哲同弟陸景鳴詢知
情由因伊家承典在先向許佩紳懇情讓買許
佩紳未允互相爭吵許佩紳用拳毆傷陸景鳴
右腮頰陸景鳴不依同陸景哲將許佩紳胸衣
扭住拚命許瑣子見而幫護順拾場上木棍向
陸景哲嚇戳適傷其右後肋倒地經王興業等
勸散詎陸景哲傷重移時殞命投保報縣驗訊
前縣李萬倉未及詳報卸事卑職到任錄供通
詳奉批飭審擬復提犯研鞫據供前情不諱詰
無起釁別故及在場幫毆之人案無遁飾查律

載鬬毆殺人者不問手足他物金刃並絞監候
等語此案許瑣子用木棍戳傷陸景哲身死應
按律問擬許瑣子合依鬬毆殺人者不問手足
他物金刃並絞律擬絞監候秋後處決許佩紳
用拳毆傷陸景鳴平復合依手足毆人成傷律
笞肆拾折責發落陸景鳴圖買地畝與許佩紳
爭吵本有不合姑念伊兄已死非命從寬免議
傷已平復亦無庸議陸紹柱承典地畝應聽徐
鳴山備價回贖無干省釋屍棺飭埋兇器木棍
解驗等情由府審解到司該江蘇按察使額騰
伊提犯親審核擬無異解候勘
題等情招解到臣提犯親審無異該臣看得宿遷

縣民許瑣子毆傷陸景哲身死壹案緣許瑣子
籍隸宿遷與陸景哲素識無嫌道光拾貳年伍
月許瑣子之兄許佩紳憑中王興業承買徐鳴
山地捌畝零議定價值尚未立契因內有貳畝
徐鳴山先典與陸景哲之父陸紹柱爲業須贖
回并費是月貳拾壹日徐鳴山往邀陸紹柱與
許佩紳王興業赴地看丈時陸景哲同弟陸景
鴻詢知情由因伊家承典在先向許佩紳懇情
讓買許佩紳未允互相爭吵許佩紳用拳毆傷
陸景鴻右腮頰陸景鴻不依同陸景哲將許佩
紳胸衣扭住拚命許瑣子見而幫護順拾場上
木棍向陸景哲嚇戳適傷其右後脇倒地經王

與案爭鬧嚴詎陸景哲傷重移時殞命報驗訊
詳審供不諱詰無起釁別故及在場幫毆之人
案無遁飾查律載鬬毆殺人者不問手足他物
金刃並絞監候等語此案許瑣子用木棍戳傷
陸景哲身死應按律問擬許瑣子合依鬬毆殺
人者不問手足他物金刃並絞律擬絞監候秋
後處決許保紳用拳毆傷陸景鳴平復合依手
足毆人成傷律笞貳拾折責發落陸景鳴圖買
地畝與許保紳爭吵本有不合姑念伊兄已死
非命從寬免議傷已平復亦無庸議陸紹往承
典地畝應聽徐鳴山備價回贖無干省釋屍棺
飭埋兇器木棍發回案結銷毀臣謹具

題伏乞
皇上聖鑒勅下三法司核覆施行再此案縣審分限
叁箇月應以道光拾貳年伍月貳拾貳報驗之
日起扣至捌月貳拾貳日滿前縣李萬倉未及
詳報於柒月初叁日卸事計承審壹箇月零拾
壹日該縣曹文昭即於是日署任接審前官歷
審壹月以上例得加展壹月又前官剩限壹箇
月零拾玖日在病壹月接審分限應扣至閏玖
月貳拾貳日滿該縣依限解府府司院分限各
壹月應以閏玖月貳拾貳該縣審解之日起除
自縣申府解司程限壹箇月零壹日又封印壹
月統應扣至拾叁年貳月貳拾叁日全限屆滿

江蘇巡撫林則徐題本 審明宿遷縣民許瑣子等毆斃陸景哲案分別定擬 道光十三年二月二十三日

合並陳明謹題請

旨

道光[illegible]處地方提督軍務兼理糧餉臣林則徐

江蘇巡撫林則徐題本　審明宿遷縣民許瑣子等毆斃陸景哲案分別定擬
道光十三年二月二十三日

兵部侍郎兼都察院右副都御史巡撫江蘇等處地方提督軍務總理糧儲臣林則徐謹

題爲報驗事該臣看得宿遷縣民許瑣子毆傷陸
景哲身死壹案緣許瑣子與陸景哲素識無嫌
道光拾壹年伍月許瑣子之兄許佩紳憑中王
興業承買徐鳴山地捌畝零尚未立契因內有
貳畝係徐鳴山先典與陸景哲之父陸紹桂爲業
須贖回并曾是月貳拾壹日徐鳴山往邀陸紹
桂與許佩紳王興業赴地看丈詩陸景哲同弟
陸景鳴詢知情由因伊家承典在先向許佩紳
懇請續買許佩紳未允互相爭吵許佩紳用拳
毆傷陸景鳴右腮頰陸景鳴不依同陸景哲將
許佩紳胸衣扭住揪命許瑣子見而幫護順拾
[illegible]上木棍向陸景哲嚇戳適傷其右後肋倒地
移時殞命報驗訊詳審供不諱許瑣子依鬬毆
殺人律擬絞監候秋後處決謹題請
旨

江蘇巡撫林則徐題本

審明沭陽縣民嚴悰信傷斃郭方氏案擬杖流

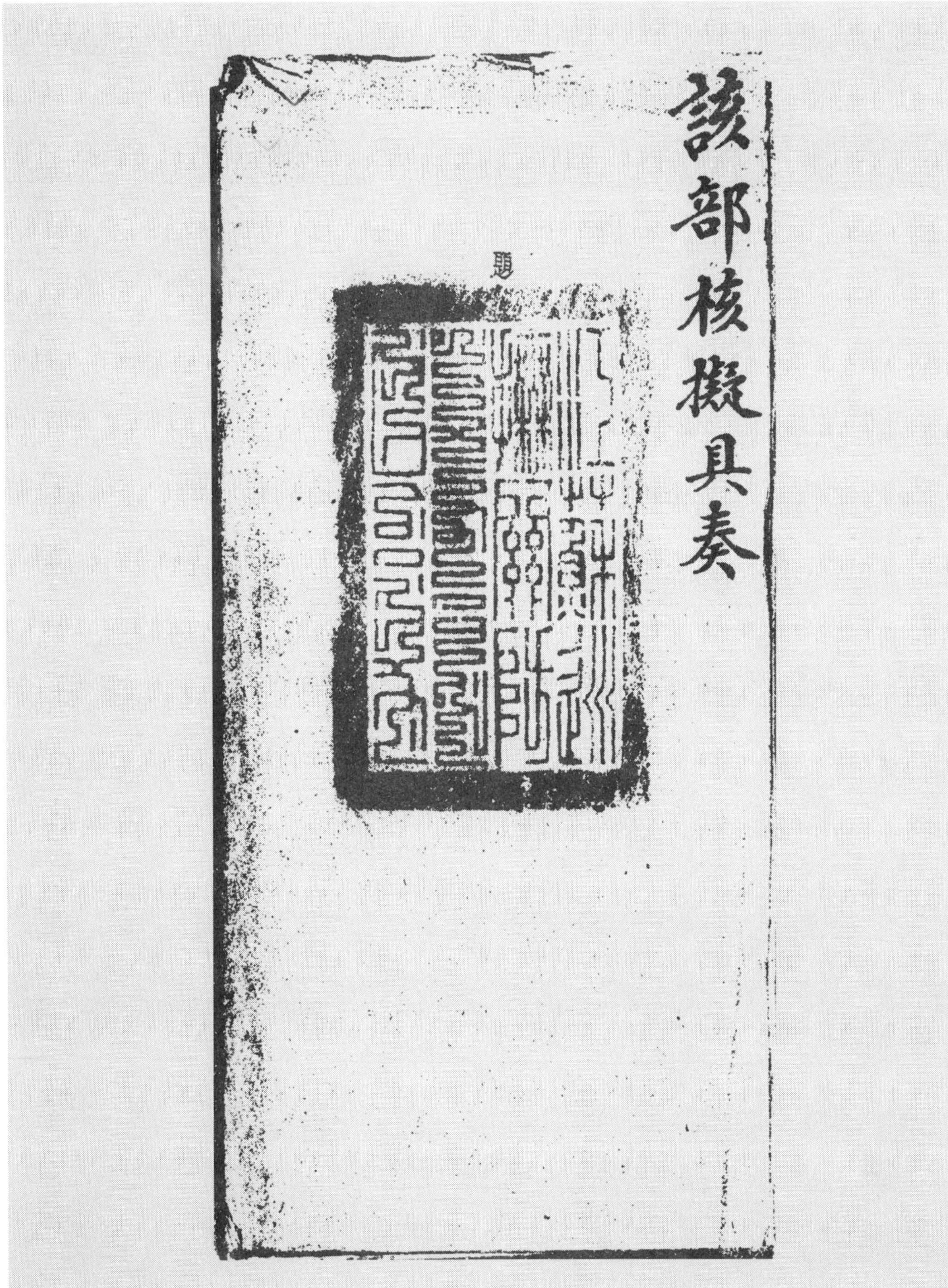
該部核擬具奏

題

江蘇巡撫林則徐題本　審明沭陽縣民嚴悰信傷斃郭方氏案擬杖流

道光十三年二月二十三日

兵部侍郎兼都察院右副都御史巡撫江蘇等處地方提督軍務總理糧儲臣林則徐謹
題為報驗事據江蘇按察使顏鵬伊詳據署海州
知州伍家裕詳據署沭陽縣知縣劉琨詳稱查
該管卷內道光拾貳年伍月貳拾肆日據地保
盧名華報據民婦郭倪氏投稱伍月初陸日伊
姑郭方氏因同院居住之嚴悰信與妻嚴李氏
爭吵拾瓢擲毆伊姑往勸被嚴悰信擲傷左眉
延至貳拾貳日抽風身死等語往查屬實報候
驗究等情據經前縣王夢齡帶領吏仵前詣屍
所如法相驗據仵作徐順喝報已死郭方氏問
年陸拾壹歲驗得仰面致命頂心微腫不致命
左眉瓤塊傷壹處尖斜壹寸壹分深壹分傷口

微腫兩眼胞閉兩眼睛斜視鼻準、歪斜上下牙
齒緊閉口閉兩手微握下身瀉屎據郭倪氏結
求免驗餘無故委係受傷後抽風身死報畢親
驗無異塡格取結屍飭棺殮殯訊據地保盧名
華供與報詞同據鄰佑夏李氏供丈夫夏九貿
易外出與郭方氏嚴悰信同院居住道光拾貳
年伍月初陸日嚴悰信叫他妻子嚴李氏做飯
爭吵嚴悰信用瓢擲打適郭方氏趕勸從嚴李
氏身後走到致被擲傷左眉當時婦人患病在
牀沒有看見後來郭方氏傷已結痂飲食行動
如常拾壹日郭方氏因洗臉擦落血痂以致傷
口進風嚴悰信延醫調治無效到貳拾貳日郭

江蘇巡撫林則徐題本 審明沭陽縣民嚴悰信傷斃郭方氏案擬杖流
道光十三年二月二十三日

方氏抽風身死並沒別故是實據屍親郭倪氏
供公公丈夫俱故郭方氏是婆婆與嚴悰信同
院居住素無嫌隙道光拾貳年伍月初陸日嚴
悰信叫他妻子嚴李氏做飯嚴李氏說時候尚
早嚴悰信斥說嚴李氏貪懶嚴李氏出言頂撞
嚴悰信用甎塊擲打婆婆趕去解勸從嚴李氏
身後走到致被誤傷左眉婦人連忙扶回用藥
敷紮婆婆因係誤傷不願報官後來傷已結痂
飲食行動如常拾壹日婆婆洗臉擦落血痂以
致傷口進風醫治不好到貳拾貳日抽風身死
婦人投保報驗的並沒別故求究辦是實據犯
妻嚴李氏供嚴悰信是丈夫與郭方氏同院居

往道光拾貳年伍月初陸日丈夫叫婦人做飯
婦人說時候尚早丈夫斥說婦人貪懶婦人出
言頂撞丈夫拾報向婦人揪打郭方氏從婦人
身後走來拉勸以致誤傷他左眉他媳婦郭倪
氏扶回用藥敷紮郭方氏因係誤傷不願報官
後來傷已結痂飲食行動如常拾壹日郭方氏
因洗臉擦落血痂以致傷口進風丈夫延醫調
治無效到貳拾貳日郭方氏抽風身死的並沒
起釁別故是實據正犯嚴倧信供沭陽縣人年
叁拾肆歲父親已故拾多年母親姜氏年伍拾
伍歲弟兄兩人兄弟已故小的娶妻李氏生有
壹子年拾貳歲小的自幼過繼伯母嚴王氏爲

子嗣母年來拾壹歲小的與郭方氏同院居住
素無嫌隙道光拾貳年伍月初陸日小的叫妻
子做飯妻子說時候尚早小的斥他貪懶妻子
出言頂撞小的生氣順拾地上瓶塊向妻子擲
打不料郭方氏從妻子身後走來解勸以致誤
傷郭方氏左眉他媳婦郭倪氏扶回用藥敷禁
郭方氏因係誤傷不願報官後來傷已結痂飲
食行動如常拾壹日郭方氏因洗臉擦落血痂
以致傷口進風小的延醫調治無效不料郭方
氏到貳拾貳日抽風身死並非有心致死也沒
起釁別故瓶塊當時撩掉是實各等供據此將
犯收禁錄供通詳蒙批飭審前縣王夢齡未及

審解卸事早職到任正在覆審間捌月貳拾日
據禁卒稟報罪犯嚴琮信在監患病醫治罔效於玖
月貳拾壹日斃獄詳報提犯訊各供均與前審無
異下敘外該署沭陽縣知縣劉琨審看得民人
嚴琮信毆傷郭方氏抽風身死壹案緣嚴琮信
籍隸沭陽與郭方氏同院居住素無嫌隙道光
拾貳年伍月初陸日嚴琮信令妻嚴李氏做飯
嚴李氏聲言為時尚早嚴琮信斥其貪懶嚴李
氏不服頂撞嚴琮信生氣拾鞭向其撲毆適郭
方氏往勸從嚴李氏身後走至致被誤傷左眉
經氏媳郭倪氏代同用藥敷治郭方氏因係誤
傷不願報官迨傷已結痂飲食行動如常拾壹

江蘇巡撫林則徐題本　審明沭陽縣民嚴悰信傷斃郭方氏案擬杖流
道光十三年二月二十三日

日郭方氏因洗臉澡落血痂以致傷口進風醫
治無效延至貳拾貳日抽風身死役保報縣驗
訊通詳奉批飭審前署縣王夢齡未及審解卸
事卑職到任遵復提犯研鞫據供前情不諱究
非有心欲殺亦無起釁別故案無遁飾查律載
因鬬毆而誤殺旁人者以鬬殺論又例載鬬毆
之案如原毆并非致命之處又非極重之傷越
伍日因風身死者免其抵償杖壹百流叁千里
各等語此案嚴悰信於伍月初陸日與妻嚴李
氏爭角用瓶潑毆誤傷郭方氏左眉傷本輕淺
並非致命業已結痂迨該氏自行澡落血痂以
致傷口進風延至貳拾貳日抽風身死原驗跟

鼻歪斜確有抽風形狀其屬因風身死無疑應
按例問擬嚴悰信合依原毆並非致命之處又
非極重之傷越伍日因風身死免其抵償杖壹
百流叁千里例杖壹百流叁千里據供嗣母嚴
王氏年逾柒拾家無次丁是否屬實并有無可
以另繼之人查明取結另行詳辦仍勒追埋葬
銀貳拾兩給屬收領以資營葬郭倪氏勸阻不
及應無庸議無干省釋屍棺飭屬領埋兇器甎
塊供棄免追等情由州審解到司該江蘇按察
使顏騰伊提犯親審核擬無異詳送核
題等情具詳到臣覆核無異該臣看得沭陽縣民
嚴悰信誤傷郭方氏抽風身死壹案緣嚴悰信

江蘇巡撫林則徐題本　審明沭陽縣民嚴悰信傷斃郭方氏案擬杖流
道光十三年二月二十三日

籍隸沭陽與郭方氏同莊居住素無嫌隙道光
拾貳年伍月初陸日嚴悰信令妻嚴李氏做飯
嚴李氏聲言爲時尚早嚴悰信斥其貪懶嚴李
氏不服頂撞嚴悰信生氣拾瓢向其擲毆適郭
方氏往勸從嚴李氏身後走至致被誤傷左眉
經氏媳郭倪氏扶回用藥敷紮郭方氏因係誤
傷不願報官迨傷已結痂飲食行動如常拾壹
日郭方氏因洗臉擦落血痂以致傷口進風醫
治無效延至貳拾貳日抽風身死報驗訊詳審
供不諱究非有心致殺亦無起釁別故案無遁
飾查律載因鬬毆而誤殺旁人者以鬬殺論又
例載鬬毆之案如原毆並非致命之處又非極

江蘇巡撫林則徐題本　審明沭陽縣民嚴悰信傷斃郭方氏案擬杖流

道光十三年二月二十三日

重之傷越伍日因風身死者免其抵償杖壹百
流叁千里各等語此案嚴悰信於伍月初陸日
與妻嚴李氏爭角用鞭桿毆傷郭方氏左眉
傷本輕淺並非致命業已結痂迨該氏自行揉
落血痂以致傷口進風延至貳拾貳日身死原
驗眼鼻歪斜確有抽風形狀其爲因風身死無
疑應按例問擬嚴悰信合依原毆並非致命之
處又非極重之傷越伍日因風身死免其抵償
杖壹百流叁千里例杖壹百流叁千里係供嗣
母嚴王氏年逾柒拾家無次丁是否屬實并有
無可以另繼之人飭縣查明取結另行辦理仍
飭追埋葬銀貳拾兩給屬收領以資營葬郭倪

氏勸阻不及應無庸議無干省釋屍棺飭屬領
埋兇器甎塊供棄免追尸親具
題伏乞
皇上聖鑒勅部核覆施行再此案縣審分限叁箇月
應以道光拾貳年伍月貳拾肆日報驗之日起扣
至捌月貳拾肆日滿前縣王夢齡未及審解於
柒月初壹日卸事計歷審壹箇月零玖日該署
縣劉琨是日到任前官承審壹月以上例得加
展壹月又犯病壹月連前官剩限壹箇月零貳
拾壹日應展至閏玖月貳拾肆日滿依限審解
並未遲逾州司院分限各壹月應以閏玖月貳
拾肆日該縣解州之日起除自縣由州解司程限

貳拾肆日又封印壹月統應扣至拾叁年貳月
拾捌日全限屆滿合並陳明謹題請
旨

道光拾叁年[illegible]提督軍務總理糧儲臣林則徐

江蘇巡撫林則徐題本　審明沭陽縣民嚴悰信傷斃郭方氏案擬杖流

道光十三年二月二十三日

兵部侍郎兼都察院右副都御史巡撫江蘇等處地方提督軍務總理糧儲臣林則徐謹
題爲報驗事該臣看得沭陽縣民嚴悰信毆傷郭
方氏抽風身死壹案緣嚴悰信與郭方氏同院
居住素無嫌隙道光拾貳年伍月初陸日嚴悰
信令妻嚴李氏做飯嚴李氏聲言爲時尚早嚴
悰信斥其貪嬾嚴李氏不服頂撞嚴悰信生氣
拾瓶向其擲毆適郭方氏往勸從嚴李氏身後
走至致被毆傷左眉經氏媳郭倪氏用藥敷裹
迨郭方氏傷已結痂飲食行動如常拾壹日郭
方氏因洗臉擦落血痂以致傷口進風醫治無
效延至貳拾貳日抽風身死報驗訊詳審供不
諱嚴悰信依原毆破非致命之處又非極重之
傷越伍日因風身死免其抵償杖流例杖壹百
流叁千里謹題請
旨

户部尚書禧恩等題本

林則徐題銷江寧等屬道光十一年壓徵蘆課銀兩不符等事應飭查覆報核

林則徐著於現任內罰俸一年餘依議

題

户部尚書禧恩等題本 林則徐題銷江寧等屬道光十一年壓徵蘆課銀兩不符等事應飭查覆報核

道光十三年二月二十五日

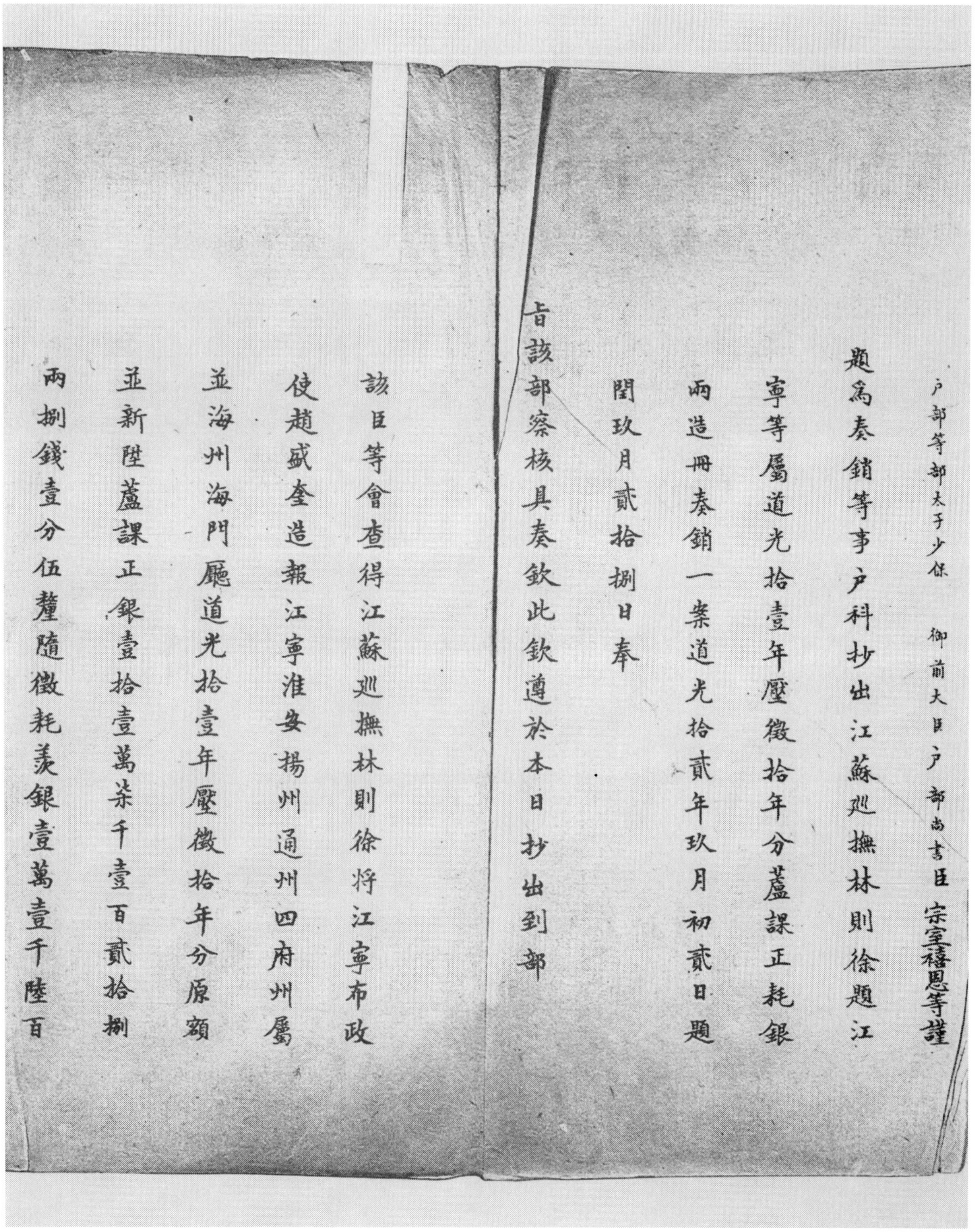

户部等部太子少保 御前大臣户部尚書臣宗室禧恩等謹
題為奏銷等事户科抄出江蘇廵撫林則徐題江
寧等屬道光拾壹年壓徵拾年分蘆課正耗銀
兩造冊奏銷一案道光拾貳年玖月初貳日題
閏玖月貳拾捌日奉
旨該部察核具奏欽此欽遵於本日抄出到部
該臣等會查得江蘇廵撫林則徐將江寧布政
使趙盛奎造報江寧淮安揚州通州四府州屬
並海州海門廳道光拾壹年壓徵拾年分原額
並新陞蘆課正銀壹拾壹萬柒千壹百貳拾捌
兩捌錢壹分伍釐隨徵耗羨銀壹萬壹千陸百

陸拾貳兩壹錢伍釐分晰已未完各數造冊具
題前來查冊開
一各屬已完蘆課正銀肆萬叁千叁百叁拾肆
兩肆錢壹分又預完灾緩正銀陸千陸百玖拾
壹兩陸錢貳分肆釐又阜寧海門二廳縣溢完
流抵下年新賦銀叁百柒拾壹兩捌錢伍分貳
釐共完銀伍萬叁百玖拾柒兩捌錢捌分柒釐
內撥給江寧巡道黃快船工食江寧織造移支
新疆綢緞
制帛緞紗料工派辦
萬年吉地金磚柴價江寧城守營鐵子工價等款共
銀貳萬陸千壹兩玖錢捌分玖釐統俟造報准

銷之日另報又撥道光拾壹年奉部派辦金磚
江寧省應協正價銀陸百叁拾兩貳錢壹分陸
釐業經造入道光拾貳年春撥冊内報部又撥
給滇員李天錫領運辛卯年京銅水脚加增運
費銀壹千捌百叁拾貳兩玖錢捌分陸釐業經
詳咨在案存候撥用銀貳萬壹千玖百叁拾貳
兩陸錢玖分伍釐等語　查前項完解蘆課
正銀内撥給江寧廵道黃快船工食江寧織造
移咨新疆綢緞
制帛緞紗料工派辦
萬年吉地金磚柴價江寧城守營鐵子工價等款共
銀貳萬陸千壹兩玖錢捌分玖釐應令該撫速

飭分案報部核銷統俟奉部准銷之日分晰准
銷數目年月事案報部核結至江寧省協撥金
磚價銀陸百叁拾兩貳錢壹分陸釐户部核與
道光拾貳年春撥冊內造報銀數相符應毋庸
議又撥給滇員李天錫運費水腳加增運費銀
壹千捌百叁拾貳兩玖錢捌分陸釐內加增運
費銀壹千貳百伍拾兩核對該省咨報原案動
放銀數相符其水腳銀伍百捌拾貳兩玖錢捌
分陸釐核對該省咨報原案銀數不符應令該
撫速行查明報部核結至存候撥用銀貳萬壹
千玖百叁拾貳兩陸錢玖分伍釐户部照數登
記外仍令該撫即飭造入拾叁年春撥冊內報

部酌撥
一各屬已完隨徵耗羨銀肆千貳百捌拾叁兩
柒錢肆釐又預完災緩銀陸百陸拾玖兩壹錢
陸分壹釐又阜寧海門二廳縣溢完流抵下年
新賦銀叁拾陸兩陸錢捌分貳釐共銀肆千玖
百捌拾玖兩伍錢肆分柒釐外溢完銀壹分陸
釐内造入道光拾壹年耗羨報銷冊内銀貳千
貳百陸拾肆兩玖錢貳分壹釐内溢完銀壹分
伍釐又造入道光拾貳年耗羨報銷冊内銀貳
千柒百貳拾肆兩陸錢肆分貳釐内溢完銀壹
釐等語　查該省拾壹拾貳兩年耗羨報銷
現在尚未造報除户部照數登記外應令該撫

即飭造入各該年耗羨報銷冊内報部查核
一各屬該年秋被水淹蠲免正銀貳萬柒千貳百叁拾兩柒錢柒分捌釐耗羨銀貳千柒百貳拾貳兩肆錢伍分肆釐等語　查前項蠲免銀兩户部檢查該撫題報蠲緩錢糧分數案内江寧蘇州二省蘆課共蠲免銀叁萬貳千壹百壹拾玖兩零今江寧省蘆課奏銷冊報蠲免正銀貳萬柒千貳百叁拾兩零耗銀貳千柒百貳拾貳兩零加入蘇州省蘆課奏銷冊報蠲免正銀肆千陸百壹拾捌兩零耗銀叁百貳拾叁兩零共正耗銀叁萬肆千捌百玖拾叁兩零較原題蠲免銀數計多銀貳千柒百柒拾肆兩零應

令該撫將前後題報銀數不符緣由查覆到日
再行核辦
一各屬蠲剩緩徵及勘不成災緩徵共正銀叁
萬陸千玖百捌拾柒兩陸錢柒分陸釐耗羨銀
叁千陸百玖拾捌兩叁錢伍分除於未經被災
之先預完災緩正銀陸千陸百玖拾壹兩陸錢
貳分肆釐耗羨銀陸百陸拾玖兩壹錢陸分壹
釐外實未完災緩正銀叁萬貳百玖拾陸兩伍
分貳釐耗羨銀叁千貳拾玖兩壹錢捌分玖釐
業經題明緩至道光拾貳年秋成後按限起徵
應俟扣滿停徵日期另行補報考成又江寧縣
續因被災較廣熟田毘連災區民力拮据奏准

緩徵熟田正銀陸拾柒兩叁錢貳分捌釐耗羨
銀陸兩柒錢叁分貳釐等語　查前項緩徵
銀兩户部檢查該撫題報鐲緩錢糧分數原案
江寧蘇州二省蘆課鐲剩緩徵銀肆萬肆拾捌
兩零又勘不成災緩徵銀壹萬陸百捌拾玖兩
零共緩徵銀伍萬柒百叁拾柒兩零今江寧蘆
課奏銷册報鐲剩緩徵並勘不成災緩徵共正
銀叁萬貳百玖拾陸兩零耗銀叁千貳拾玖兩
零又江寧縣續請緩徵正銀陸拾柒兩零耗銀
陸兩零加入蘇州省蘆課奏銷册報鐲剩緩徵
並勘不成災緩徵正銀壹萬叁千肆百柒拾柒
兩零耗銀玖百貳拾壹兩零正耗共銀肆萬柒

千柒百玖拾陸兩零較原題緩徵銀數計多銀
貳千玖百肆拾壹兩零應令該撫將前後題報
銀數不符緣由查覆到日再行核辦
一江都通州二州縣坍江候豁正銀壹千貳百
玖拾貳兩壹分貳釐耗羨銀壹百貳拾玖兩貳
錢壹釐俟奉部覆准後減豁等語　查前項
候豁正耗銀兩歴届蘆課奏銷案内據該撫聲
明俟奉准後減豁經臣部題覆在案今已數載
之久該撫此次造報仍以請俟奉准後減豁聲
叙實屬不合應查取請豁遲延職名送部核議
並令速行分案報部請豁俟部覆准豁之日再
將該年候豁銀數報部核結

一通州陳映臺京控案內註除薛家沙田地正
銀捌拾肆兩肆錢肆分貳釐耗羨銀捌兩肆錢
肆分肆釐應俟奉部覆准後減豁等語 查
前項註除正耗銀兩該撫並未專案報部歷於
蘆課奏銷案內開列註除殊屬不合應令該撫
速行查明係於何年何事京控案內緣何註除
之款詳細聲明專案報部核結仍先行查取請
豁遲延職名送部核議
一仍未完熟田正銀捌千壹百叁拾貳兩壹錢陸
分玖釐耗羨銀捌百壹拾叁兩貳錢貳分開列
督催經徵各官職名附疏題參等語 吏部
查定例蘆課錢糧未完照徐淮等倉錢糧例

處分又定例徐淮臨德等倉錢糧經徵州縣
官欠不及一分者停陞督催欠一分者罰俸六個
月欠二分者罰俸一年俱令戴罪徵收停其陞
轉完日開復布政使知府欠不及一分者停陞
督催完日開復巡撫欠不及一分者停陞督催
完日開復署印官欠一分二分者罰俸三個月
欠不及一分並署印不及一月者俱免議又定
例官員任内有承督未完案件於限内離任者
以罰俸一年完結等語除署印官欠不及一分
並署印不及一月卸事之員例得免議毋庸議
外應將經徵接徵未完不及一分之江都縣知
縣鄭祖經照例停陞督催完日開復未完一分

以上之泰興縣知縣李震照例罰俸六個月戴
罪徵收停其陞轉完日開復未完二分以上之
如皐縣知縣范仕義照例罰俸一年戴罪徵收
停其陞轉完日開復督催未完不及一分之前
任揚州府知府黄在厚前任江寧布政使林則
徐均照例停陞督催完日開復督催未完不及

林則徐

一分之前任江蘇巡撫程祖洛照例停陞督催
完日開復林則徐已陞江蘇巡撫黄在厚已調
鎮江府知府俱於未經限滿之先卸事應照離
任官例林則徐黄在厚均應於現任内罰俸一
年程祖洛已陞閩浙總督其應照例議結之處
俟復叅案内聲明卸事日期吏部再行核議署

印未完一分以上之前署通州事邳州知州傅
琿前署如皋縣事候補知州馮思澄均照例罰
俸三個月傅琿應於現任內罰俸三個月馮思
澄應於補官日罰俸三個月傅琿又前署通州
任內督催項下署印未完二分以上應照例於
現任內再罰俸三個月仍令該撫將前項未完
熟田正耗銀兩速飭按限照數催徵完報如逾
限不完照例扣限報參再此本係户部主稿科
抄於道光拾貳年閏玖月貳拾捌日到部拾月
貳拾叁日送會吏部拾貳月初陸日議結送回
茲於拾叁年貳月貳拾伍日辦理具
題合併聲明臣等未敢擅便謹

户部尚書禧恩等題本　林則徐題銷江寧等屬道光十一年壓徵蘆課銀兩不符等事應飭查覆報核

道光十三年二月二十五日

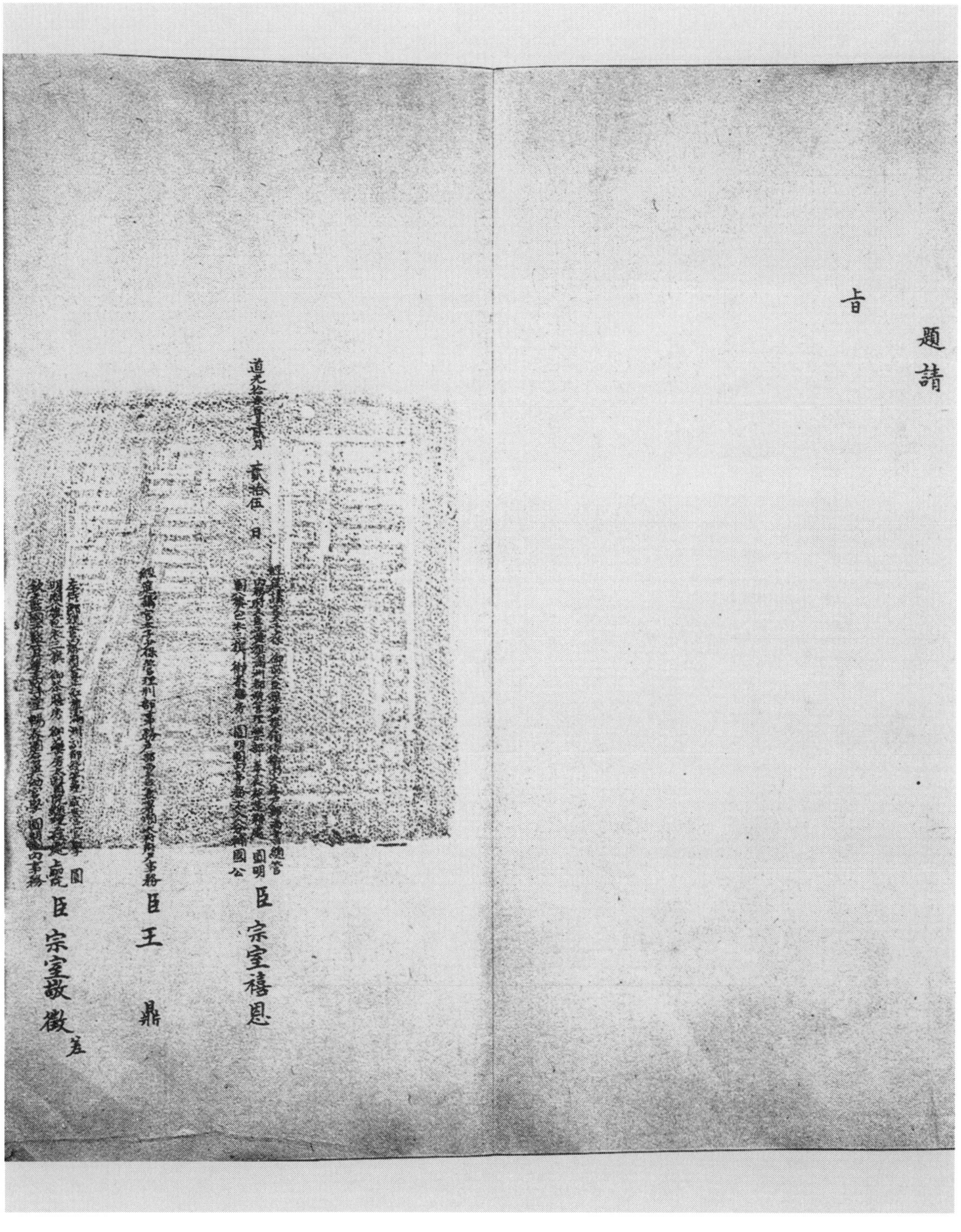

題請

旨

道光拾叁年貳月貳拾伍日

臣宗室禧恩

臣王鼎

臣宗室敬徵

户部尚書禧恩等題本　林則徐題銷江寧等屬道光十一年壓徵盧課銀兩不符等事應飭查覆報核

道光十三年二月二十五日

戶部右侍郎署戶部左侍郎正黃旗漢軍都統正藍旗滿洲副都統臣桂輪

經筵講官左侍郎臣湯金釗

右侍郎兼管錢法堂事務署正藍旗漢軍副都統總管內務府大臣署理武備院卿事務兼管左右翼稅務兼管圓明園八旗事務臣阿爾邦阿差

經筵講官右侍郎兼管錢法堂事務管理國子監事務臣李宗昉

江南清吏司郎中臣承慶

郎中臣桂慶

員外郎臣鳳保

員外郎臣雙寶

員外郎臣巴揚阿

員外郎臣瑪克塘阿

員外郎臣朱能作

額外員外郎臣潘賡疇

主事臣興存
主事臣德浩
主事臣蔡子壁
主事臣龔文齡
額外主事臣中和
額外主事臣朱材哲
額外主事臣王楗
額外主事臣閻臨川
額外主事臣王寅
額外主事臣趙東昕
額外主事臣張銘謙
額外主事臣顏錫惠

户部尚書禧恩等題本　林則徐題銷江寧等屬道光十一年壓徵蘆課銀兩不符等事應飭查覆報核

道光十三年二月二十五日

太子太傅協辦大學士吏部尚書臣文孚

尚書臣潘世恩差

左侍郎臣宗室奕經

左侍郎臣杜堮

右侍郎臣何凌漢未到任

考功清吏司郎中臣覺羅碩德

主事臣陳克謙

上諭 著陶澍林則徐認真稽查各驛站有無驛務廢弛弊端

道光十三年二月二十七日內閣奉

上諭前據給事中吳敬恒奏江南銅山等縣驛務廢弛當交陶澍等查明據實具奏茲據陶澍林則徐先後奏到遴委妥員密加抽查尚無缺額及尅扣侵冒等弊國家設立驛站馳遞緊要文報關係甚重自應按額足數妥為餵養上下站不得通融調集致滋弊竇自此次飭查之後著責成該督撫等隨時認真稽察設法抽查倘各驛站有前項弊端立即嚴參懲辦若任管驛州縣因循欺飾別經發覺或科道指參惟該督撫等是問決不寬貸欽此

上諭 著陶澍林則徐確查滸墅關積弊並著豫堃妥議章程剔除弊端

軍機大臣 字寄

兩江總督陶 江蘇巡撫林 傳諭蘇州織造

滸墅關監督豫堃 道光十三年二月二十八

日奉

上諭前據有人陳奏滸墅關稅務積弊正稅之外尚有標禮並有查船謝儀其地棍兼有投單等名目當交陶澍林則徐確查情形茲據奏稱大關之外兼有各處小口凡丈量籤驗等事不能不經胥役之手標禮謝儀等費誠難保其必無然皆久在示禁之條其稅則本視貨物以為輕重並非每貨百擔概完正稅十二兩惟訪聞稅例本有罰料及補正二項名目皆為漏稅之商而設因罰料例准分

賞在關而人役恐不肖丁胥希圖利己有抑勒商
人將正稅作為罰料之弊等語國家設立關隘原
以通商裕課若如該河督等所奏是累商即為虧
課之由該監督雖張貼告示以家人等如敢舞弊
營私准令客商首告試思客該商等既受抑勒於
先何敢復行呈告以致受累於後告示不過具文
豈正本清源之道豫堃到任未久無所用其迴護
著將關口各種弊端逐一剔除並著悉心妥議章
程據實具奏其關署織署輪流駐劄常川稽查毋
任吏胥家丁朦蔽該督等仍隨時查訪儻有情弊
即據實奏參不許瞻徇將此各諭令知之欽此遵
旨寄信前來

兩江總督陶澍江蘇巡撫林則徐奏摺

借款挑辦徐州府屬豐縣護城河堤橋座並碭山縣減水河

兩江總督陶澍江蘇巡撫林則徐奏摺 借款挑辦徐州府屬豐縣護城河堤橋座並碭山縣減水河

道光十三年二月二十九日

兩江總督臣陶澍
江蘇巡撫臣林則徐 跪

奏為徐州府屬之豐縣護城河堤橋座殘缺並碭
山縣之減水河淤墊請分别動項借款挑辦以
衛城垣而資宣洩仰祈
聖鑒事據徐州府豐縣稟該縣地處黃河北岸界連
沛縣昭陽湖勢本低窪城外舊有護城堤一道
攔禦外來漲水堤内有護城河一道藉以疏消
城内積水前於嘉慶三年因元年黃水漫溢之
後河淤堤缺給項挑築迄今三十餘年歷被雨
水沖刷堤河本有殘缺淤墊上年夏秋間暴雨
狂風兼之上游漲水奔騰勢甚洶湧以致漫堤
入城堤工之殘缺河身之淤墊較前更多且有

淤平之處城内地勢最低易於浸灌亟應趕緊
挑築以防水患又四城門外濠上各有券橋一
座因建修年久均經坍倒損壞隨飭徐州府委
員署沛縣知縣朱榮桂會同該縣王元本勘明
前項堤工被水沖刷殘缺河身全行淤墊橋座
俱已坍塌亟應分别挑辦查勘護城濠河一道
計長一千三百一十三丈原挑口寛八丈底寛
二丈五尺深一丈五尺今將淤墊處所照依原
估丈尺一律挑挖深通估土五萬八千四百六
十二方五分五釐乾淤各半每方價銀一錢八
釐共計銀六千三百一十三兩九錢五分五釐
又護城堤一道計長一千四百三十九丈原築

項寬三丈底寬八丈高一丈本屬卑薄恐不足
以抵禦黃水今將塌卸殘缺處所補築齊全即
於舊堤裡面幫寬一丈再於新舊頂上加高二
尺做成收頂寬三丈底寬九丈高一丈二尺共
估土十萬三千六百八方内除舊堤土二萬二
千六百一十方實計新土八萬九百九十八方
内挑濠土五萬八千四百六十二方五分五釐
用以築堤每庸另估方價每方照例估計硪水
銀四分五釐共計銀二千六百三十兩八錢一
分四釐實需新土二萬二千五百三十五方四
分五釐每方價銀一錢二分五釐共計銀二千
八百一十六兩九錢三分一釐又估修券橋四

座實需工料銀一千五百三十三兩一錢三分
二釐通共挑濬築堤券橋共需銀一萬三千二
百九十四兩八錢三分二釐由徐州府復核俱
係照例撙節估計並無浮多詳請籌款給辦乘
此青黃不接之際集夫興工俾災區貧民藉資
傭趁餬口即可以工代賑又據碭山縣稟該縣
境內有減水河一道與上游河南省之永城夏
邑虞城三縣犬牙相錯為江豫兩省洩水要道
近年以來大雨沖墊沙土積壓逐段淤塞水流
不暢以致串公堤口日漸沖缺永碭兩邑民人
紛紛結訟現將缺口循照舊章令民自行修築
惟河身淤墊之處必應一律挑浚深通以免壅

兩江總督陶澍江蘇巡撫林則徐奏摺 借款挑辦徐州府屬豐縣護城河堤橋座並碭山縣減水河 道光十三年二月二十九日

塞隨飭徐州府親往確查並令碭山縣會同永
城縣詣勘該處地形本屬高仰前自道光四年
興挑之後數年以來水沖沙壓逐段間阻必得
大加挑浚庶水勢趨下不致壅阻沖缺除永城
境內應挑河道另由豫省查辦外所有碭山境
內應挑河道從永城上界第一段起至永城下
界止計工長二千二百丈節節淤墊若不趕緊
興挑必致淤成平陸逐細丈量共估淤土四萬
八千三百二十九方每方銀一錢三分六釐共
銀六千五百七十二兩七錢四分四釐請循照
上屆借
帑興挑之案在於司庫籌撥乘時挑辦分年攤還

兩江總督陶澍江蘇巡撫林則徐奏摺　借款挑辦徐州府屬豐縣護城河堤橋座並碭山縣減水河
道光十三年二月二十九日

等情由江寧布政使趙盛奎查核明確詳請具
奏前來臣等伏查豐縣護城河堤橋座碭山縣減
水河等工為保衛城垣宣洩田疇要工既據徐
州府分別親往並委員會同該縣逐一勘明實
在被水沖缺殘損淤墊亟應挑築以資保衛宣
洩洵屬刻不可緩之工且際此青黃不接可使
附近災民藉資傭趁以工代賑實於水利民生
兩有裨益所有該二縣估需工費銀兩均請於
司庫正項蘆課銀內分別動給挑辦至豐縣護
城河堤橋座請動銀兩從前河淤堤缺給項挑
築此次應仍請作正開銷並飭取造冊結照例
詳辦其碭山縣減水河道上届挑浚估銀一萬

八千餘兩分六年攤徵還款此次估銀六千餘
兩合無仰懇
皇上天恩俯准從道光十四年起分作三年攤徵還
款此項減水河道借項挑浚係民借民還工竣
時應請免其造冊報銷仍飭取造攤徵細冊詳
請咨部查核除將永城縣境內河道應行一律
挑修移咨河南撫臣飭勘辦理外謹會同江南
河道總督臣張井合詞恭摺具
奏伏乞
皇上聖鑒訓示謹
奏

另有旨

兩江總督陶澍江蘇巡撫林則徐奏摺 借款挑辦徐州府屬豐縣護城河堤橋座並碭山縣減水河

道光十三年二月二十九日

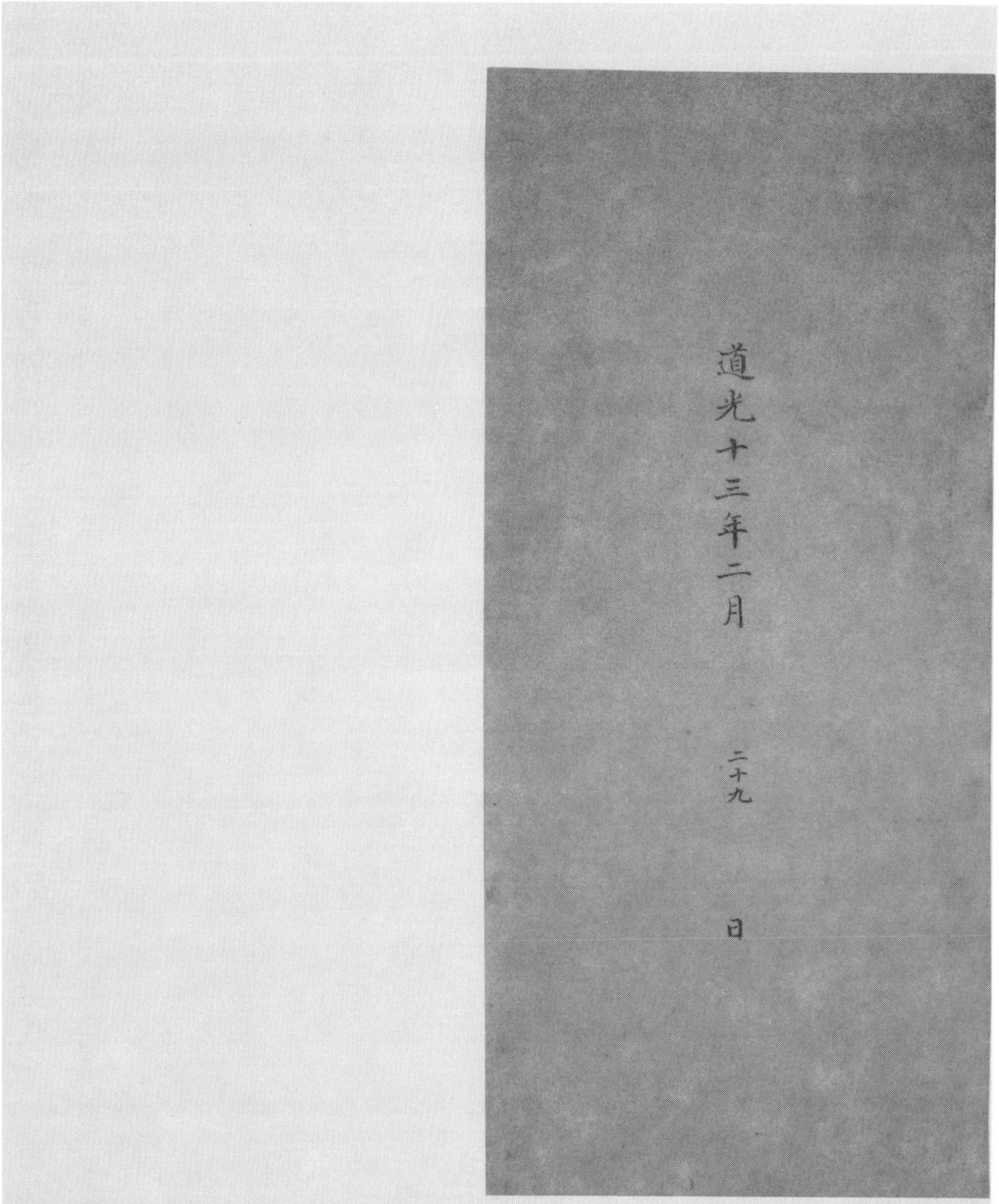

道光十三年二月二十九日

江蘇巡撫林則徐題本

江浦縣知縣馮應渭試署期滿題請實授

江蘇巡撫林則徐題本　江浦縣知縣馮應渭試署期滿題請實授
道光十三年三月初五日

兵部侍郎兼都察院右副都御史巡撫江蘇等處地方提督軍務總理糧儲臣林則徐謹
題爲詳請實授事道光拾叁年貳月貳拾叁日據
江寧布政使趙盛奎會同江蘇按察使額騰伊
詳稱據江寧府知府王青蓮詳據江浦縣知縣
馮應渭詳稱竊職現年伍拾柒歲山東海豐縣
人由附生中式嘉慶甲子科舉人丁丑科會試
後大挑壹等以知縣用籤掣江蘇試用期滿甄
別以知縣用借署海州州判嗣經
題署今職道光柒年叁月初捌日先行任事伍月
拾伍日奉文准署應自奉文准署之日起連閏
扣至道光捌年肆月拾伍日試署壹年期滿例
應詳請實授開造履歷供冊詳送到府該江寧

江蘇巡撫林則徐題本 江浦縣知縣馮應渭試署期滿題請實授
道光十三年三月初五日

府知府王青蓮到任未及叁月例不加考合將
送到供冊詳候加考詳請實授等情到司該江
寧布政使趙盛奎會同江蘇按察使額騰伊查
得江浦縣知縣馮應渭自道光柒年伍月拾伍
日奉文准署之日起連閏扣至道光捌年肆月
拾伍日試署壹年期滿茲據該府取具供冊詳
請實授前來查該員自到任以來每逢朔望敬
宣
聖諭化導士民審理案件盡心研鞫依限斷結民無拖
累力行保甲嚴緝盜賊以靖地方巡歷鄉村勸
民力穡竝將與禁事宜實力奉行日用薪水悉
發現銀平買覈查該員樸誠穩實向上急公堪

以實授再巡道考語俟移送到日另呈補咨相
應詳候會
題等情到臣據此該臣查得江浦縣知縣馮應渭
自道光柒年伍月拾伍日奉文准署之日起連
閏扣至道光捌年肆月拾伍日試署壹年期滿
例應實授據江寧布政使趙盛奎等會詳該員
自到任以來每逢朔望敬宣
聖諭化導士民審理案件盡心研鞫依限斷結民無拖
累力行保甲嚴緝盜賊以靖地方巡歷鄉村勸
民力穡並將興禁事宜實力奉行日用薪水悉
發現銀平買嚴查該員樸誠穩實向上急公堪
以實授詳請會

題前來臣查馮應渭心地篤實辦事周詳洵屬稱
職之員堪以實授除將履歷供冊送部查核外
謹會同兩江總督臣陶澍合詞具
題伏乞
皇上聖鑒勅部議覆施行謹題請
旨

道光十三年三月初五日[illegible]處地方提督軍務總理糧儲臣林則徐

兵部侍郎兼都察院右副都御史巡撫江蘇等處地方提督軍務總理糧儲臣林則徐謹
題為詳請實授事該臣查得江浦縣知縣馮應渭
自道光柒年伍月拾伍日奉文准署之日起連
閏扣至道光捌年肆月拾伍日試署壹年期滿
例應實授據江寧布政使趙盛奎等會詳該員
自到任以來每逢朔望敬宣
聖諭化導士民審理案件盡心研鞫依限、斷結民無拖
累力行保甲嚴緝盜賊以靖地方巡歷鄉村勸
民力穡並將興禁事宜實力奉行日用薪水悉
發現銀平買覆查該員樸誠穩實向上急公堪
以實授詳請會
題前來臣查馮應渭心地篤實辦事周詳洵屬稱
職之員堪以實授除將履歷供冊送部查核外
謹會題請
旨

江蘇巡撫林則徐題本

請以李鴻鈞署理沛縣知縣

該部議奏

題

兵部侍郎兼都察院右副都御史巡撫江蘇等處地方提督軍務總理糧儲臣林則徐謹
題爲詳請
題署事據江寧布政使趙盛奎會同江蘇按察使
額騰伊詳稱竊照沛縣知縣趙本敭請調江寧
縣知縣奉於道光拾叁年貳月初拾日會
奏開缺所遺沛縣知縣係專衙簡缺應歸部選江
蘇現有坐署人員例得請署查有坐署沛縣知
縣李鴻鈞年伍拾捌歲福建侯官縣人由戊午
科舉人遵續增土方事例指納知縣分發江蘇
題署六合縣知縣旋經調署沛縣知縣道光玖年
柒月初捌日先行任事捌月拾貳日奉文准調
因患病呈請解任調理在省醫痊給咨赴部引

見本
旨李鴻鈞著照例坐補原缺欽此此因係未經實授人
員掌部給發執照赴省坐署原缺於道光拾貳
年閏玖月貳拾伍日到省覆查該員年力壯強
才識幹練堪以坐署沛縣知縣與例相符仍俟
扣滿年限另請實授相應詳候會
題再該員係坐署知縣今滿署原缺無庸送部引
見合並聲明等情到臣據此該臣查得沛縣知縣趙
本缺請調江寧縣知縣經督臣陶澍會同臣於
道光拾叁年正月初拾日具
奏開缺所遺沛縣知縣係專銜簡缺應歸部選江
蘇現有坐署人員例得請署茲據江寧布政使

姚盛奎等會詳查有坐署沛縣知縣李鴻鈞年
伍拾捌歲福建侯官縣人由戊午科舉人遵續
增土方事例捐納知縣分發江蘇
題署六合縣知縣旋經調署沛縣知縣道光玖年
柒月初捌日先行任事捌月拾貳日奉文准調
因患病呈請解任調理在省醫痊給咨赴部引
見奉
旨李鴻鈞著照例坐補原缺欽此因係未經實授人
員蒙部給發執照赴省坐署原缺於道光拾貳
年閏玖月貳拾伍日到省覆查該員年力壯強
才識幹練堪以坐署沛縣知縣詳請會
題前來臣查李鴻鈞幹練老成在蘇年久以之坐

署沛縣知縣洵屬與例相符仍俟加滿年限另

請實授該員係坐署知縣今請署原缺無庸送

部引

見合並陳明謹會同兩江總督臣陶澍合詞具

題伏乞

皇上聖鑒勅部議覆施行謹題請

旨

江蘇巡撫林則徐題本　請以李鴻鈞署理沛縣知縣

道光十三年三月初五日

……地方提督軍務總理糧儲臣林則徐

兵部侍郎兼都察院右副都御史巡撫江蘇等處地方提督軍務總理糧儲臣林則徐謹

題爲詳請

題署事。該臣查得沛縣知縣趙本敭請調江寧縣知縣，經督臣陶澍會同臣於道光拾叁年貳月初拾日具

奏開缺，所遺沛縣知縣係專衙簡缺，應歸部選。江蘇現有坐署人員，例得請署。茲據江寧布政使趙盛奎等會詳，查有坐署沛縣知縣李鴻鈞，年伍拾捌歲，福建侯官縣人，由戊午科舉人遵續增土方事例捐納知縣，分發江蘇

江蘇巡撫林則徐題本　請以李鴻鈞署理沛縣知縣
道光十三年三月初五日

題署六合縣知縣施經調署沛縣知縣道光玖年
柒月初捌日先行任事捌月拾貳日奉文准調
因患病呈請解任調理在省醫痊給咨赴部引
見奉
旨李鴻鈞着照例坐補原缺欽此因係未經貲授人
員蒙部給發執照赴省坐署原缺於道光拾貳
年閏玖月貳拾伍日到省飭查該員年力壯強
才識幹練堪以坐署沛縣知縣詳請會
題前來臣查李鴻鈞幹練老成在蘇年久堪以坐
署沛縣知縣洵屬與例相符謹會題請
旨

江蘇巡撫林則徐題本　**題參前署甘泉縣知縣孫炳煒等疎防華亭縣官船被劫限滿贓犯無獲**

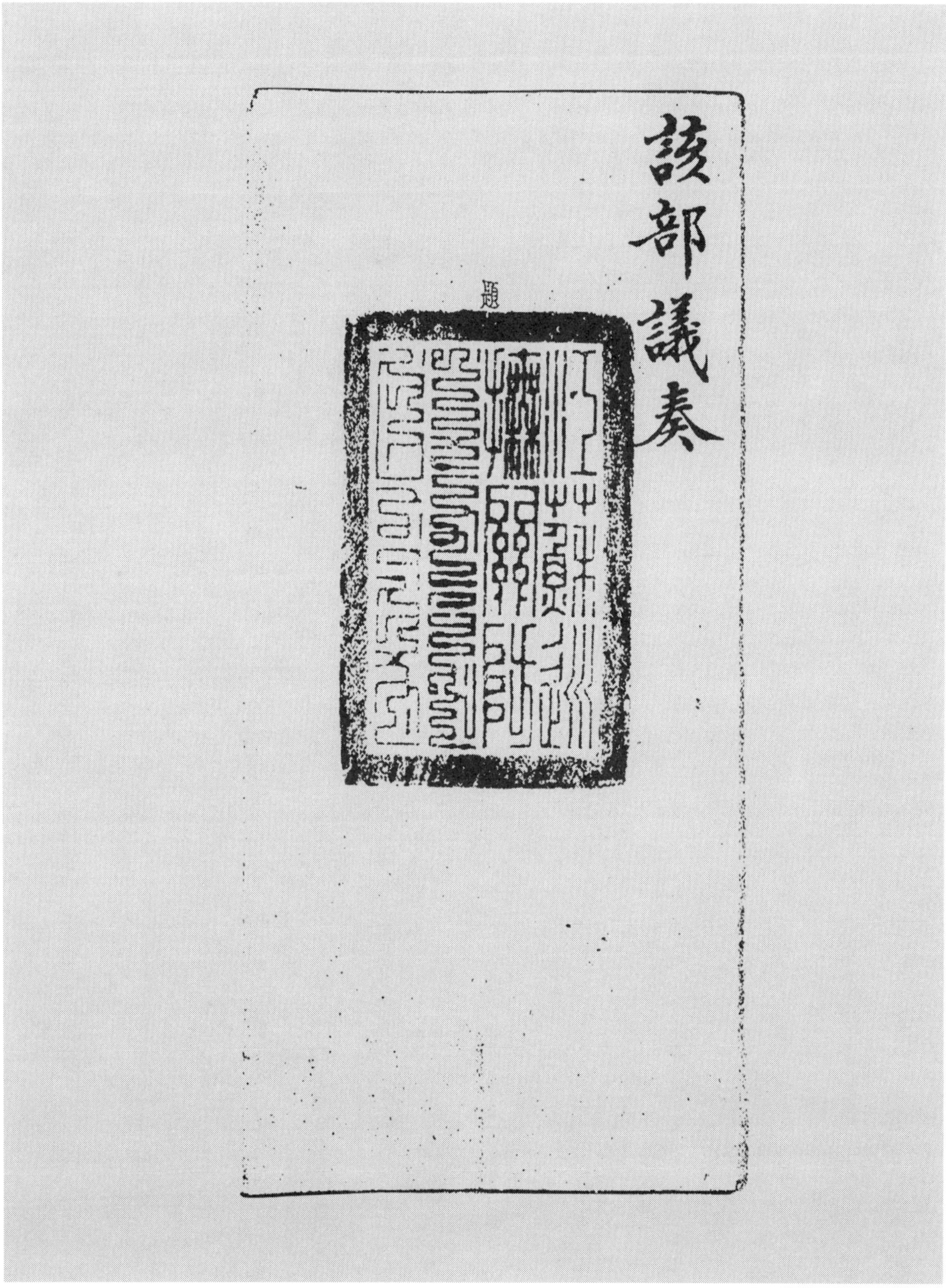
該部議奏

題

江蘇巡撫林則徐題本 題參前署甘泉縣知縣孫炳煒等疎防華亭縣官船被劫限滿贓犯無獲

道光十三年三月初五日

兵部侍郎兼都察院右副都御史巡撫江蘇等處地方提督軍務總理糧儲臣林則徐謹

題為詳參疎防文職事據江蘇按察使額騰伊詳

稱據揚州府知府王青蓮詳據甘泉縣知縣鍾

承露詳稱查核管卷内道光拾貳年伍月初捌

日准華亭縣縣丞孫琬移開奉委領銀赴徐州

河南採買來麥來江糶濟因裝麥船隻並無坐

船另雇坐船押運赴省伍月初柒日行至甘泉

縣境相家墩地方被匪數人持械上船聲言搜

查私鹽搶去銀洋家丁孫林社奪被匪推跌並

未成傷匪即駕船逃逸移請勘緝等因並據地

保孟文稟同前由到縣據經前署縣孫炳煒會

營前詣該處勘得相家墩地方係通行河道四

無居民查勘被搶船隻並無毀損勘畢提訊地
保船户及孫琬家丁人等供與報詞相同飭牙
估計失贓值銀叁百肆拾伍兩陸錢伍分録供
通詳蒙批緝拏在案兹查此案疎防限滿贓匪
無獲合將印捕職名開報等情由府道開具督
捕督緝兼轄各職名前來除飭勒緝贓匪務獲
究報外該江蘇按察使額騰伊查得委員華亭
縣縣丞孫琬船至甘泉縣地方被搶計贓逾貫
壹案疎防例限肆箇月應以道光拾貳年伍月
初柒失事之日起扣至玖月初柒日屆滿贓匪
無獲所有文職疎防職名印官係前署甘泉縣
知縣孫炳煒捕官係甘泉縣邵伯司巡檢程煥

章督捕係同城揚州府總捕同知趙秉照督緝
係同城揚州府知府王青蓮兼轄係不同城署
淮揚道王贻象再印官孫炳煒已於拾貳年柒
月貳拾肆日未經限滿之先卸事係署事人員
不復回任應請議結該縣鍾承露是日回任應
候接緝限滿有無弋獲另行詳參督捕同知趙
廷照於拾貳年柒月貳拾日奉調閩差卸事計
在任督捕兩箇月零拾叁日旋於玖月貳拾壹
日回任前後接扣連閏應展至拾月初捌日疎
防限滿前代理同知事揚州府知府王青蓮例
無接督捕處分相應聲明伏候核參再此案失
事處所離城肆拾里離汛捌里並無墩舖防兵

合并聲明等情到臣。據此，該臣查得委員華亭縣縣丞孫兆諮至甘泉縣地方被搶計贓逾貫壹案，疏防例限肆箇月，應以道光拾貳年伍月初柒失事之日起，扣至玖月初柒日屆滿，贓匪無獲，開列疏防職名請參前來。除飭勒緝贓匪務獲究報外，所有文職疏防職名：印官係前署甘泉縣知縣孫炳煒，捕官係甘泉縣邵伯司巡檢程煥章，督捕係同城揚州府總捕同知趙廷熙，督緝係同城揚州府知府王青蓮，兼轄係不同城署淮揚道王貽象。再，印官孫炳煒已於拾貳年柒月貳拾肆日未經限滿之先卸事，係署事人員，不復回任，應行議結。該縣鍾承露是日

回任應俟接緝限滿有無弋獲另行咨參督捕
同知趙廷熙於拾貳年柒月貳拾日奉調關差
卸事計在任督捕兩箇月零拾叁日旋於玖月
貳拾壹日回任前後接扣連閏應展至拾月初
捌日疏防限滿前代理同知事揚州府知府王
青蓮例無接督捕處分相應聲明列參再此案
失事處所離城肆拾里離汛捌里並無墩鋪防
兵合並陳明臣謹具
題伏乞
皇上聖鑒勅部議覆施行謹題請
旨

江蘇巡撫林則徐題本　題參前署甘泉縣知縣孫炳煒等疏防華亭縣官船被劫限滿贓犯無獲

道光十三年三月初五日

道光

方提督軍務總理糧儲臣林則徐

兵部侍郎兼都察院右副都御史巡撫江蘇等處地方提督軍務總理糧儲臣林則徐謹

題為詳參疏防文職事該臣查得委員華亭縣縣丞孫琨船至甘泉縣地方被搶計贓逾貫壹案疏防例限肆箇月應以道光拾貳年伍月初柒失事之日起扣至玖月初柒日屆滿贓匪無獲開列疏防職名詳參前來除飭緝贓匪務獲究辦外所有文職疏防職名印官係前署甘泉縣知縣孫炳煒捕官係甘泉縣邵伯司巡檢程煥章督捕係同城揚州府總捕同知趙廷熙督緝係同城揚州府知府王青蓮兼轄係不同城署淮揚道王治泉相應列參謹題請

旨

江蘇巡撫林則徐題本 審明沛縣民劉遵謙調姦孫蘇氏未成致其自縊身死擬絞監候（污損）

江蘇巡撫林則徐題本　審明沛縣民劉遵謙調姦孫蘇氏未成致其自縊身死擬絞監候

道光十三年三月初五日

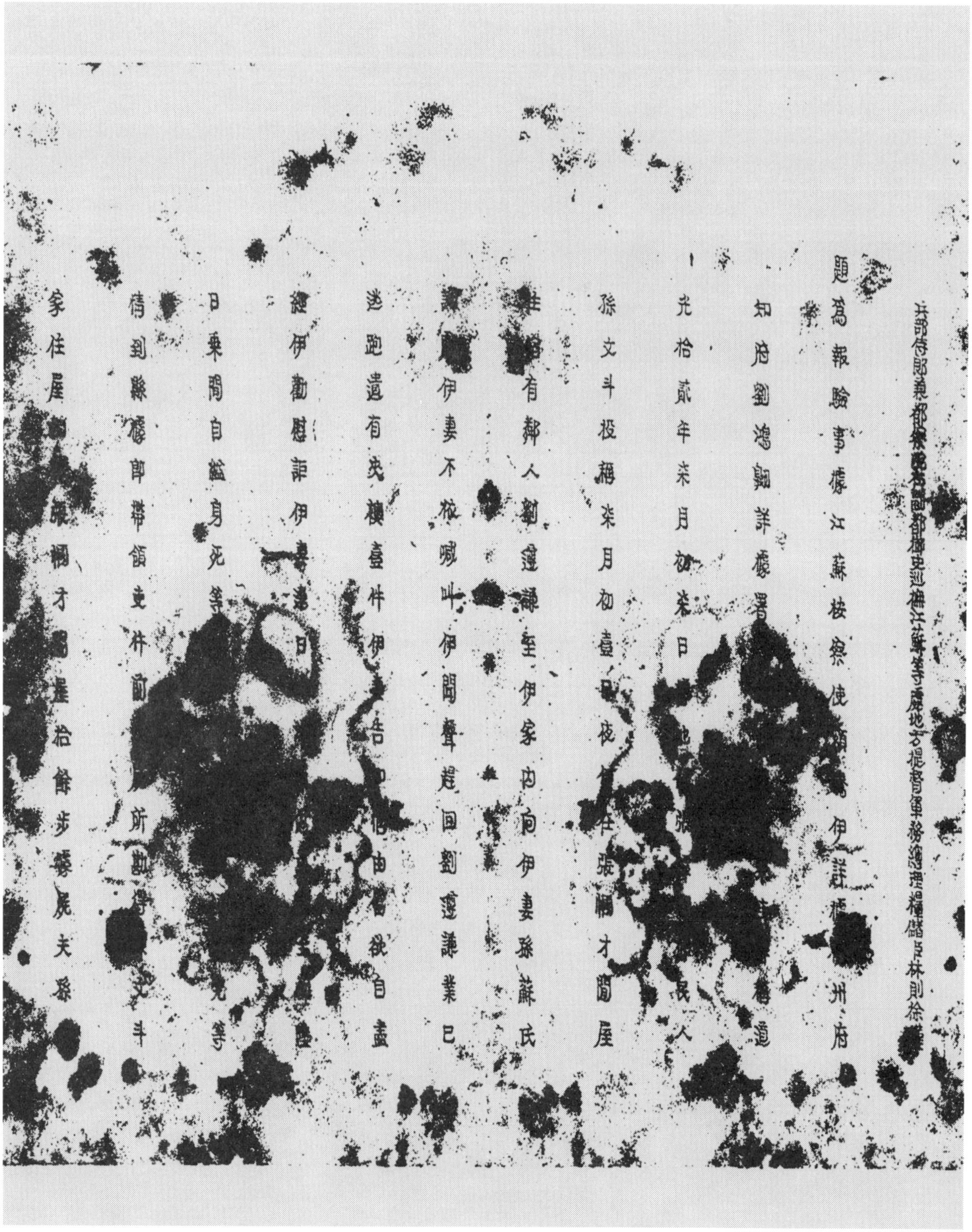
兵部侍郎兼都察院右副都御史巡撫江蘇等處地方提督軍務兼理糧餉臣林則徐[illegible]
題為報驗事據江蘇按察使[illegible]伊詳稱[illegible]州府
知府劉鴻翱詳據署[illegible]道
光拾貳年柒月初柒日[illegible]民人
孫文斗投稱柒月初壹日夜[illegible]在張鳴才間屋
住有鄰人劉遵謙至伊家內向伊妻孫蘇氏
[illegible]伊妻不依喊叫伊聞聲趕回劉遵謙業已
逃跑遺有夾襖壹件伊[illegible]告知[illegible]由[illegible]欲自盡
經伊勸慰詎伊妻[illegible]日[illegible]
日乘間自縊身死等[illegible]等
情到縣[illegible]即帶領吏仵前[illegible]所勘[illegible]文斗
家住屋[illegible]張鳴才[illegible]屋拾餘步[illegible]夫孫

江蘇巡撫林則徐題本　審明沛縣民劉遵謙調姦孫蘇氏未成致其自縊身死擬絞監候
道光十三年三月初五日

手指稱伊妻孫蘇氏將小木凳墊脚用麻繩[illegible]
於屋椽上自縊等語查驗[illegible]上灰塵[illegible]亂自
椽至地量高柒尺肆寸[illegible]木[illegible]壹寸
勘畢如法相驗據仵作[illegible]喝報已死孫蘇氏
問年貳拾陸歲驗得仰面[illegible]咽喉上縊痕壹
道斜長柒寸伍分闊貳分深壹分紫赤色起向
兩耳根斜入髮際合面腦後八字不交中空貳
寸伍分十指甲俱[illegible]自縊身
死報畢親驗無異吊[illegible]柒寸[illegible]
對縊痕相符填格取[illegible]保狀
譯供與報詞同據鄰證徐[illegible]朱士[illegible]
年貳拾[illegible]月初[illegible]夜[illegible]更時分小的們

得孫文斗家吵嚷起身走去查看孫文斗的妻
子孫蘇氏在牀啼哭問據文斗說他[illegible]
夜深在張幗才閒屋睡歇劉[illegible]到他家向
孫蘇氏調戲孫蘇氏[illegible]喊叫他聽聞趕回劉
遵謙業已逃跑的話小的們[illegible]向勸慰說即走
[illegible]閒孫蘇氏只是啼哭孫文斗隨時防範
初陸日孫蘇氏羞忿莫釋就乘間自縊
丁並沒別故是實據屍夫孫文斗供孫蘇氏是
妻子與劉遵謙[illegible]居[illegible]時常見面道光
拾貳年柒月初壹日夜小的[illegible]夜深在張
幗才閒屋住歇二更時分聽得妻喊嚷[illegible]
趕回見[illegible]陽[illegible]子在牀啼哭問據妻子

江蘇巡撫林則徐題本　審明沛縣民劉遵謙調姦孫蘇氏未成致其自縊身死擬絞監候
道光十三年三月初五日

劉遵謙推門進房他驚醒喝問劉遵謙說因你
一人獨宿特來相陪的話向他調戲他不依大
聲喊叫劉遵謙逃跑把身披[illegible]褂遺落在地出
說如此被人欺辱不如尋死的話小的當向勸
慰因關顏面未經控告後來妻子只是哭泣小
的[illegible]加防範不料妻子羞忿莫釋到初陸日
小的外出就用麻繩在屋樑上自縊身死小
回家瞥見解救無及報保驗訊的來[illegible]
犯劉遵謙供沛縣人[illegible]柒拾歲父親劉修[illegible]
年柒拾歲母親李氏年柒拾貳歲哥子劉遵舉
出繼堂叔劉修恭為子胞弟劉遵[illegible]年貳拾伍[illegible]
歲妻子[illegible]氏[illegible]與孫文斗鄰居素識無[illegible]

江蘇巡撫林則徐題本　審明沛縣民劉遵謙調姦孫蘇氏未成致其自縊身死擬絞監候

道光十三年三月初五日

文斗的妻子孫蘇氏時常見面道光拾貳年来
月初壹日夜叁更時分小的知道孫文斗往張
幅才閣屋住歇孫蘇氏一人在家獨處起意前
往調姦身穿夾襖走到孫文斗家門首把笆門
撥開走進孫蘇氏房內孫蘇氏在牀驚醒喝問
小的說因你一人獨宿特來相陪的話向他
孫蘇氏不依大聲喊叫小的恐孫文斗聽[illegible]
趕回心裏慌張轉身就走把身披夾襖遺落在
地不及拾取當即逃走不料孫蘇氏羞忿莫釋
到初陸日自縊死了並沒別故小的也沒手
足勾引及用強姦污的事是實各等供據此
驗夾襖[illegible]劉遵[illegible]明實係遺失原衣帶回

江蘇巡撫林則徐題本　審明沛縣民劉遵謙調姦孫蘇氏未成致其自縊身死擬絞監候

道光十三年三月初五日

貯庫，將犯收禁，錄供通詳，奉批飭審，遵提覆訊

各供均與前審無異，不敘外，該署沛縣知縣朱

榮桂審看得，沛縣民劉遵謙調姦孫蘇氏未成，致

氏羞忿自縊身死一案。緣劉遵謙籍隸沛縣，與

孫文斗鄰居素識，孫文斗之妻孫蘇氏亦時常

見[illegible]。道光拾貳年柒月初壹日[illegible]晚更時分，[illegible]

[illegible]探知孫文斗在張暢才間屋住歇，家惟孫

蘇氏一人獨處，起意前往調姦，潛至孫文斗家，

撥開笆門，走進孫蘇氏房，孫蘇氏時已就寢

驚覺喝問。劉遵謙以該氏一人獨宿，特來相陪

之言向其調戲。孫蘇氏不依，大聲嚷罵。劉遵謙

慌忙逃走，[illegible]將身[illegible][illegible]遺落在地，孫文斗聞

江蘇巡撫林則徐題本　審明沛縣民劉遵謙調姦孫蘇氏未成致其自縊身死擬絞監候

道光十三年三月初五日

挈起回孫蘇氏泣訴前情稱欲自盡孫文斗當
向勸慰因事關顏面未經控告孫蘇氏終日哭
泣孫文斗時加防範詎孫蘇氏羞忿莫釋至初
陸日乘孫文斗外出復縊殞命孫文斗回歸看
見解救無及報縣驗訊通詳奉批飭審遵復提
犯研鞫據供前情不諱究無手足勾引及用強
逼情事矢口不移案無遁飾查例載但經調
戲本婦羞忿自盡者擬絞監候等語此案劉遵
謙因孫蘇氏在家獨處輒敢前往調姦致令該
氏羞忿自盡應按例問擬劉遵謙合依但經調
戲本婦羞忿自盡者擬絞監候例擬絞監候秋
後處決孫蘇氏因被劉遵謙調戲羞忿莫釋輕

江蘇巡撫林則徐題本　審明沛縣民劉遵謙調姦孫蘇氏未成致其自縊身死擬絞監候
道光十三年三月初五日

軀明志洵屬節烈可嘉應照例附請
旌表以維風化無干省釋屍棺飭埋縊繩案結銷毀
劉遵謙所遺夾襖貯庫備照等情由府審解到
司恐案情未確札委長洲縣知縣陳玉成審無
冤故仍照原擬詳解前來該江蘇按察使額騰
犯親審核擬無異解候勘
題
招解到臣提犯親審無異該臣看得沛縣
民劉遵謙調姦孫蘇氏未成致氏羞忿自縊身
死壹案緣劉遵謙籍隸沛縣與孫文斗□居素
識孫文斗之妻孫蘇氏亦時常見面道光拾貳
年柒月初壹日夜四更時分劉遵謙探知孫文
斗在張□才鋪屋住歇家惟孫蘇氏一人獨處

江蘇巡撫林則徐題本　審明沛縣民劉遵謙調姦孫蘇氏未成致其自縊身死擬絞監候
道光十三年三月初五日

起意前往調姦潛至孫文斗家撥開籬門走進
孫蘇氏房內孫蘇氏時已就寢驚覺喝問劉遵
謙以該氏一人獨宿特來相陪之言向其調戲
孫蘇氏不依大聲喊嚷劉遵謙慌忙逃走致將
身披夾襖遺落孫文斗聞聲趕回孫蘇氏泣訴
[illegible]羞欲自盡孫文斗當向勸慰因事關顏
[illegible]控告孫蘇氏終日哭泣孫文斗時加防
範孫蘇氏羞忿莫釋至初陸日乘孫文斗外出
投繯殞命孫文斗回歸[illegible]見解救無及報驗訊
詳審供不諱究無手觸勾引及用強姦污情事
矢口不移案無遁飾查例載但經調戲本婦羞
忿自盡者擬絞監候等語此案劉[illegible]謙因孫蘇

江蘇巡撫林則徐題本 審明沛縣民劉遵謙調姦孫蘇氏未成致其自縊身死擬絞監候
道光十三年三月初五日

氏在家獨處輒敢前往調姦致令該氏羞忿自
盡應按例問擬劉遵謙合依但經調戲本婦羞
忿自盡者擬絞監候例擬絞監候秋後處決孫
蘇氏因被劉遵謙調戲羞忿莫釋捐軀明志洵
屬節烈可嘉相應照例附請
旌表以勵風化無干省釋屍棺飭埋縊繩案結銷
毀尋所遺夾襖貯庫備照臣謹具
題伏乞
皇上聖鑒勅下三法司核覆施行再此案審限應以
道光拾貳年柒月初柒報官之日起除封印委
審各壹月自縣由府解司程限貳拾捌日連閏
統應扣至拾叁年叁月初伍日全限屆滿合並

江蘇巡撫林則徐題本　審明沛縣民劉遵謙調姦孫蘇氏未成致其自縊身死擬絞監候

道光十三年三月初五日

江蘇巡撫林則徐題本　審明沛縣民劉遵謙調姦孫蘇氏未成致其自縊身死擬絞監候
道光十三年三月初五日

兵部侍郎兼都察院右副都御史巡撫江蘇等處地方提督軍務兼理糧儲臣林則徐謹
題為報驗事該臣看得沛縣民劉遵謙調姦孫蘇
氏未成致氏羞忿自縊身死壹案緣劉遵謙與
孫文斗鄰居素識孫文斗之妻孫蘇氏亦時常
見面道光拾貳年柒月初壹日夜叁更時分劉
遵謙探知孫文斗在張幗才間屋住歇家惟孫
蘇氏一人獨處起意前往調姦潛至孫文斗家
撥開笆門走進孫蘇氏房内孫蘇氏時已就寢
驚覺喝問劉遵謙以該氏一人獨宿特來相陪
之言向其調戲孫蘇氏不依喊嚷劉遵謙慌忙
逃走孫文斗聞聲趕回孫蘇氏泣訴前情稱欲
自盡孫文斗當向勸慰時加防範詎孫蘇氏羞
忿莫釋至初陸日乘間投繯殞命報驗訊詳審
供不諱劉遵謙依但經調戲本婦羞忿自盡者
照例擬絞監候秋後處決孫蘇氏因被劉遵謙
調戲羞忿莫釋捐軀明志洵屬節烈可嘉相應
照例附請
旌表以維風化謹題請
旨

江蘇巡撫林則徐題本　題明山西和順縣知縣夏寶晉母病故例應丁憂　道光十三年三月十四日

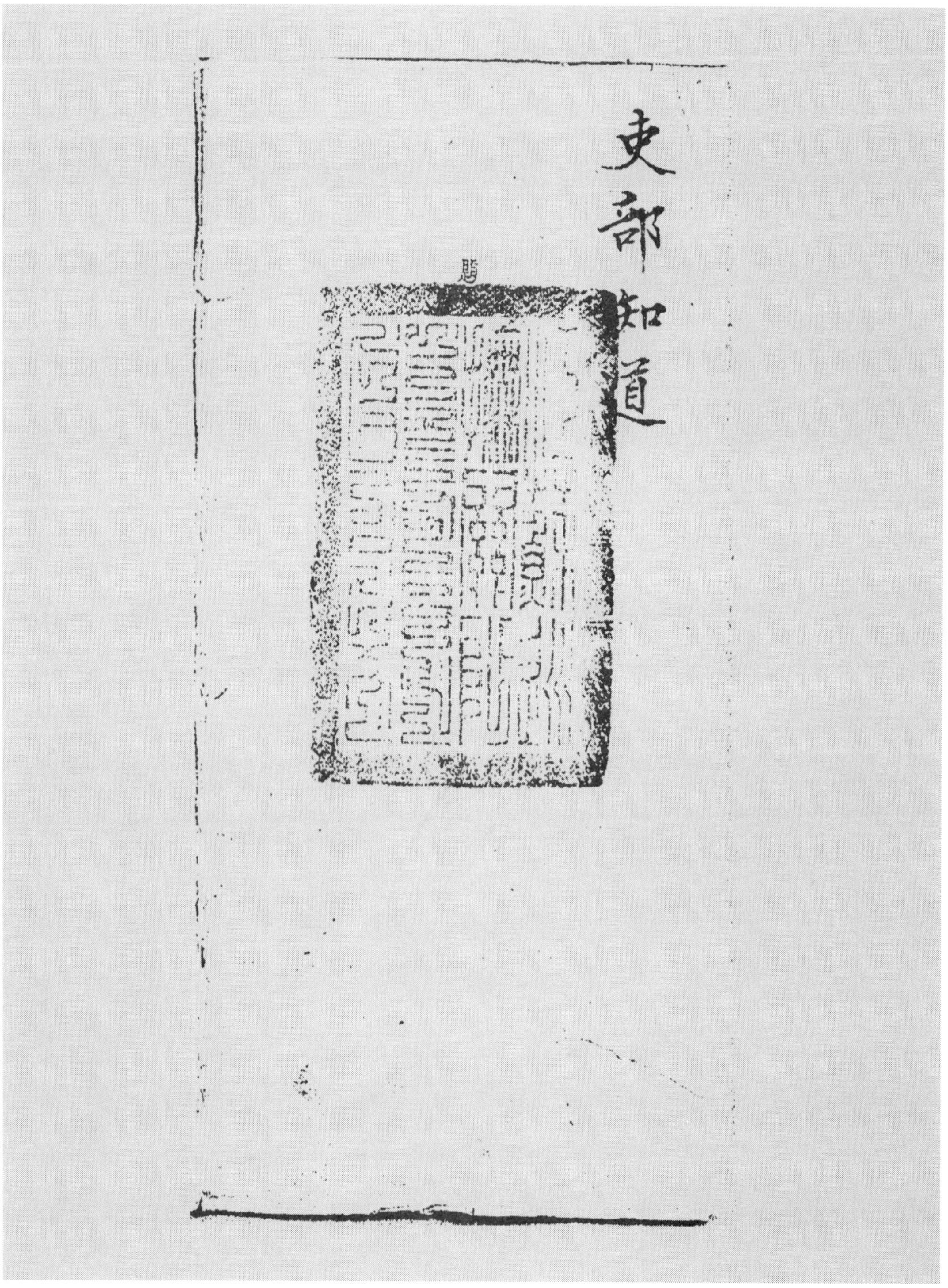

江蘇巡撫林則徐題本　**題明山西和順縣知縣夏寶晉母病故例應丁憂**

兵部侍郎兼都察院右副都御史巡撫江蘇等處地方提督軍務總理糧儲臣林則徐謹

題爲報明丁憂事據江寧布政使趙盛奎詳據揚

州府知府陸言詳據高郵州知州王漂詳稱據

家屬盧元稟稱竊家長夏寶晉於嘉慶癸酉科

江南鄉試中式舉人道光丙戌科會試大挑壹

等分發山西候補知縣道光拾貳年捌月補授

山西直隸遼州和順縣知縣今老主母吳氏於

道光拾參年貳月初參日在籍病故例應丁憂

理合報明轉詳請咨飭令家長回籍守制等情

到州覆查無異由府轉詳到司據此除飭查明

該員有無過犯并具族鄰甘結另詳請咨外相

應具文詳候核

江蘇巡撫林則徐題本　題明山西和順縣知縣夏寶晉母病故例應丁憂

道光十三年三月十四日

題等情到臣據此該臣查得高郵州人現任山西
和順縣知縣夏寶晉有母吳氏於道光拾叁年
貳月初柒日在籍病故例應丁憂回籍守制據
江寧布政使趙盛奎詳報前來除飭查該員有
無遺漏取具族鄰甘結另詳請咨並揭移吏部
并咨山西撫臣外臣謹具
題伏乞
皇上聖鑒勅部查照施行謹具題
聞

江蘇巡撫林則徐題本　題明山西和順縣知縣夏寶晉母病故例應丁憂

道光十三年三月十四日

進

……處地方提督軍務總理糧儲臣林則徐

兵部侍郎兼都察院右副都御史巡撫江蘇等處地方提督軍務總理糧儲臣林則徐謹
題為報明丁憂事該臣查得高郵州人現任山西
和順縣知縣夏寶晉有母吳氏於道光拾叁年
正月初柒日在籍病故例應丁憂回籍守制據
江寧布政使趙盛奎詳報前來除飭查該員有
無違礙取具族鄰甘結另詳辦咨並揭移吏部
并咨山西撫臣外謹具題
聞

姚儲等著議處具奏該部知道

題

江蘇巡撫林則徐題本　題參崇明縣知縣姚儲等疏防民人被劫限滿贓犯無獲

江蘇巡撫林則徐題本　題參崇明縣知縣姚儲等疎防民人被劫限滿贓犯無獲

道光十三年三月十四日

兵部侍郎兼都察院右副都御史巡撫江蘇等處地方提督軍務總理糧儲臣林則徐謹

題爲詳參疎防文職事據江蘇按察使額騰伊詳稱據太倉州知州李正鼎詳據崇明縣知縣姚儲詳稱道光拾貳年肆月初壹日據民婦陸顧氏抱呈顧洪賓稟稱叁月貳拾玖夜被賊空洞入室工人曹義驚覺起捕被匪拒傷氏姑黃氏聞喊起追亦被匪推跌竊去錢洋衣物報候勘驗等情到縣據經會營詣勘飭仵驗明曹義髮際刃傷壹處皮破血污陸黃氏右手腕左臂膊各有擦傷壹處均紅色填單附卷飭醫調治飭牙估計失贓値銀肆拾玖兩零造冊錄供通詳奉批緝叅迄今限滿贓賊無獲差查曹義等各

傷均已平復理合開具文職印捕疏防職名謹
明失事處所離城貳拾伍里離汛拾伍里並無
塘鋪防兵由州開具營捕督緝各職名詳參到
司並准巡道開移兼轄職名前來除飭勒緝贓
賊務獲究報外該江蘇按察使額騰伊查得崇
明縣事主陸顧氏稟報被竊拒傷工人曹義等
平復壹案此案疏防四限肆箇月應以道光拾
貳年叁月貳拾玖失事之日起扣至來月貳拾
玖日滿所有文職疏防職名印官係崇明縣知
縣姚儲捕官係崇明縣典史張德昌營捕係不
同城太倉州州同于鼎如督緝係不同城太倉
州知州李正鼎兼轄係不同城前任蘇松太道

崔懷璟查程懷璟已於拾貳年肆月拾捌日未
經限滿之先陞任廣東鹽運司卸事不復回任
應請議結此案開報遲延職名亦係崇明縣知
縣姚儲理合一并開報伏候核參等情到臣據
此該臣查得崇明縣事主陸顧氏稟報被竊拒
傷工人曹義等平復壹案疎防例限肆箇月應
以道光拾貳年叁月貳拾玖失事之日起扣至
柒月貳拾玖日滿贓賊無獲開列疎防職名請
叅前來除飭勒緝贓賊務獲究報外所有文職
疎防職名印官係崇明縣知縣姚儲捕官係崇
明縣典史張德昌督捕係不同城太倉州州同
于翼知督緝係不同城太倉州知州李正鼎兼

暫係不同城前任蘇松太道程懷璟相應列參查程懷璟已於拾貳年肆月拾捌日未經限滿之先陞任廣東鹽運司卸事不復回任應行議結此案關報遲延職名亦係崇明縣知縣姚儲失事處所離城貳拾伍里離汛拾伍里並無墩鋪防兵合並陳明臣謹具

題伏乞

皇上聖鑒勑部議覆施行謹題請

旨

江蘇巡撫林則徐題本　題參崇明縣知縣姚儲等疏防民人被劫限滿贓犯無獲

道光十三年三月十四日

道光……處地方提督軍務總理糧儲臣林則徐

兵部侍郎兼都察院右副都御史巡撫江蘇等處地方提督軍務總理糧儲臣林則徐謹
題
爲詳參疏防文職事該臣查得崇明縣事主陸
顧氏稟報被竊拒傷工人曹義等平復壹案疏
防例限肆箇月應以道光拾貳年叁月貳拾玖
失事之日起扣至本月貳拾玖日滿臟賊無獲
開列疏防職名請參前來除飭勒緝臟賊務獲
究報外所有文職疏防職名印官係崇明縣知
縣姚儲捕官係崇明縣典史張德昌督捕係不
同城太倉州州同于翼如督緝係不同城太倉
州知州李正鼎兼轄係不同城前任蘇松太道
程懷璟相應列參謹題請
旨

江蘇巡撫林則徐題本　題參寶應縣知縣盧元良等疎防杭嚴衛三幫領運千總赴任停船被劫限滿贓犯無獲

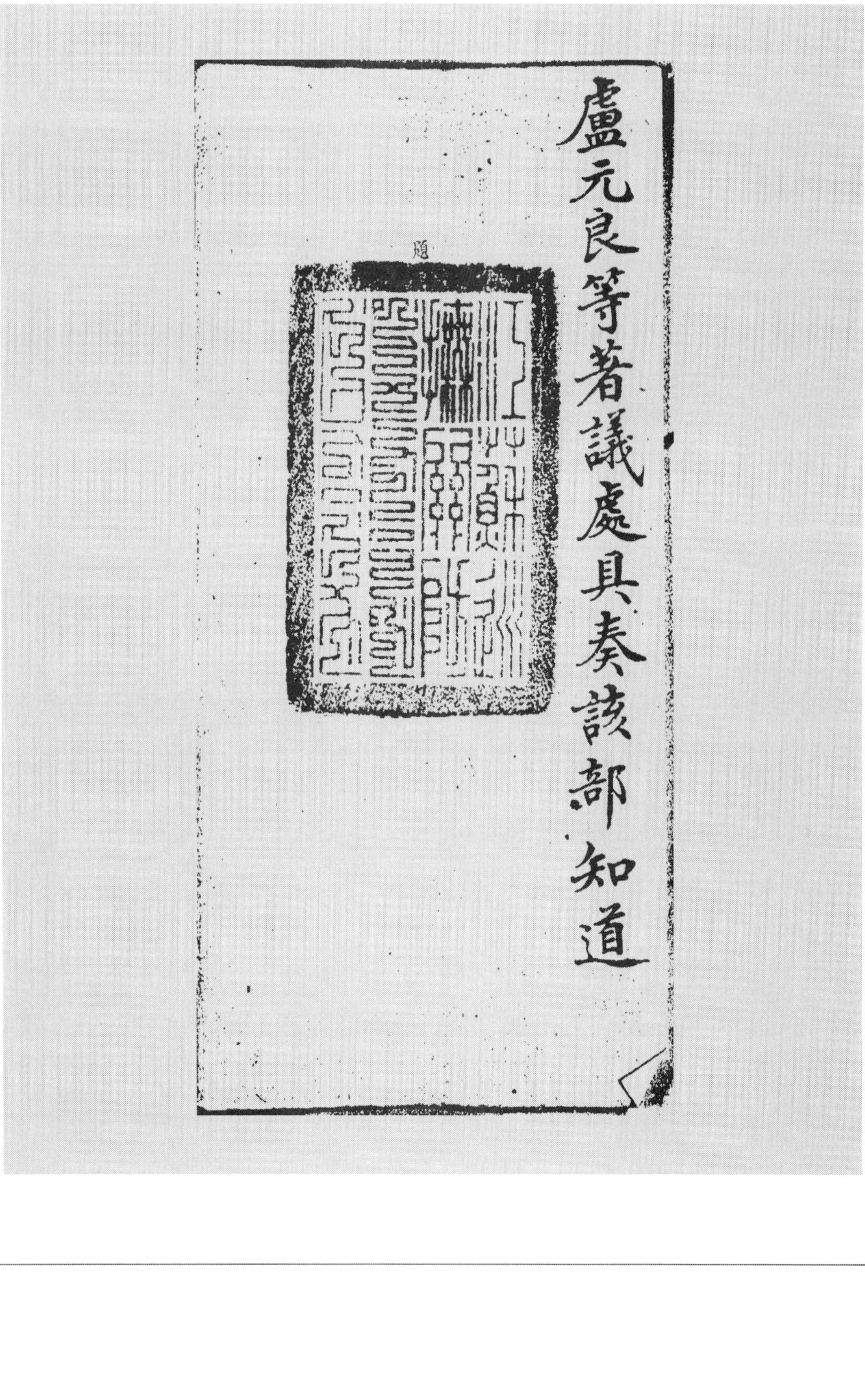
盧元良等著議處具奏該部知道

題

兵部侍郎兼都察院右副都御史巡撫江蘇等處地方提督軍務總理糧儲臣林則徐謹

題爲詳參疎防文職事據江蘇按察使額騰伊詳

稱據揚州府知府據盛詳據寶應縣知縣盧元

良詳稱道光拾貳年閏玖月貳拾柒日據槐樓

莊地保梁開先稟據浙江杭嚴衛叁幫領運千

總陳慶瀾家人朱名投稱伊家主於玖月拾陸

日在直隸起程即赴新任於閏玖月貳拾陸日

船至劉家堡地方停泊叁更時候忽有多人持

械劈開艙門進內家役徐福被匪拒傷右腿搶

去銀兩衣物等語往查屬實報候勘詳等情到

縣據即會營前詣失事處所勘得劉家堡南北

運河壹道南通高郵北達山陽河西即係寶應

江蘇巡撫林則徐題本　題參寶應縣知縣盧元良等疏防杭嚴衛三幫領運千總赴任停船被劫限滿贓犯無獲

道光十三年三月十四日

湖隄岸河東接連大官小官等莊通達鹽城該
處離城貳拾捌里離汛捌里址無墩鋪防兵該
船停泊運河西岸據事主指稱是夜盜匪係由
船頭進艙劫去箱內銀兩衣服等件查驗船門
有刀撬形跡勘畢飭件驗得徐幅右腿有刀砍
傷痕壹道斜長貳寸伍分闊不及分皮微破紅
紫色綿袍裏襟著腿處有破損痕跡填單附卷
提訊事主家屬及地鄰人等供與報詞相同飭
牙估計失贓值銀柒拾叁兩壹錢肆分選差勒
緝錄供通詳本批緝參在案迄今疏防限屆贓
盜無獲合將疏防職名開報等情由府開列督
緝職名轉詳到司據此除飭勒緝贓盜務獲究

報并移取兼轄督捕各職名另詳請參並飭查
明徐幅傷痕曾否平復還詳核辦外該江蘇按
察使額騰伊查得浙江杭嚴衛叁幫領運千總
陳慶瀾在寶應縣地方停船被劫壹案疏防例
限肆箇月應以道光拾貳年閏玖月貳拾陸失
事之日起扣至拾叁年正月貳拾陸日屆滿贓
盜無獲所有文職疏防職名印官係寶應縣知
縣盧元良捕官係寶應縣槐樓司巡檢馮淮督
緝係不同城揚州府知府王青蓮再王青蓮已
於拾叁年正月拾玖日未經限滿之先調任江
寧府卸事不復回任應請議結現任知府豫益
係接督緝之員例無處分合并聲明詳候核參

江蘇巡撫林則徐題本　題參寶應縣知縣盧元良等疎防杭嚴衛三幫領運千總赴任停船被劫限滿贓犯無獲

道光十三年三月十四日

等情到臣據此該臣查得浙江杭嚴衛叁幫領
運千總陳慶瀾在寶應縣地方停船被劫壹案
疎防例限肆箇月應以道光拾貳年閏玖月貳
拾陸失事之日起扣至拾叁年正月貳拾陸日
屆滿贓盜無獲開列疎防職名請參前來除飭
勒緝贓盜務獲究報並飭取兼轄督捕各職名
另行咨參並飭查明綵幅傷痕會否平復詳辦
外所有文職疎防職名印官係寶應縣知縣盧
元良捕官係寶應縣槐樓司巡檢馮淮督緝係
不同城揚州府知府王青蓮再王青蓮已於拾
叁年正月拾玖日未經限滿之先調任江寧府
即事不復回任應行議結現任知府祿益係接

督辦之員，例無處分，相應聲明列銜。至失事處
所離城貳拾捌里，離汛捌里，並無塘鋪防兵，合
並陳明。臣謹具
題伏乞
皇上聖鑒，勅部議覆施行。謹題請
旨。

道光[illegible]地方提督軍務兼理糧儲臣林則徐

江蘇巡撫林則徐題本　題參寶應縣知縣盧元良等疏防杭嚴衛三幫領運千總赴任停船被劫限滿贓犯無獲

道光十三年三月十四日

兵部侍郎兼都察院右副都御史巡撫江蘇等處地方提督軍務總理糧儲臣林則徐謹
題爲詳參疏防文職事該臣查得浙江杭嚴衛叁
幫領運千總陳慶瀾在寶應縣地方停船被劫
壹案疏防例限肆個月應以道光拾貳年閏玖
月貳拾陸日失事之日起扣至拾叁年正月貳拾
陸日屆滿贓盜無獲開列疏防職名請參前來
除飭勒緝贓盜務獲究報并飭取兼轄督捕名
職名另行咨參外所有文職疏防職名印官係
寶應縣知縣盧元良捕官係寶應縣槐樓司巡
檢馮淮督緝係不同城揚州府知府王青蓮相
應列參謹題請
旨

題參崇明縣典史張得昌等疏防軍徒人犯越獄脱逃限滿未獲

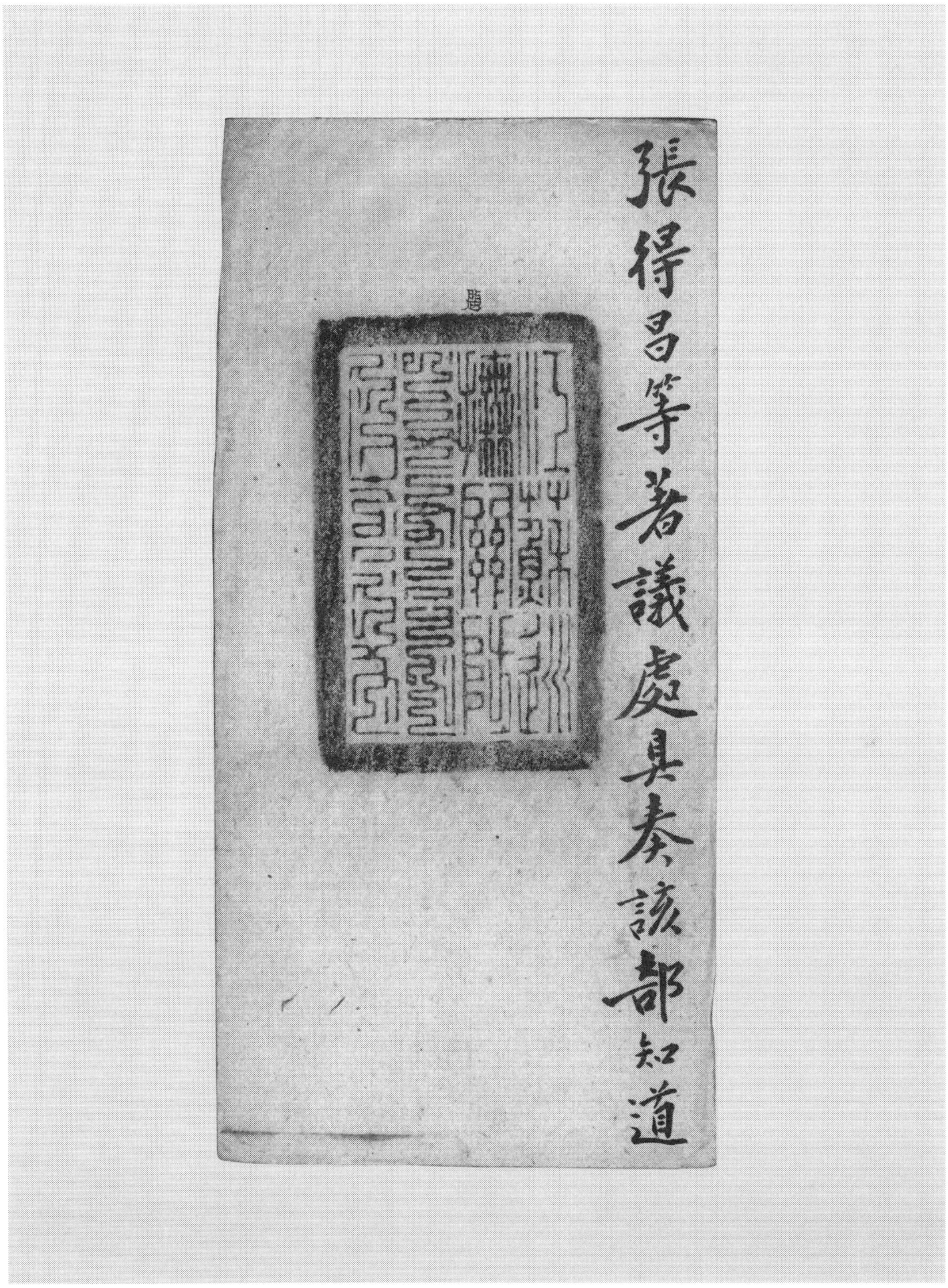

江蘇巡撫林則徐題本　題參崇明縣典史張得昌等疏防軍徒人犯越獄脱逃限滿未獲

道光十三年三月二十三日

江蘇巡撫林則徐題本　題參崇明縣典史張得昌等疏防軍徒人犯越獄脱逃限滿未獲

道光十三年三月二十三日

兵部侍郎兼都察院右副都御史巡撫江蘇等處地方提督軍務總理糧儲臣林則徐謹
題為詳參疏防文職事據江蘇按察使額騰伊詳
據崇明縣詳稱道光拾貳年玖月貳拾伍日夜
子刻據典史張得昌申據禁卒黃全張仁稟報
監內軍犯張傳發徒犯許召南於玖月貳拾伍
日叁更時分乘伊等睡熟裂脱鎖鏈鑽出號房
拆牆逃逸報候訊究嚴緝等情到縣據即卷查
張傳發許召南均籍隸崇明因夥同郁上盼等
釁竊事主戴玉成等家案內審將張傳發擬軍
許召南擬徒解奉勘轉詳咨尚未奉准部覆之
犯據報前情隨即督同典史前詣監所查勘屬
實遺下鎖鏈驗有裂損痕跡東北圍牆拆有壹

涸提訊刑禁吏夫人等供無得賄縱故情弊分
別禁押遴差勒緝錄供通詳到司並奉督撫院
批司提省審辦等因當經行據崇明縣將刑禁
吏夫人等批解來省發委元和縣審明刑禁人
等委止一時疏忽並無賄縱情弊將禁卒黃全
張仁提牢書陳紹宗吏夫楊二郎等分別問擬
杖徒聲明照例給限嚴緝限滿無獲即行詳請
定地充徒等情解司覆審議擬詳咨在案茲查
疏防限滿犯無弋獲據將管獄有獄各官職名
開報等情由州開列督緝職名詳參並准巡道
開移兼轄職名前來除飭勒緝逃犯張傳發等
務獲究報外該江蘇按察使額騰伊查得崇明

江蘇巡撫林則徐題本　題參崇明縣典史張得昌等疎防軍徒人犯越獄脫逃限滿未獲

道光十三年三月二十三日

縣軍犯張傳發徒犯許名南越獄脫逃壹案疎
防例限肆箇月應以道光拾貳年玖月貳拾伍
犯逃之日起連閏扣至拾貳年拾貳月貳拾伍
日滿所有軍徒人犯貳名越獄脫逃疎防職名
管獄官係崇明縣典史張得昌有獄官係署崇
明縣知縣姚備督緝係不同城署太倉州知州
吳尚忠兼轄係不同城分巡蘇松太道吳其泰
理合開報詳候核參等情到臣據此該臣查得
崇明縣軍犯張傳發徒犯許名南越獄脫逃壹
案疎防例限肆箇月應以道光拾貳年玖月貳
拾伍犯逃之日起連閏扣至拾貳年拾貳月貳
拾伍日滿犯無弋獲除飭勒緝逃犯張傳發等

務獲究報外所有軍徒人犯貳名越獄脫逃疎
防職名管獄官係崇明縣典史張得昌有獄官
係署崇明縣知縣姚儲督緝係不同城署太倉
州知州吳尚忠兼轄係不同城分巡蘇松太道
吳其泰相應列參聽候部議臣謹具
題伏乞
皇上聖鑒勅部議覆施行謹題請
旨

江蘇巡撫林則徐題本　題參崇明縣典史張得昌等疏防軍徒人犯越獄脫逃限滿未獲

道光十三年三月二十三日

道光拾叁年叁月貳拾叁日兵部侍郎兼都察院右副都御史巡撫江蘇等處地方提督軍務總理糧儲臣林則徐

兵部侍郎兼都察院右副都御史巡撫江蘇等處地方提督軍務總理糧儲臣林則徐謹

題爲詳參疏防文職事務臣查得崇明縣軍犯張傳發徒犯許召南越獄脫逃壹案疏防例限肆箇月應以道光拾貳年玖月貳拾伍日犯逃之日起連閏扣至拾貳年拾貳月貳拾伍日滿犯無弋獲除飭勒緝逃犯張傳發等務獲究報外所有軍徒人犯貳名越獄脫逃疏防職名管獄官係崇明縣典史張得昌有獄官係署崇明縣知縣姚儲督緝係不同城署太倉州知州吳尚忠兼轄係不同城分巡蘇松太道吳其泰相應列

參聽候部議謹題請

旨

江蘇巡撫林則徐題本

題參丹徒縣知縣景壽春等疏防客民停舟被劫限滿贓犯無獲

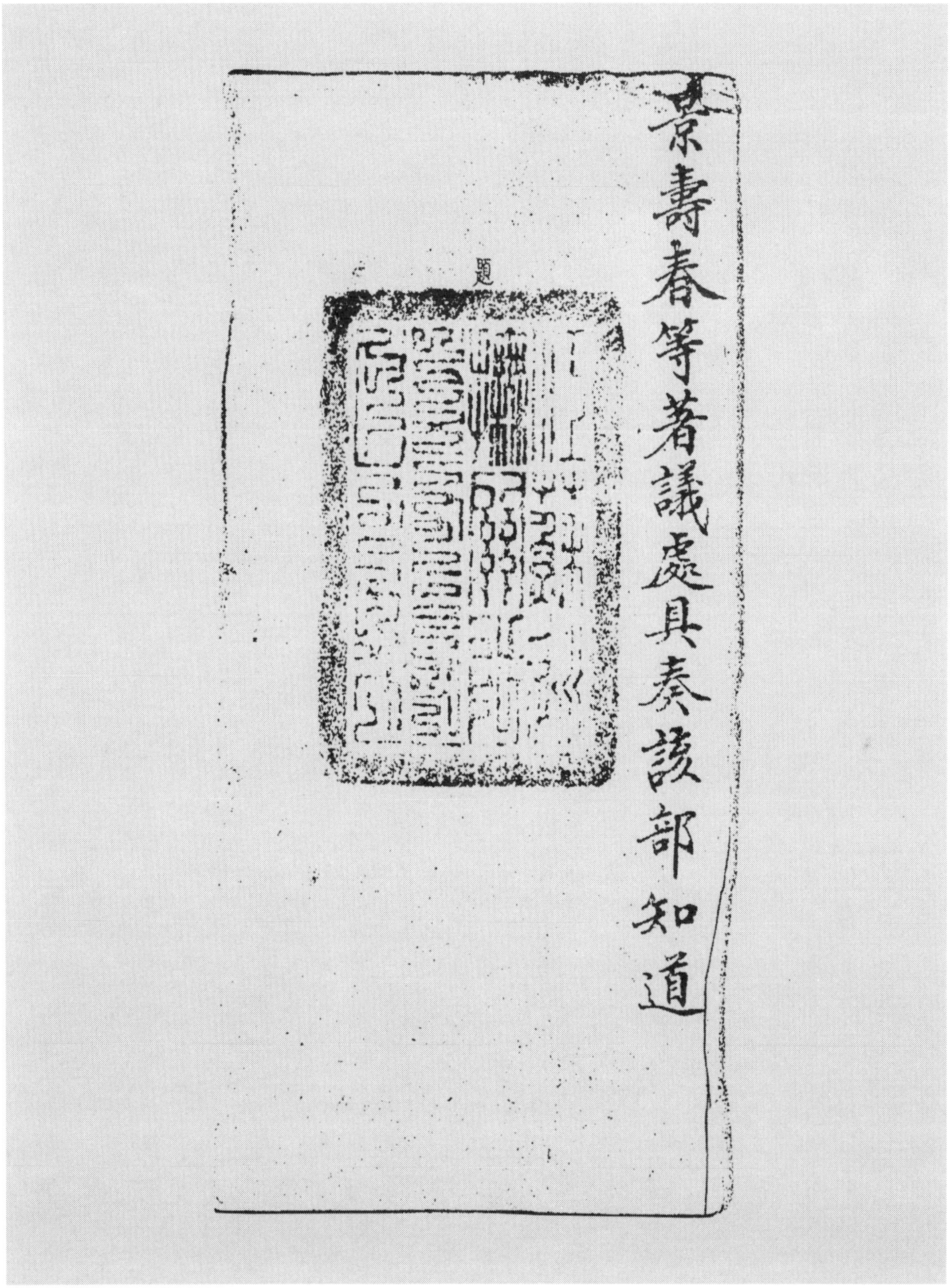
題

景壽春等著議處具奏該部知道

江蘇巡撫林則徐題本　題參丹徒縣知縣景壽春等疏防客民停舟被劫限滿贓犯無獲

道光十三年三月二十三日

兵部侍郎兼都察院右副都御史巡撫江蘇等處地方提督軍務總理糧儲臣林則徐謹

題爲詳參疏防文職事據江蘇按察使顏鐸伊詳

稱據鎮江府知府黃在厚詳據丹徒縣知縣景

壽春詳稱道光拾貳年拾月初捌日據江都縣

民潘華國陳步蟾高文魁稟稱伊等各帶銀兩

同船往丹陽買米拾月初柒日夜船泊姚灣河

叁更時分被賊撬開艙門進内驚覺喊捕賊人

行强持刀嚇禁劫去銀兩衣物稟叩緝究等情

到縣據經會營勘明被劫情形提訊事主船户

人等供與報詞相同飭牙估減值銀壹千伍百

伍拾捌兩柒錢造冊通詳奉批緝參在案茲查

此案疏防限屆贓盜無獲合將印捕職名開報

等情由府開列督捕督緝名職名詳叅到司並
准巡道開移兼轄職名前來除飭勒緝贓盜務
獲究報外該江蘇按察使額騰伊查得丹徒縣
客民潘華國等停舟被劫銀兩衣物壹案疏防
例限肆箇月應以道光拾貳年拾月初柒失事
之日起扣至拾叁年貳月初柒日滿贓盜無獲
所有文職疏防職名印官係丹徒縣知縣景壽
春捕官係丹徒縣橫越閘官兼理丹徒司巡檢
胡念祖督捕係鎮江府糧捕通判蔡紹武督緝
係同城鎮江府知府黃在厚兼轄係前任常鎮
通海道王瑞徵查捕官胡念祖已於拾貳年拾
月貳拾陸日疏防限內卸事計承緝拾玖日署

巡檢袁紹安是日回任至拾壹月貳拾玖日卸
事計接緝壹箇月零叁日所有疏防限內接緝
不力職名係前署丹徒司巡檢袁紹安該員係
署事人員不復回任應請議結現任巡檢和中
育係再接緝之員例無處分兼轄巡道王瑞徵
已於拾叁年正月初玖日疏防限內在任病故
應請議結代辦道江寧府知府王青蓮暨現護
道延齡均係接督緝之員例無處分相應聲明
詳候核參至此案失事處所離城拾玖里離汛
陸里並無墩鋪防兵合并聲明等情到臣據此
該臣查得丹徒縣客民潘華國等停舟被劫銀
兩衣物壹案疏防例限肆箇月應以道光拾貳

年拾月初柒失事之日起扣至拾叁年貳月初
柒日滿贓盜無獲開列疎防職名請參前來除
飭勒緝贓盜務獲究報外所有文職疎防職名
印官係丹徒縣知縣景壽春補官係丹徒縣橫
越閘官兼理丹徒司巡檢胡念祖督補係鎮江
府糧補通判蔡紹武督緝係同城鎮江府知府
黃在厚兼轄係前任常鎮通海道王瑞徵查補
官胡念祖已於拾貳年拾月貳拾陸日疎防限
內卸事計承緝拾玖日署巡檢袁紹安是日回
任至拾壹月貳拾玖日卸事計接緝壹箇月零
叁日所有疎防限內接緝不力職名係前署丹
徒司巡檢袁紹安該員係署事人員不復回任

應行議結現任巡檢和中育係再接緝之員例
無處分兼轄巡道王瑞徵已於拾叁年正月初
玖日踈防限內在任病故應行議結代辦巡道
江寧府知府王青蓮暨現護道延齡均係接督
緝之員例無處分相應聲明列叅至此案失事
處所離城拾玖里離汛陸里並無墩舖防兵合
並陳明臣謹具
題伏乞
皇上聖鑒勅部議覆施行謹題請
旨

江蘇巡撫林則徐題本　題參丹徒縣知縣景壽春等疏防客民停舟被劫限滿贓犯無獲

道光十三年三月二十三日

道光十三年三月二十三日兵部侍郎兼都察院右副都御史巡撫江蘇等處地方提督軍務總理糧儲臣林則徐

兵部侍郎兼都察院右副都御史巡撫江蘇等處地方提督軍務總理糧儲臣林則徐謹

題爲詳參疏防文職事。該臣查得丹徒縣客民潘

華國等停舟被劫銀兩衣物壹案，疏防例限，業

節月，應以道光拾貳年拾月初柒失事之日起，

扣至拾叁年貳月初柒日滿，贓盜無獲，開列疏

防職名請參前來。除飭緝贓盜務獲究報外，

所有文職疏防職名，印官係丹徒縣知縣景壽

春，捕官係丹徒縣橫越閘官兼理丹徒司巡檢

胡念祖，督捕係鎮江府糧捕通判蔡紹武，督緝

係同城鎮江府知府黃在厚，兼轄係前任常鎮

通海道王瑞徵，疏防限內接緝不力職名係前

署丹徒司巡檢袁紹安，相應列參。謹題請

旨。

江蘇巡撫林則徐題本　題參署武進縣知縣姚瑩等疎防奉賢縣差人行船被劫限滿贓犯無獲

道光十三年三月二十三日

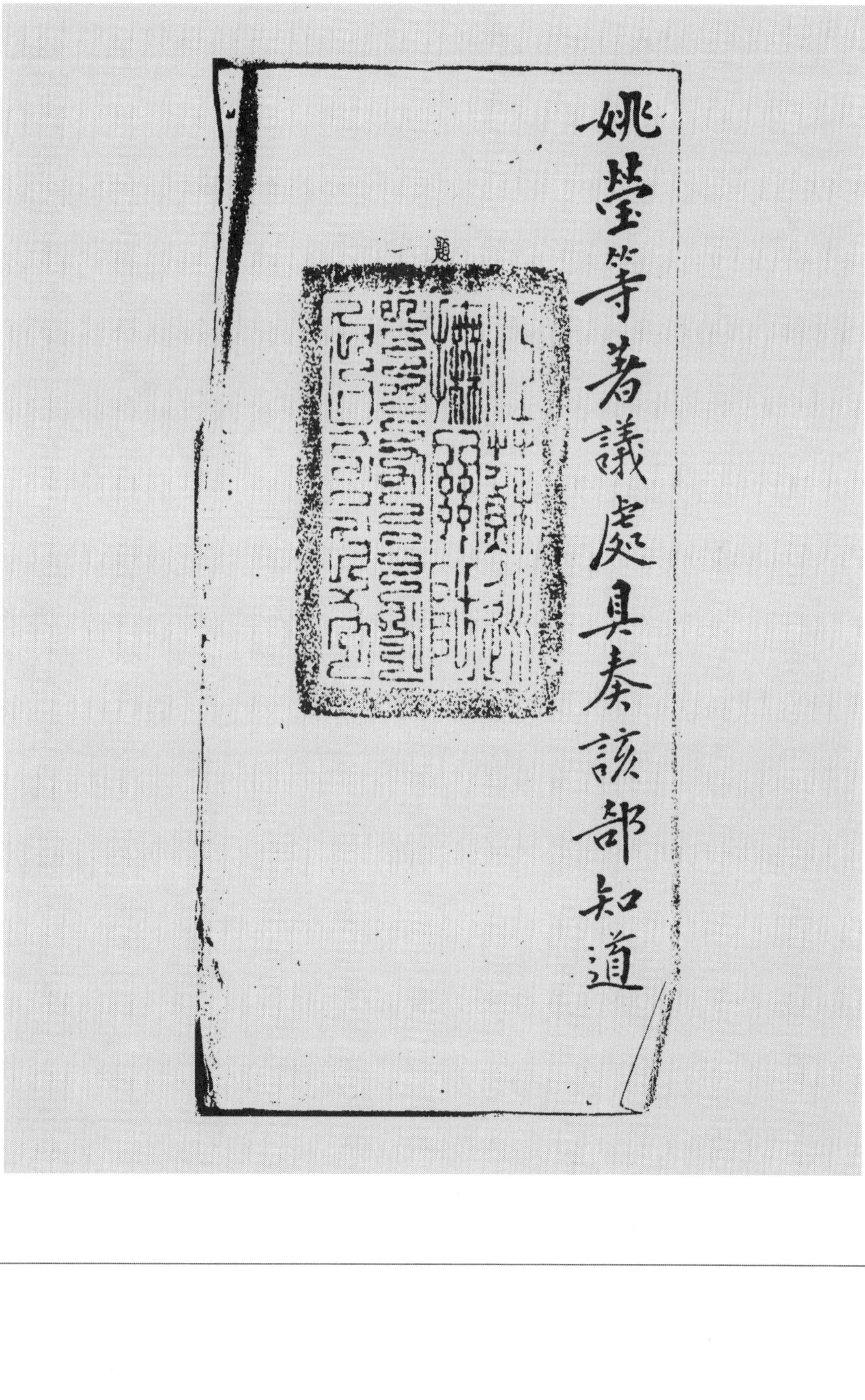

題

姚瑩等著議處具奏該部知道

江蘇巡撫林則徐題本　**題參署武進縣知縣姚瑩等疎防奉賢縣差人行船被劫限滿贓犯無獲**

江蘇巡撫林則徐題本　題參署武進縣知縣姚瑩等疎防奉賢縣差人行船被劫限滿贓犯無獲

道光十三年三月二十三日

兵部侍郎兼都察院右副都御史巡撫江蘇等處地方提督軍務總理糧儲臣林則徐謹

題為詳參疎防文職事據江蘇按察使額騰伊詳

稱據常州府知府汪河詳據署武進縣知縣姚

瑩詳稱道光拾貳年玖月貳拾壹日據奉賢縣

家人張錦等稟稱伊等奉差攜帶銀洋由奉賢

雇船赴上元交卸玖月貳拾日夜船至孟河橋

地方被匪數人上船搶去銀洋鐵文報俟勘緝

等情並據地保嚴隆順同報到縣據經會營前

詣勘得失事處所係屬僻路有東西河壹道張

錦等船泊北岸查勘船內並無殘物油燈情形

兩岸俱係曠野四無居民該處離城陸拾里離

汛柒里許並無派撥防兵勘畢提訊事主船户

江蘇巡撫林則徐題本　題參署武進縣知縣姚瑩等疎防奉賢縣差人行船被劫限滿贓犯無獲

道光十三年三月二十三日

人等供與報詞無異飭方估計失贓値銀肆百
零肆兩陸錢造冊通詳奉批緝叅在案迄今疎
防限屆贓匪無獲合將印捕職名開送等情由
府揭列督捕督緝職名到司除飭勒緝贓匪務
獲究報並移取兼轄職名另詳請叅外該江蘇
按察使額騰伊查得武進縣事主張錦等行船
被搶逾貫壹案疎防例限肆箇月應以道光拾
貳年玖月貳拾失事之日起連閏扣至拾貳月
貳拾日滿贓匪無獲所有文職疎防職名印官
係署武進縣知縣姚瑩捕官係武進縣奔牛司
巡檢錢勳督捕係常州府總捕通判崔萼督緝
係同城前任常州府知府羅士菁查督捕通判

崔夢先於道光拾貳年閏次月貳拾叁日疏防
限内卸事至拾叁年正月初肆日回任應俟接
扣限滿再行詳參督緝知府羅士菁亦於拾貳
年閏玖月初玖日未經限滿之先陞任山西河
東道卸事不復回任應請議結前兼攝通判即
係接督緝知府汪河均例無處分相應聲明詳
候核參等情到臣據此該臣查得武進縣事主
張錦等行船被搶劫貨壹案疏防例限肆箇月
應以道光拾貳年玖月貳拾失事之日起連閏
扣至拾貳月貳拾日滿贓匪無獲開列疏防職
名請參前來除飭勒緝贓匪務獲究報並飭取
兼轄職名另行咨參外所有文職疏防職名印

官係署武進縣知縣姚瑩補官係武進縣奔牛
司巡檢戴勳督補係同城常州府總補通判崔
夢督緝係同城前任常州府知府羅士菁相應
列參聽候部議查督補通判崔夢先於道光拾
貳年閏玖月貳拾叁日疎防限内卸事至拾叁
年正月初肆日回任應俟接扣限滿再行咨參
督緝知府羅士菁亦於拾貳年閏玖月初玖日
未經限滿之先陞任山西河東道卸事不復回
任應行議結前兼攝通判即係接督緝知府汪
河均例無處分再失事處所離城陸拾里離汛
叁里並無墩鋪防兵合並陳明合謹具
題伏乞

皇上聖鑒勅部議覆施行謹題請

旨

道光十三年三月二十三日兵部侍郎兼都察院右副都御史巡撫江蘇等處地方提督軍務總理糧儲臣林則徐

江蘇巡撫林則徐題本　題參署武進縣知縣姚瑩等疏防奉賢縣差人行船被劫限滿贓犯無獲

道光十三年三月二十三日

兵部侍郎兼都察院右副都御史巡撫江蘇等處地方提督軍務總理糧儲臣林則徐謹

題為詳參疏防文職事該臣查得武進縣事主張
錦等行船被劫逾期壹案疏防例限肆箇月應
以道光拾貳年玖月貳拾失事之日起連閏扣
至拾貳月貳拾日滿贓盜無獲開列疏防職名
請參前來除飭勒緝贓盜務獲究報並飭取兼
轄職名另行咨參外所有文職疏防職名印官
係署武進縣知縣姚瑩補官係武進縣奔牛司
巡檢錢勳督捕係同城常州府總捕通判崔蕚
督緝係同城前任常州府知府羅士菁相應列
參聽候部議謹題請
旨

吏部尚書文孚等題本

查議江蘇巡撫林則徐繕寫誤書職名係自行檢舉請旨寬免處分（污損）

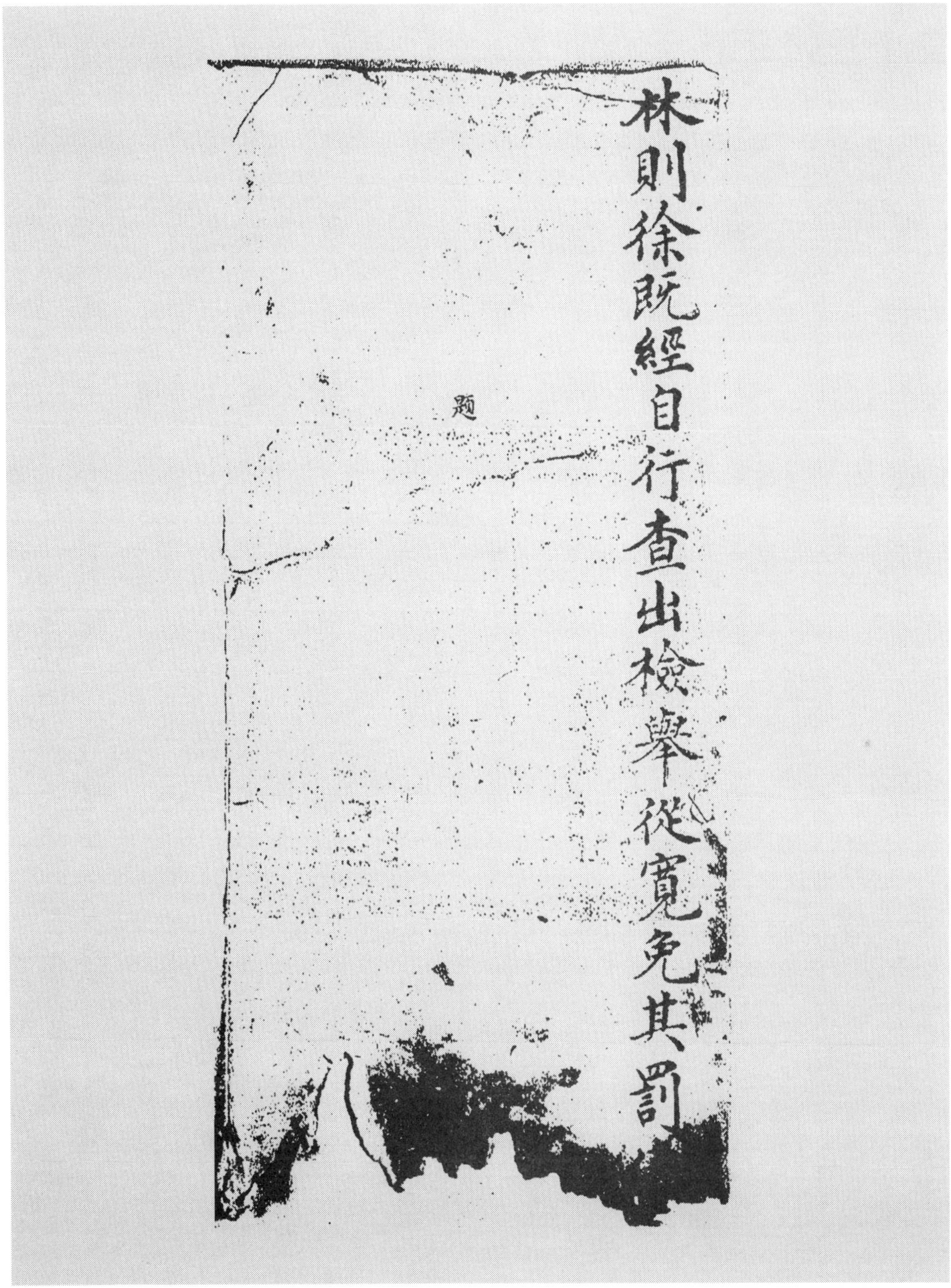
林則徐既經自行查出檢舉從寬免其罰

題

吏部尚書文孚等題本　查議江蘇巡撫林則徐繕寫誤書職名係自行檢舉請旨寬免處分

道光十三年三月二十四日

吏部尚書文孚等題本　查議江蘇巡撫林則徐繕寫誤書職名係自行檢舉請旨寬免處分

道光十三年三月二十四日

經筵講官太子太保協辦大學士吏部尚書正白旗滿洲都統臣文孚等謹
題為查議具題事該臣等議得內閣抄出江蘇
撫林則徐奏稱再江蘇省道光拾壹年辦理
務收養災民及勸捐義賑出力各員先經臣等
擇其勞績最著者開繕清單奏懇
恩施茲賫摺差回奉到
諭旨准其分別獎勵除恭錄轉行欽遵外惟查清單
內有鹽知事紀樹芾一員前次繕摺時誤寫謝
樹芾臣林則徐未經對出今復逐細查核係屬
舛錯現已咨明吏部更正惟繕寫錯誤究屬
忽相應據實檢舉請
旨將臣林則徐交部察議理合附片陳明謹奏道光

吏部尚書文孚等題本　查議江蘇巡撫林則徐繕寫誤書職名係自行檢舉請旨寬免處分

道光十三年三月二十四日

拾叁年貳月拾柒日内閣奉

上諭林則徐奏前次奏請鼓勵勸捐義賑出力各

單内鹽知事紀樹芾誤書謝樹芾查明係屬舛錯

據實檢舉自請交議等語林則徐著交部察議所

有紀樹芾一員誤書之處著吏部查明更正欽此

欽遵於道光拾叁年貳月拾捌日抄出到部查

律載上書奏事錯誤杖六十又定例官員犯公

罪杖六十者罰俸壹年又定例官員辦理事件

始初失於覺察後經自行查出檢舉在外自藩

臬以上該部將照例應得處分及檢舉後可否

寬免之處聲明請

旨等語除前開錯誤之謝樹芾一員既據該撫查明

吏部尚書文孚等題本　查議江蘇巡撫林則徐繕寫誤書職名係自行檢舉請旨寬免處分

道光十三年三月二十四日

係屬紀樹芾臣部另行更正辦理外此案江

巡撫林則徐前於奏請鼓勵勸捐義賑出力

員單內將鹽知事紀樹芾誤書謝樹芾兹據查

明檢舉更正奏奉

諭旨交部察議應將江蘇巡撫林則徐照上書奏事

錯誤杖六十公罪律罰俸壹年任內並無紀録

抵銷係自行查出檢舉可否寛免之處理合聲

明請

旨俟

命下之日臣部遵奉施行再此本閣抄於貳月拾捌

日到部臣部於叁月貳拾肆日辦理具

題合併聲明臣等未敢擅便謹

吏部尚書文孚等題本　查議江蘇巡撫林則徐繕寫誤書職名係自行檢舉請旨寬免處分

道光十三年三月二十四日

題請

旨

臣文孚

臣汪守和

臣宗室奕經

吏部尚書文孚等題本　查議江蘇巡撫林則徐繕寫誤書職名係自行檢舉請旨寬免處分
道光十三年三月二十四日

左侍郎臣杜堮
右侍郎正藍旗護軍統領鑲藍旗滿洲副都統臣桂[illegible]
右侍郎兼管順天府府尹事務臣何凌漢
考功清吏司掌印員外郎臣拕克西圖
掌印郎中臣郭恒辰
郎中臣覺羅碩德
郎中臣玉彰
郎中臣陳宗魯
員外郎臣宗室德珩
員外郎臣達林泰
員外郎臣高[illegible]
主事臣覺羅榮慶

主事臣余寅元

主事臣廖運發

候補主事臣米崇慶

候補主事臣何大經

候補主事臣陳士枚

候補主事臣王藩

江蘇巡撫林則徐題本　特參東臺縣知縣盧雲亭等員有干六法請旨議處

道光十三年三月二十六日

江蘇巡撫林則徐題本　**特參東臺縣知縣盧雲亭等員有干六法請旨議處**

題

盧雲亭等著分別議處具奏該部院知道

江蘇巡撫林則徐題本　特參東臺縣知縣盧雲亭等員有干六法請旨議處

道光十三年三月二十六日

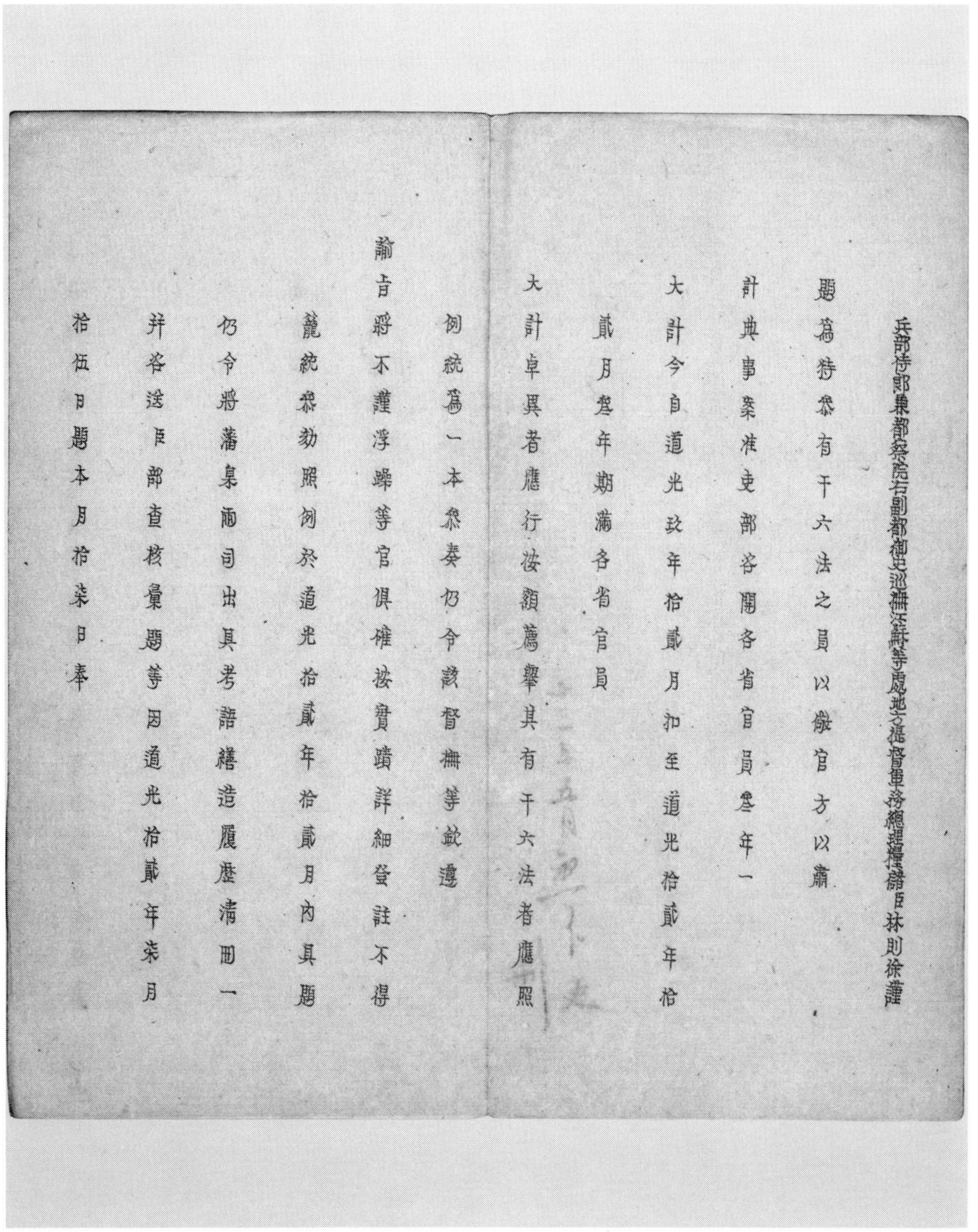
兵部侍郎兼都察院右副都御史巡撫江蘇等處地方提督軍務總理糧儲臣林則徐謹
題為特參有干六法之員以儆官方以肅
計典事案准吏部咨開各省官員叁年一
大計今自道光玖年拾貳月扣至道光拾貳年拾
貳月叁年期滿各省官員
大計卓異者應行按額薦舉其有干六法者應照
例統為一本參奏仍令該督撫等欽遵
諭旨將不謹浮躁等官俱確按實蹟詳細登註不得
朧統參劾照例於道光拾貳年拾貳月內具題
仍令將藩臬兩司出具考語繕造履歷清冊一
并咨送戶部查核彙題等因道光拾貳年柒月
拾伍日題本月拾柒日奉

江蘇巡撫林則徐題本　特參東臺縣知縣盧雲亭等員有干六法請旨議處
道光十三年三月二十六日

旨依議欽此欽遵在案道光拾貳年拾貳月內屆當
舉行
大計因蘇州藩司陳鑾到任未及叁月經臣
奏請展限叁箇月辦理茲屆查辦之期伏思叁年
考績攸關激揚
鉅典所有江蘇省大小各官臣與督臣陶澍矢
公矢慎詳加甄別務期舉劾嚴明以肅吏治而
昭勸懲除薦舉各員另疏具
題并不入舉劾各官遵例填註考語清冊分送部
院科道察核並將藩臬各司考語咨部外今准
江蘇學政臣廖鴻荃移咨並據江寧布政使趙
盛奎蘇州布政使陳鑾江蘇按察使額騰伊將

江蘇巡撫林則徐題本　特參東臺縣知縣盧雲亭等員有干六法請旨議處
道光十三年三月二十六日

有干六法應劾之東臺縣知縣盧雲亭等各員
開報款跡揭參前來臣與督臣陶澍公同考
核悉心酌議謹逐一臚列爲我
皇上陳之
計開
才力不及官壹員
東臺縣知縣盧雲亭
本官才識疎淺事多諉延
年老官陸員
長洲縣吳塔司巡檢高泰
本官精力就衰難期振作
儀徵縣教諭潘盆

本官年力已衰艱於步履

沛縣訓導顧傑之

本官精力衰頹難資訓課

碭山縣教諭程邦杰

本官老邁龍鍾事多廢弛

如皋縣西場司巡檢周雍

本官精力衰疲性情怠慢

梁垛場大使吳紹沅

本官年越耄自難期振作

浮躁官貳員

荆溪縣典史趙棠

本官性情粗率舉動乖張

江蘇巡撫林則徐題本 特參東臺縣知縣盧雲亭等員有干六法請旨議處
道光十三年三月二十六日

徐州府經歷李國珍
本官氣質粗浮難除習染
以上應劾官玖員或才力不及或年老浮躁均
屬有干
功令難以姑容除委員摘印勒令離任外相應照
例通爲一本
題叅聽候部院分別議處臣謹會同兩江總督兼
管鹽政臣陶澍合詞具
題伏乞
皇上聖鑒勅部施行謹題請
旨

江蘇巡撫林則徐題本 特參東臺縣知縣盧雲亭等員有干六法請旨議處

道光十三年三月二十六日

道光十三年三月二十六日兵部侍郎兼都察院右副都御史巡撫江蘇等處地方提督軍務總理糧儲臣林則徐

兵部侍郎兼都察院右副都御史巡撫江蘇等處地方提督軍務總理糧儲臣林則徐謹
題爲特參有干六法之員以儆官方以肅
計典事伏思叁年考績攸關激揚
鉅典所有江蘇省大小各官臣與督鹽臣陶澍矢
公矢慎詳加甄別務期舉劾嚴明以肅吏治而
昭勸懲除薦舉各員另疏具
題并不入舉劾各官遵例塡註考語清冊分送部
院科道察核並將藩臬各司考語咨部外今准
江蘇學政臣廖鴻荃移咨並據江寧布政使趙
盛奎蘇州布政使陳鑾江蘇按察使額騰伊將
有干六法應劾之東臺縣知縣盧雲亭等各員
開報款跡揭參前來臣與督鹽臣陶澍公同考
核或才力不及或年老浮躁均屬有干
功令難以姑容除委員摘印勒令離任外謹會題
請
旨

上諭　林則徐奏蘇州藩庫耗羨不敷動放著准於地丁銀內撥款

道光十三年四月初五日內閣奉

上諭林則徐奏蘇州藩庫耗羨因灾遞緩不敷動放懇請撥濟一摺蘇州藩庫耗羨項下本年應放各官養廉及各項公費雜支等款約需銀二十萬餘兩內除已放銀一萬餘兩仍該銀一十九萬餘兩以司庫現存銀兩並本年應徵上下忙及十二年奏銷應完各項耗羨並揚海兩關應解盈餘江蘇兩糧道解司耗羨共祗支銀一十一萬餘兩計不敷銀八萬兩自係連年因灾遞緩以致耗羨不敷支放著照所請所有不敷銀兩准其在於蘇州藩庫收存道光十二年地丁款內撥銀八萬兩歸入耗羨俾濟支放該部知道欽此

上諭　陶澍林則徐具奏洋錢平價民間折耗滋多等事著各省收繳小錢

道光十三年四月初六日内閣奉

上諭前因給事中孫蘭枝奏江浙兩省錢賤銀昂商民交困並臚陳受弊除弊各款當經降旨交陶澍等體察情形悉心籌議茲據陶澍林則徐酌籌利民除弊事宜分晰具奏所稱洋錢平價民間折耗滋多惟當設法以截其流一條洋錢行用内地既非始自近年勢難驟禁要于聽從民便之中示以限制其價值一以紋銀為準不得浮於紋銀庶不致愈行愈廣至官局議請改鑄銀錢太變成法不成事體且銀洋錢方禁之不暇豈有内地亦鑄銀錢之理耶所稱鴉片烟來自外洋以土易銀嚴查洋船進口夾帶一條鴉片烟由洋進口潛易内地

紋銀為害最甚全在地方官實力稽查且恐此等彼竄或於大海外洋即已勾串各處奸商分路潛銷仍屬不能淨盡該督等務當嚴飭沿海關津營縣於洋船未經進口以前嚴加巡邏務絕其勾串之源復於進口時實力搜查毋許夾帶如有偷漏縱越情弊一經查出即將牟利之奸商得規之兵役一併追究加倍重懲法在必行方可杜根株而除弊害所稱紋銀出洋請明定例禁一條刑部律例祗有黃金銅鐵銅錢出洋治罪明文于紋銀未經議及奸商罔知儆畏著刑部悉心酌定具奏纂入例冊頒發通行所稱收繳小錢鉛錢請不及斤者一併隨時收買一條私鑄小錢鉛錢向來設

局收繳惟以斤計筭其不及斤者恐民間仍私行攙用嗣後各省收繳小錢及斤者仍照例給價六十文不及斤者小錢二文抵大錢一文鉛錢及斤者亦照例給價二十文不及斤者鉛錢五文抵大錢一文俾民間隨時收買繳官閭閻市肆咸知與大錢價值懸殊小錢鉛錢不能攙混奸徒本利俱虧自不肯輕於犯法庶私鑄可期淨盡以重錢法欽此

江蘇巡撫林則徐題本　吳江縣縣丞蕭翽俸滿循例保薦（殘缺）

府陳經覆查蕭翽才具開
係佐雜中最為出色之員堪膺
應加考同供冊轉詳到道該分巡蘇松
太道吳其泰覆查該員才識明幹辦事實心洵
為佐雜中出色之員堪以保薦相應加考轉移
到司該蘇州布政使陳鑾會同江蘇按察使額
騰伊查得吳江縣縣丞蕭翽自道光陸年肆月
拾叁日到任之日起連閏扣至道光拾貳年貳
月拾叁日初次陸年俸滿例應調驗甄別茲准
據該管道府縣取具供冊遞行出考保薦前來
驗得該員勤慎練達勇於任事堪以保薦相應
加考造冊詳候驗看會

江蘇巡撫林則徐題本　吳江縣縣丞蕭翽俸滿循例保薦
道光十三年四月初九日

題等情到臣據此該臣查得吳江縣縣丞蕭翺自
道光陸年肆月拾叁日到任之日起連閏扣至
道光拾貳年貳月拾叁日初次陸年俸滿例應
驗看甄別據蘇州布政使陳鑾等會詳該員自
到任以來每逢朔望宣講
聖諭廣訓務使軍民咸知禮法孝親睦鄰勤儉守業分
駐盛澤鎮四面環湖各水口安設水栅稽查啓
閉宵小潛踪稽查保甲嚴緝盜賊居民安堵凡
奉差委實心辦理覆查該員勤慎練達勇於任
事堪以保薦詳請會
題前來臣查驗得蕭翺年富才明辦事幹練堪以
保薦除將事實供冊送部查核外謹會同兩江

江蘇巡撫林則徐題本　吳江縣縣丞蕭翺俸滿循例保薦
道光十三年四月初九日

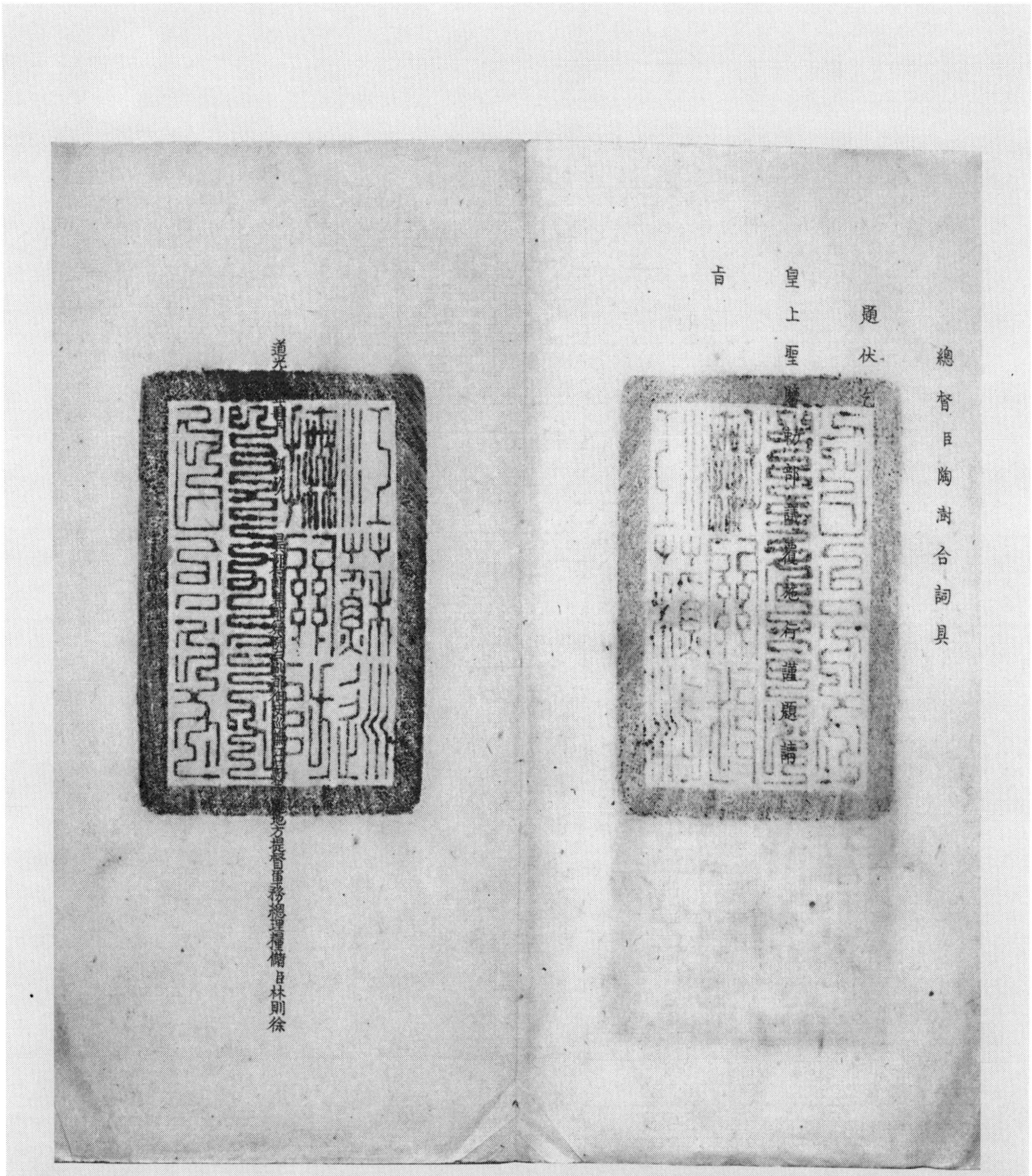
總督臣陶澍合詞具
題伏乞
皇上聖鑒勅部議覆施行謹題請
旨

道光[illegible]初九[illegible]地方提督軍務總理糧儲臣林則徐

江蘇巡撫林則徐題本　吳江縣縣丞蕭翺俸滿循例保薦
道光十三年四月初九日

兵部侍郎兼都察院右副都御史巡撫江蘇等處地方提督軍務總理糧儲臣林則徐謹
題為俸滿人員循例保
題事。該臣查得吳江縣縣丞蕭翺自道光陸年肆
月拾叁日到任之日起，連閏扣至道光拾貳年
貳月拾叁日初次陸年俸滿，例應驗看甄別。准
蘇州布政使陳鑾等會詳，該員勤慎練達，勇於
任事，堪以保薦，詳請會
題前來。臣查驗得蕭翺年富才明，辦事幹練，堪以
保薦。除將事實供冊送部查核外，謹會題請
旨

江蘇巡撫林則徐題本　題參六合縣知縣雲茂琦等疎防停船被劫限滿贓犯無獲

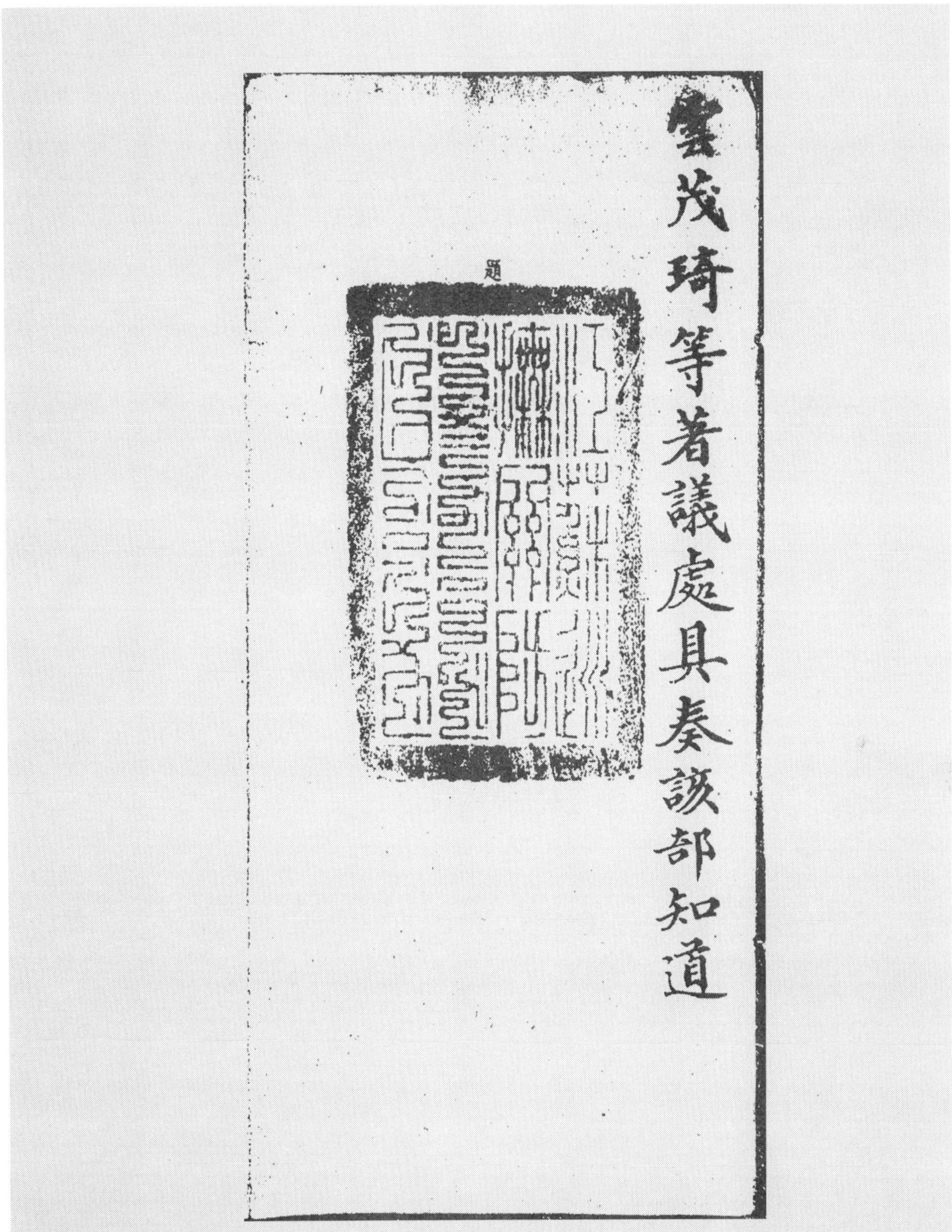
雲茂琦等著議處具奏該部知道

題

江蘇巡撫林則徐題本　題參六合縣知縣雲茂琦等疎防停船被劫限滿贓犯無獲

道光十三年四月初九日

兵部侍郎兼都察院右副都御史巡撫江蘇等處地方提督軍務總理糧儲臣林則徐謹
題爲詳參疎防文職事據江蘇按察使額騰伊詳
據江寧府詳據六合縣詳稱道光拾貳年拾月
初伍日准儀徵縣移據巢縣民俞志江稟稱在
籍置米販賣至常州將洋錢易換元寶陸錠又
紋銀拾捌兩零並衣服等件裝貯板箱於道光
拾貳年閏玖月貳拾玖夜船至青山埠風阻停
泊被匪上船硬行搬去銀箱并錢叁千貳百文
開單報候緝追等情隨即詣勘停船處所係六
合縣所轄移請勘辦緝究等情到縣准經會營
勘訊估計失贓值銀叁百貳拾兩零造冊通詳
奉批緝參在案茲查疎防限屆贓盜無獲合將

文職印捕職名開報詳參等情由府開列督緝
職名到司並淮江寧鹽巡道開移兼轄職名前
來除飭勒緝贓盜務獲究報外該江蘇按察使
額騰伊查得六合縣事主俞志江停船被劫銀
錢衣物壹案疎防例限肆箇月應以道光拾貳
年閏玖月貳拾玖失事之日起扣至拾叁年正
月貳拾玖日滿所有文職疎防職名印官係六
合縣知縣雲茂琦捕官係六合縣瓜埠司巡檢
林培辰督捕係不同城江寧府北捕通判督徠
督緝係不同城陞任廣東惠潮嘉道江寧府知
府趙炳言兼轄係不同城分巡江南鹽巡道葆
謙查督捕通判督徠已於拾貳年拾月初叁日

江蘇巡撫林則徐題本　題參六合縣知縣雲茂琦等疎防停船被劫限滿贓犯無獲
道光十三年四月初九日

未經限滿之先病故應請議結署通判葛起元
係接督捕之員例無處分理合開報詳候核參
再失事處所離城叁拾里離汛伍里並無墩鋪
防兵合并聲明等情到臣據此該臣查得六合
縣事主俞志江停船被劫銀錢衣物壹案疎防
例限肆箇月應以道光拾貳年閏玖月貳拾玖
失事之日起扣至拾叁年正月貳拾玖日滿贓
盜無獲開列疎防職名詳參前來除飭勒緝贓
盜務獲究報外所有文職疎防職名印官係六
合縣知縣雲茂琦捕官係六合縣瓜埠司巡檢
林培辰督捕係不同城江寧府北捕通判督緝
督緝係不同城陞任廣東惠潮嘉道江寧府知

府趙炳言兼轄係不同城分巡江南鹽巡道葆
謙相應列參聽候部議查督捕通判督緝已於
拾貳年拾月初叁日未經限滿之先病故應行
議結署通判葛起元係接督捕之員例無處分
再失事處所離城叁拾里離汛伍里並無墩鋪
防兵合並陳明臣謹具
題伏乞
皇上聖鑒勅部議覆施行謹題請
旨

江蘇巡撫林則徐題本 題參六合縣知縣雲茂琦等疏防停船被劫限滿贓犯無獲

道光十三年四月初九日

道光
處地方提督軍務總理糧儲臣林則徐

兵部侍郎兼都察院右副都御史巡撫江蘇等處地方提督軍務總理糧儲臣林則徐謹
題爲詳參疏防文職事該臣查得六合縣事主前
志江停船被刦銀錢衣物壹案疏防例限肆個
月應以道光拾貳年閏玖月貳拾玖失事之日
起扣至拾叁年正月貳拾玖日滿贓盜無獲開
列疏防職名請參前來除飭勒緝贓盜務獲究
報外所有文職疏防職名印官係六合縣知縣
雲茂琦捕官係六合縣瓜埠司巡檢林培杞督
捕係不同城江寧府北捕通判督徐督緝係不
同城署任廣東惠潮嘉道江寧府知府趙炳言
兼轄係不同城分巡江南鹽巡道蔡謙相應列
參聽候部議謹題請
旨

上諭　著陶澍林則徐飭屬勒限一個月解送所欠驛站餘剩銀兩

道光十三年四月十四日奉

旨户部奏江蘇省驛站餘剩銀兩延未解清報撥屢催罔應查該撫送到前任江蘇藩司桂良交代册内蘇州所屬欠解各年驛站餘剩銀兩竟積至十九萬六千九百十二兩零之多似此應行報撥銀款積存屬庫並不實力催提殊非慎重錢糧之道著陶澍林則徐即飭江蘇藩司將所屬未解各年餘剩驛站銀兩勒限一個月按數提解報部倘該州縣仍不解清即查明據實照例參辦其江寧欠解驛站餘剩銀兩亦著一體嚴催提解司庫仍先行查明確數造册報部以備查覈毋許再有延宕

欽此

江蘇巡撫林則徐題本　**題報試用通判李嘉奎奉委接鉛回省病故日期**

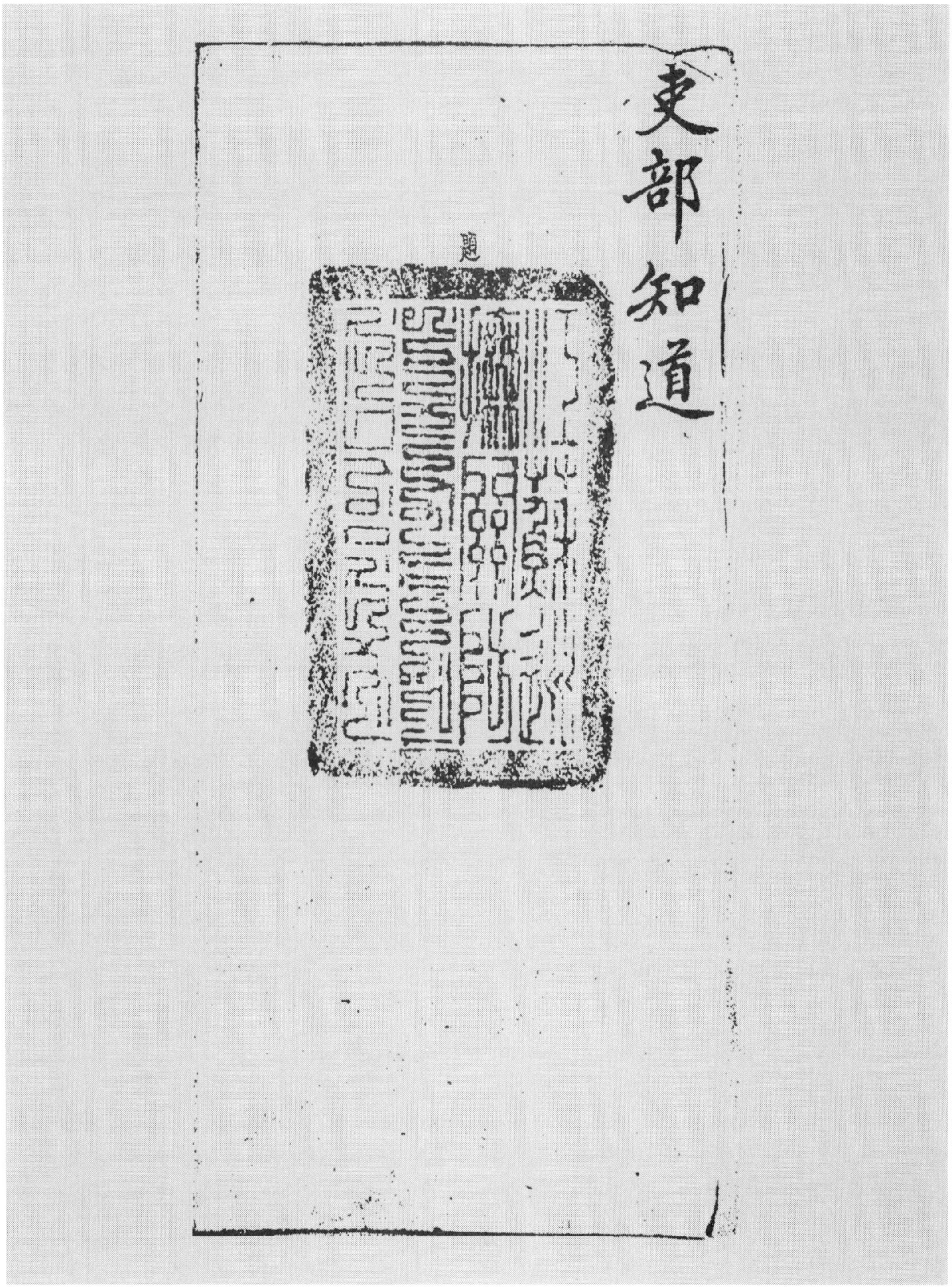
吏部知道

題

江蘇巡撫林則徐題本　題報試用通判李嘉奎奉委接鉛回省病故日期

道光十三年四月二十二日

兵部侍郎兼都察院右副都御史巡撫江蘇等處地方提督軍務總理糧儲臣林則徐謹

題爲報明病故事據江寧布政使趙盛奎詳稱據

江寧縣知縣趙本敭申據家人劉升呈稱竊家

長試用通判李嘉奎係正藍旗漢軍李煜佐領

下人由監生遵豫東例捐納通判分發江蘇於

嘉慶貳拾壹年陸月拾柒日到省道光拾貳年

柒月奉委署理江寧府南捕通判拾叁年貳月

奉委接運貴州省京鉛遵即馳赴揚州盤接鉛

斤晝夜辛勞得受風寒時邪病勢趕回省醫服

藥罔效即於叁月拾柒日病故等情呈報到縣

轉報到司相應詳候具

題等情到臣據此該臣查得試用通判李嘉奎委

令接運京鉛因趕赴揚州盤接鉛斤得受風寒
時邪病證服藥罔效於道光拾叁年叁月拾柒
日回江寧省寓病故緣江寧布政使趙盛奎詳
報前來臣謹具
題伏乞
皇上聖鑒勅部查照施行謹具題
聞

江蘇巡撫林則徐題本　題報試用通判李嘉奎奉委接鉛回省病故日期
道光十三年四月二十二日

道光……等處地方提督軍務總理糧儲臣林則徐

兵部侍郎兼都察院右副都御史巡撫江蘇等處地方提督軍務總理糧儲臣林則徐謹
題為報明病故事該臣查得試用通判李嘉奎委
令接運京鉛回趕赴揚州盤接鉛斤得受風寒
時邪病證服藥罔效於道光拾叁年叁月拾柒
日回江寧省寓病故據江寧布政使趙盛奎詳
報前來謹具題
聞

江蘇巡撫林則徐題本

題參前署溧陽縣知縣丁在卯等疎防停舟被劫限滿贓犯無獲

該部議奏
題

江蘇巡撫林則徐題本　題參前署溧陽縣知縣丁在卯等疏防停舟被劫限滿贓犯無獲

道光十三年四月二十二日

兵部侍郎兼都察院右副都御史巡撫江蘇等處地方提督軍務總理糧儲臣林則徐謹
題爲詳參疏防文職事據江蘇按察使額騰伊詳
據鎮江府知府黄在厚詳據溧陽縣知縣鄧東
乾詳稱道光拾貳年拾月拾叁日據江陰縣民
徐忠元報拾月拾壹日船泊溧陽堰口村是夜
肆更時分伊等睡熟被賊割斷船纜上船將伊
與船夥李在實髮辮縛在檣上撬開艙櫃竊去
洋錢等物驚喊逃逸李在實解放髮辮上岸追
趕被匪拒傷理合開單報候勘驗等情並據地
保董茂發報同前由各到縣據卯會營前詣該
處勘得該事主船隻停泊堰口村東岸四面曠
野並無居民船艙檣面有撬損痕跡勘畢提訊

地保人等各供均與報詞無異飭仵驗得李在賓右眉木器傷壹處斜長伍分闊貳分皮破有血填單附卷飭牙估計失贓值銀壹百伍拾兩零造冊錄供通詳蒙批緝參茲查此案疏防限屆犯無弋獲飭查船戶李在賓傷已平復合將文職印捕各職名開報請參再失事處所離城叁拾伍里離汛拾里並無墩鋪防兵等情由府開列督緝督捕職名詳參前來除飭勒緝贓匪務獲究報並准取兼轄職名另詳外該江蘇按察使額騰伊查得溧陽縣詳江陰縣事主徐忠元停舟被劫追捕拒傷平復壹案疏防例限肆箇月應以道光拾貳年拾月拾壹失事之日起

江蘇巡撫林則徐題本　題參前署溧陽縣知縣丁在卯等疎防停舟被劫限滿贓犯無獲

道光十三年四月二十二日

扣至拾叁年貳月拾壹日限滿贓匪無獲所有
文職疎防職名印官係前署溧陽縣候補知州
丁在卯捕官係溧陽縣典史許世綱督緝係不
同城鎮江府知府黃在厚督捕係鎮江府糧捕
通判蔡紹武查丁在卯於拾貳年拾月拾叁日
未據事主呈報之先卸事不復回任應請議結
該縣鄧秉乾即於是日到任接緝應從扣滿年
限再行詳參理合開報詳候核參等情到臣據
此該臣查得溧陽縣詳報江陰縣事主徐忠元
停舟被劫追捕拒傷平復壹案疎防例限肆箇
月應以道光拾貳年拾月拾壹失事之日起扣
至拾叁年貳月拾壹日滿贓匪無獲開列疎防

職名請參前來除飭勒緝贓匪務獲究報並飭
取兼轄職名另行咨參外所有文職疎防職名
印官係前署溧陽縣候補知州丁在卯補官係
溧陽縣典史許世綱督緝係不同城鎮江府知
府黃在厚督捕係鎮江府糧捕通判蔡紹武相
應列參聽候部議查丁在卯已於拾貳年拾月
拾叁日未據事主呈報之先卸事不複回任應
行議結該縣鄧秉乾即於是日到任接緝應俟
扣滿年限再行咨參再失事處所離城叁拾伍
里離汛拾里並無墩鋪防兵合并陳明臣謹具
題伏乞
皇上聖鑒勅部議覆施行謹題請

江蘇巡撫林則徐題本　題參前署溧陽縣知縣丁在卯等疎防停舟被劫限滿贓犯無獲

道光十三年四月二十二日

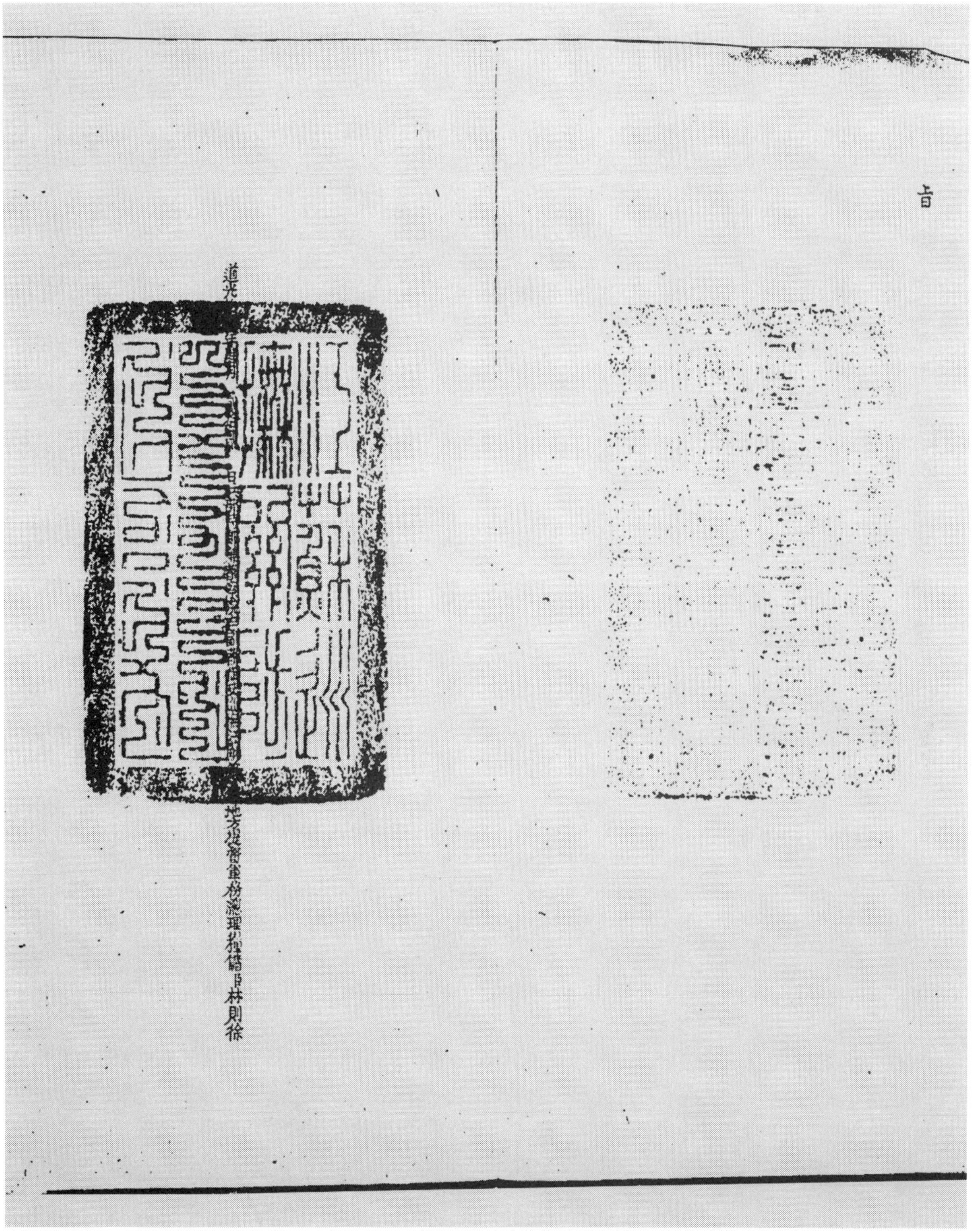

江蘇巡撫林則徐題本　題參前署溧陽縣知縣丁在卯等疎防停舟被劫限滿贓犯無獲

道光十三年四月二十二日

兵部侍郎兼都察院右副都御史巡撫江蘇等處地方提督軍務兼理糧儲臣林則徐謹

題爲詳參疎防文職事。該臣查得溧陽縣詳報江

陰縣事主徐忠元停舟被竊追捕拒傷平復壹

案，疎防例限肆箇月，應以道光拾貳年拾月拾

壹失事之日起扣至拾叁年貳月拾壹日滿，贓

匪無獲，開列疎防職名請參前來。除飭勒緝贓

匪務獲究報，並飭取兼轄職名另行咨參外，所

有文職疎防職名印官係前署溧陽縣候補知

州丁在卯，捕官係溧陽縣典史許世洞，督緝係

不同城鎮江府知府黃在厚，督捕係鎮江府糧

補通判蔡紹武，相應列參，聽候部議。謹題請

旨

江蘇巡撫林則徐題本

題報江寧省蘆洲田地輪届大丈造册

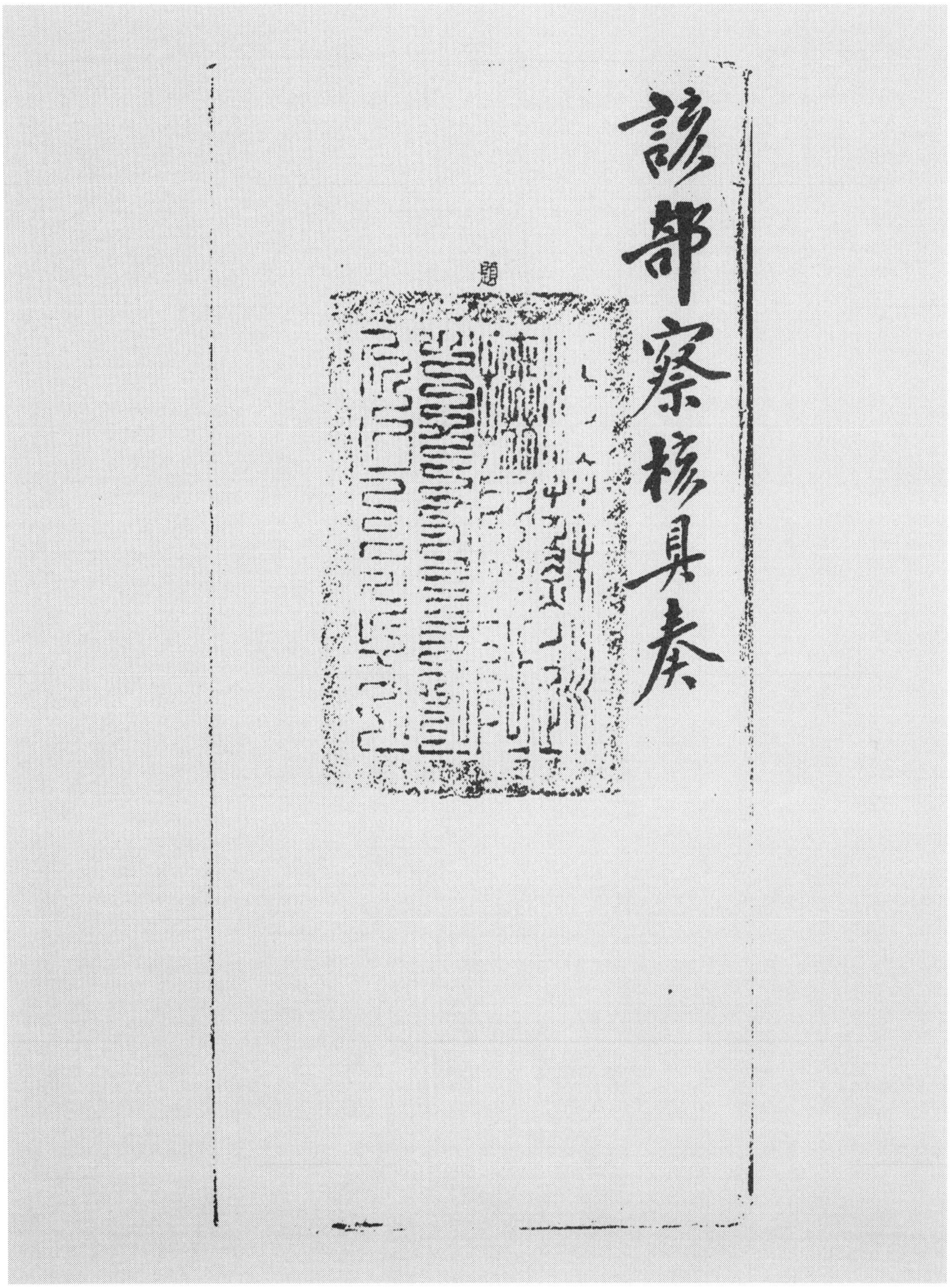
該部察核具奏

題

兵部侍郎兼都察院右副都御史巡撫江蘇等處地方提督軍務總理糧儲臣林則徐謹
題爲江寧省蘆洲田地輪屆大丈造册詳
題事據江寧布政使趙盛奎詳稱竊照江淮等屬
沿江近海濱臨湖河蘆洲田地坍漲靡常定例
伍年一丈令州縣印官查勘冊報自嘉慶貳拾
壹年丈勘之後扣至道光元年輪屆大丈之期
遵例移行查丈去後今據上元江寧句容江浦
六合阜寧安東江都儀徵通州泰興如皋海門
等州廳縣逐一丈明陸續造具圖形冊結由府
道覆勘加結送轉前來復查江寧淮安揚州通
州肆府州屬并海門同知原額上中下田蕩稀
蘆草地泥灘水影等項蘆洲共叁百伍拾肆萬

捌千柒百伍畝壹釐陸毫共該課銀壹拾壹萬
壹千壹百壹拾玖兩貳錢陸分捌釐內除腹地
項下各項田灘捌拾萬伍千玖百伍拾畝玖分
伍釐伍毫該課銀叁萬捌千肆百肆拾玖兩玖
分貳釐今應加入六合縣變則陞增銀貳百叁
拾肆兩叁錢陸分捌釐共該課銀叁萬捌千陸
百捌拾叁兩肆錢陸分遵例免丈外計濱江項
下舊管上中下田蘆草泥灘河埂水影共貳百
柒拾肆萬貳千柒百伍拾肆畝陸釐壹毫共該
課銀柒萬貳千陸百柒拾兩壹錢柒分陸釐新
收丈陞并變則蘆草灘共壹拾玖萬肆百伍拾
肆畝叁分捌釐零該陞課銀叁千壹百捌拾兩

柒錢叁釐零開除坍沒并變則田灘共壹拾叁
萬肆百玖拾叁畝伍分壹釐零該減課銀壹千
貳百伍拾捌兩陸錢捌分叁釐實在各則田灘
蕩塗貳百捌拾萬貳千柒百壹拾肆畝玖分叁
釐零該課銀柒萬肆千伍百玖拾貳兩壹錢玖
分陸釐零以上通共濱江腹裏田地叁百陸拾
萬捌千陸百陸拾伍畝捌分捌釐捌毫共納課
銀壹拾壹萬叁千貳百柒拾伍兩陸錢伍分陸
釐比舊額計增地伍萬玖千玖百陸拾畝捌分
柒釐貳毫增課銀貳千壹百伍拾陸兩叁錢捌
分捌釐内腹地項下增銀貳百叁拾肆兩叁錢
陸分捌釐濱江項下增銀壹千玖百貳拾貳兩

貳分相應彙造府州簡明司總各冊同送到臣
麟圖冊道府州廳縣印結一并詳送具
題再此案係阜寧縣造報最後遲延所有應議職
名俟查取另行詳咨合并聲明等情據此該臣
查得蘆洲田地濱臨江海坍漲靡常定例伍年
一丈所有江淮等屬道光元年應丈蘆洲案經
通飭查丈並又節次行催去後今據江寧布政
使趙盛奎詳稱江寧淮安揚州通州肆府州屬
并海門同知原額田蘆草地泥灘水影等項共
叁百伍拾肆萬捌千柒百伍畝零該課銀叁拾
壹萬壹千壹百壹拾玖兩零內殷案田灘捌拾
萬伍千玖百伍拾畝零該課銀叁萬捌千肆百

肆拾玖兩零今應加入六合縣變則陞增銀貳
百叁拾肆兩零共該課銀叁萬捌千陸百捌拾
叁兩零遵例免丈外計濱江頂下舊管田蘆草
泥灘河埂水影共貳百柒拾肆萬貳千柒百伍
拾肆畝零該課銀柒萬貳千陸百柒拾兩零新
收丈陞弁變則蘆草灘共壹拾玖萬肆百伍拾
肆畝零該陞課銀叁千壹百捌拾兩零開除坍
沒弁變則田灘共壹拾叁萬肆百玖拾叁畝零
該減課銀壹千貳百伍拾捌兩零實在各則田
灘蕩塗貳百捌拾萬貳千柒百壹拾肆畝零該
課銀柒萬肆千伍百玖拾貳兩零通共濱江腹
裏田地叁百陸拾萬捌千陸百陸拾伍畝零共

納課銀壹拾壹萬叁千貳百柒拾伍兩零比舊
額計增地伍萬玖千玖百陸拾畝零增課銀貳
千壹百伍拾陸兩零彙造府州簡明司總各冊
同送到圖冊道府州廳縣印結一并詳送具
題并聲明此案係阜寧縣造報最後遲延所有應
議職名查取另行詳咨等情前來臣覆核無異
除冊結圖送部查核外相應具
題伏乞
皇上聖鑒勅部議覆施行謹題請
旨

道光[illegible]臣林則徐

兵部侍郎兼都察院右副都御史巡撫江蘇等處地方提督軍務總理糧餉臣林則徐謹
題爲江寧省蘆洲田地輪屆大丈造册詳
題事該臣查得江淮等屬道光元年應丈蘆洲捲
江寧布政使趙盛奎詳稱江寧淮安揚州通州
肆府州屬并海門同知原額田蘆草地泥灘水
影等項共叁百伍拾肆萬捌千柒百伍畝零該
課銀壹拾壹萬壹千壹百壹拾玖兩零內腹裏
田灘遵例免丈外計濱江項下舊管田蘆草泥
灘河堧水影共貳百柒拾肆萬貳千柒百伍拾
肆畝零該課銀柒萬貳千陸百柒拾兩零新收
丈陞并變則蘆草灘共壹拾玖萬肆百伍拾肆

畝零該陞課銀叁千壹百捌拾兩零開除坍沒
幷變則田灘共壹拾叁萬肆百玖拾叁畝零該
減課銀壹千貳百伍拾捌兩零實在各則田灘
蕩塗貳百捌拾萬貳千柒百壹拾肆畝零該課
銀柒萬肆千伍百玖拾貳兩零通共濱江腹裏
田地叁百陸拾萬捌千陸百陸拾伍畝零共納
課銀壹拾壹萬叁千貳百柒拾伍兩零比舊額
計增地伍萬玖千玖百陸拾畝零增課銀貳千
壹百伍拾陸兩零造册同圖結詳
題前來臣覆核無異除將結圖送部外謹題請
旨

江蘇巡撫林則徐題本 審明沛縣民人朱松高傷斃劉沂案擬絞監候

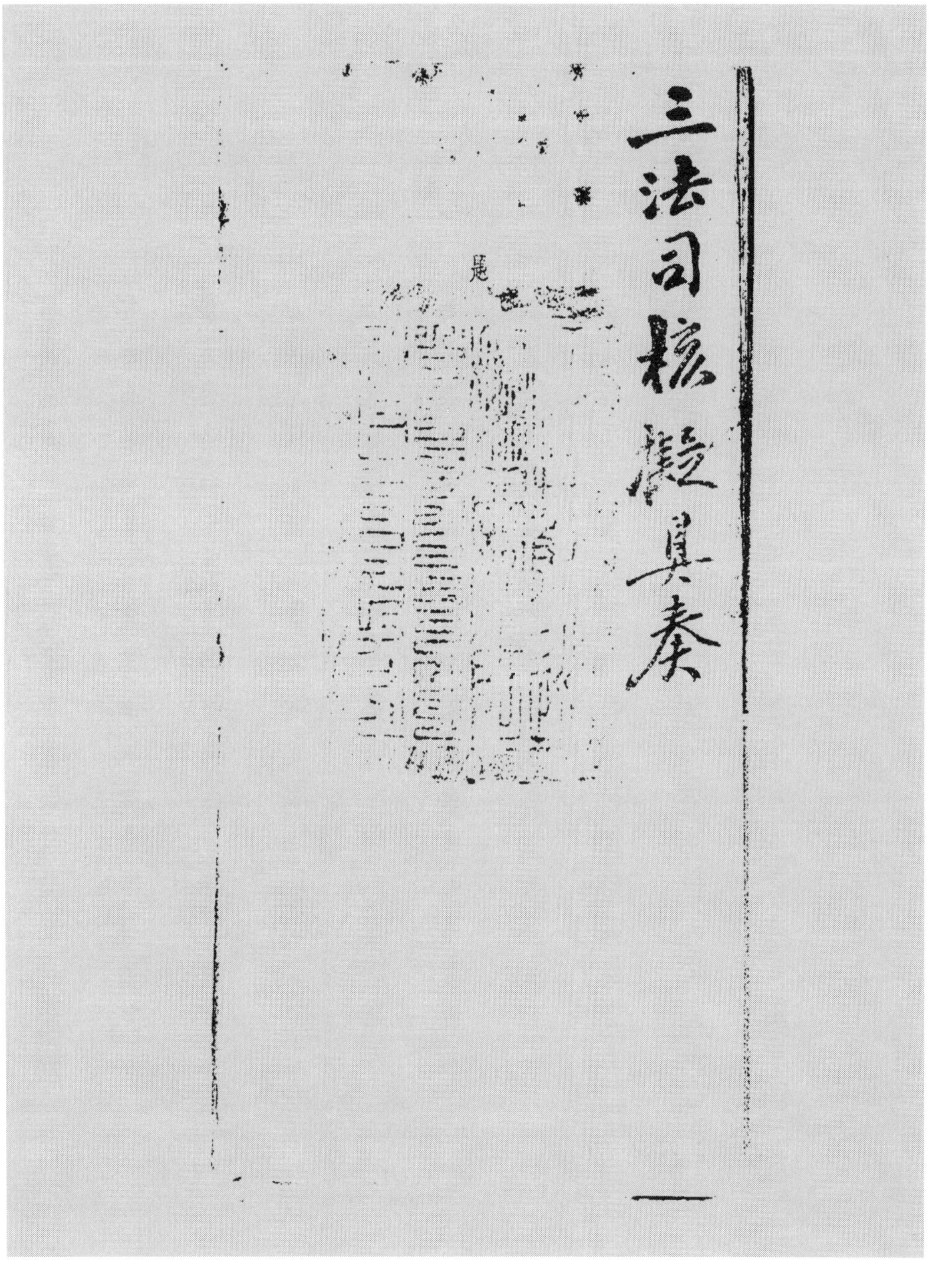
三法司核擬具奏

江蘇巡撫林則徐題本　審明沛縣民人朱松高傷斃劉沂案擬絞監候
道光十三年四月二十二日

兵部侍郎兼都察院右副都御史巡撫江蘇等處地方提督軍務總理糧儲臣林則徐謹
題為報驗事據江蘇按察使額騰伊詳據徐州府
知府劉鴻翱詳據署沛縣知縣朱棠桂詳稱道
光拾貳年玖月拾捌日據地保郝超報據廪生
劉涵投稱玖月拾柒日有朱六等令朱松高向
伊弟劉沂討取看青秫秫不給口角走回隨後
伊弟駕船至朱六門首喊罵爭毆被朱六揪住
髮辮朱松高用刀戳傷伊弟左膝身死等語往
查屬實當將朱松高拏獲解候驗究等情並據
屍兄劉涵報同前由到縣時值卑職因公赴郡
經代行典史婁榮申請豐縣王元本押犯帶領
吏仵前詣屍所如法相驗據仵作侯榮盧成喝

江蘇巡撫林則徐題本　審明沛縣民人朱松高傷斃劉沂案擬絞監候
道光十三年四月二十二日

報已死劉沂問年叁拾捌歲驗得仰面不致命
左腮舊傷壹處左膝下刃傷壹處斜長壹寸壹
分寬肆分深貳分皮肉捲縮血污合面不致命
項頸左偏傷叁道各長肆分寬貳分油皮破餘
無故委係受傷身死報卑親驗無異弔取兇刀
比對傷痕相符塡格取結屍飭棺殮提訊犯證
屍屬人等供與報詞相同將犯證兇刀交差帶
回分別禁管嗣卑職公回並准將卷移送前
來隨提犯證人等到案訊據地保郝超供與報
詞同據鄰證李經供道光拾貳年玖月拾柒日
小的聽得外邊吵鬧出去查看見朱松高朱六
與劉沂在船廝打劉沂受傷跌倒船上小的趕

到船内勸住問據朱松高說因向劉沂索討看
青秫秫不給口角走回劉沂撑船到朱六門首
把他一并喊罵他與朱六上船理論爭毆用刀
戳傷劉沂左膝的話不料劉沂傷重停不一會
就因傷死了並沒起釁別故小的勸阻不及是
實據屍兄劉涵供劉沂是兄弟朱六向替村鄰
看青庫生家田地也託他看管朱六又雇朱松
高幫同看守田禾道光拾貳年玖月拾柒日朱
六們叫朱松高向兄弟討取看青秫秫兄弟因
收成歉薄不允付給彼此口角走散後來兄弟
撑船到朱六門首把朱六朱松高喊罵朱六同
朱松高上船理論兄弟不服爭毆被朱六揪住

髮辮朱松高用刀戳傷左膝跌倒船上是鄰人
李經勸散不料兄弟傷重停不一會就因傷死
了廩生投保報驗的並沒起釁別故求究抵至
兄弟左腿舊傷是生前酒醉自己跌傷的是實
據兇犯朱松高供沛縣人年叁拾歲父母俱故
並沒弟兄妻子族叔朱六向替村鄰看青他雇
小的幫同看管田禾與劉沂認識沒嫌道光拾
貳年玖月拾柒日朱六因劉沂欠少看青秫秫
拾箇叫小的往討小的隨向索討劉沂說田禾
歉收不允付給彼此口角小的說他賴欠朱六
必不干休當將走回後來劉沂喫醉了酒趕船
到朱六門首把朱六連小的指名喊罵小的同

朱六上船理論劉沂不服向小的們撲毆朱六把劉沂髮辮揪住致手指扭傷他項頸劉沂舉脚亂踢小的順拔身帶小刀扎傷劉沂左膝跌倒船上是鄰人李經走來勸住不料劉沂傷重停不一會就因傷死了並非有心欲殺也沒起釁別故及另有幫毆的人兇刀已蒙起案朱六現逃何處不知道是實各等供據此將犯還禁錄供通詳奉批緝審查逸犯朱六弋獲無期現犯未便久羈遵提犯證覆訊各供均與前審無異不敘外該署沛縣知縣朱榮桂審看得縣民朱松高戳傷劉沂身死壹案緣朱松高籍隸沛縣雇與朱六幫替村鄰看管田禾謂之看青與

江蘇巡撫林則徐題本　審明沛縣民人朱松高傷斃劉沂案擬絞監候
道光十三年四月二十二日

劉沂素識無嫌道光拾貳年玖月拾柒日朱六
因劉沂欠該昏青秫秫令朱松高往討劉沂答
以田禾歉收不允付給致相口角朱松高聲言
劉沂賴欠朱六必不干休當時走回隨後劉沂
飲入醉鄉駕船至朱六門首將朱松高朱六喊
罵朱松高與朱六上船理論劉沂不服向朱松
高等撲毆朱六將其髮辮揪住致手指抓傷項
頸劉沂拳脚亂踢朱松高順拔身帶小刀戳傷
劉沂左膝跌倒船上經鄰人李經趕勸詎劉沂
傷重旋即殞命屍兄劉汎投保報縣驗訊通詳
奉批飭審遵後提犯覆鞫據供前情不諱究非
有心欲殺亦無起釁別故及另有在場幫毆之

江蘇巡撫林則徐題本　審明沛縣民人朱松高傷斃劉沂案擬絞監候

道光十三年四月二十二日

人案無道飭查律載共毆人致死下手傷重者
絞監候等語此案朱松高等共毆劉沂身死查
劉沂被朱六拡傷項頸甚屬輕淺惟被朱松高
戳傷左膝壹處爲重其爲此傷致死無疑應以
朱松高當其重罪朱松高合依共毆人致死下
手傷重者絞律擬絞監候秋後處決李經勸阻
不及應無庸議劉沂欠少秝秝身死免追無干
省釋屍棺飭屬領埋兇器小刀解驗追犯朱六
緝獲另結等情由府審解到司該江蘇按察使
額騰伊提犯親審核擬無異解候勘
題等情招解到臣提犯親審無異該臣看得沛縣
民朱松高戳傷劉沂身死壹案緣朱松高籍隸

沛縣雇與朱六幫替村鄉看管田禾謂之看青
與劉沂素識無嫌道光拾貳年玖月拾柒日朱
六因劉沂欠該看青稞稞令朱松高往討劉沂
答以田禾歉收不允付給致相口角朱松高聲
言劉沂賴欠朱六必不干休當將走回隨後劉
沂飲入醉鄉篤船至朱六門首將朱松高朱六
減罵朱松高與朱六上前理論劉沂不服向朱
松高等撲毆朱六將其髮辮揪住致手指抓傷
項頸劉沂舉脚亂踢朱松高順拔身帶小刀戳
傷劉沂左膝並側跆上經鄉人李經邀勸詳劉
沂傷重旋即殞命屍兄劉泓報驗訊詳審供不
諱究非有心欲殺亦無起釁别故及另有在場

帮毆之人案無遺飾查律載共毆人致死下手傷重者絞監候等語此案朱松高等共毆劉沂身死查劉沂被朱六砍傷項頸甚屬輕淺惟被朱松高擲傷左膝蓋處極重是爲此傷致死無疑應以朱松高當其重罪朱松高合依共毆人致死下手傷重者絞律擬絞監候秋後處決李經勸阻不及應無庸議劉沂欠少秫秫身死免追無干省釋屍棺飭屬領埋兇器小刀發回附庫逸犯朱六飭緝獲日另結臣謹具

題伏乞

皇上聖鑒勅下三法司核覆施行再此案審限陸個月應以道光拾貳年玖月拾捌報驗之日起除

江蘇巡撫林則徐題本　審明沛縣民人朱松高傷斃劉沂案擬絞監候

道光十三年四月二十二日

封印壹月自縣由府解司程限貳拾捌日連閏

統應扣至拾叁年肆月拾陸日合限屆滿合並

陳明謹題請

旨

道光拾叁年[illegible]軍務兼理糧餉臣林則徐

江蘇巡撫林則徐題本　審明沛縣民人朱松高傷斃劉沂案擬絞監候
道光十三年四月二十二日

兵部侍郎兼都察院右副都御史巡撫江蘇等處地方提督軍務總理糧儲臣林則徐謹
題爲報驗事該臣看得沛縣民朱松高戳傷劉沂
身死一案緣朱松高雇與朱六幫替村鄰看管
田禾謂之看青與劉沂素識無嫌道光拾貳年
玖月拾柒日朱六因劉沂欠該看青麻秫令朱
松高往討劉沂答以田禾歉收不允付給致相
口角朱松高聲言劉沂賴欠朱六必不干休當
時走回隨後劉沂飲入醉鄉駕船至朱六門首
將朱松高朱六喊罵朱松高與朱六上船理論
劉沂不服向朱松高等撲毆朱六將其髮辮揪
住致手指撩傷項頸劉沂舉脚亂踢朱松高順
拔身帶小刀戳傷劉沂左膝跌倒船上詎劉沂
傷重旋即殞命報驗審供不諱朱松高依共毆
人致死下手傷重者絞律擬絞監候謹題請
旨

江蘇巡撫林則徐題本

題參甘泉縣知縣鍾承露等疎防停舟被劫限滿贓犯無獲

該部議奏
題

江蘇巡撫林則徐題本 題參甘泉縣知縣鍾承露等疏防停舟被劫限滿贓犯無獲

道光十三年五月初一日

兵部侍郎兼都察院右副都御史巡撫江蘇等處地方提督軍務總理糧儲臣林則徐謹
題爲詳參疏防文職事據江蘇按察使額騰伊詳
稱據揚州府知府豫盈詳據甘泉縣知縣鍾承
露詳稱道光拾貳年拾壹月初壹日據地保尤
廣報據興化縣民徐玉衡投稱伊雇李鳳鳴船
隻來揚買物拾月貳拾玖日船泊縣境光家莊
河下貳更時分被匪持械上船將船篷割斷撐
開打開艙門進內船戶李鳳鳴同子李同發喊
救被匪捆毆用刀嚇禁劫去銀錢衣物等語往
查屬實報候勘緝等情並據事主徐玉衡報同
前由到縣據經會營前詣失事處所查驗該船
艙門有破損形跡勘畢提訊地鄰船戶事主人

等供與報詞同飭仵驗得李鳳鳴左眼胞下木
器傷壹處皮破右手叁肆指背木器傷壹處微
腫青色李同發偏右顋顴右手背各有木器傷
壹處均皮破青腫估計失贓值銀叁百拾肆兩
肆錢柒分分別塡單取結附卷選差勒緝錄供
通詳蒙批緝務在案茲查疏防限届贓盜無獲
飭查李鳳鳴等傷已平復合將印捕職名開報
等情由府開列督捕督緝職名到司並准巡道
開移兼轄職名前來除飭勒緝贓盜務獲究報
外該江蘇按察使額騰伊查得甘泉縣事主徐
玉衡停舟被盜毆傷船戶劫去銀錢衣物壹案
疏防例限肆箇月應以道光拾貳年拾月貳拾

玖失事之日起扣至拾叁年貳月貳拾玖日届
滿賊盜無獲所有文職疎防職名印官係甘泉
縣知縣鍾承露捕官係甘泉縣邵伯司巡檢程
焕章督捕係同城揚州府總捕同知趙廷熙督
緝係同城前任揚州府知府王青蓮兼轄係不
同城署分巡淮揚道王貽象查督捕同知趙廷
熙先於拾貳年拾壹月拾玖日委護琉球國
貢使至山東交替於拾貳月拾壹日公回計公出貳
拾貳日前後接扣展至拾叁年叁月貳拾壹日
滿督緝知府王青蓮已於拾叁年正月拾玖日
未經限滿之先調任江寧府卸事不復回任應
請議結現任知府豫益係接督緝之員例無處

分相應聲明詳候核參再此案失事處所離城
肆拾里離汛貳拾里並無墩鋪防兵合并聲明
等情到臣據此該臣查得甘泉縣事主徐玉衡
停舟被盜毆傷船戶劫去銀錢衣物壹案疎防
例限肆箇月應以道光拾貳年拾月貳拾玖失
事之日起扣至拾叁年貳月貳拾玖日屆滿贓
盜無獲開列疎防職名請參前來除飭勒緝贓
盜務獲究報外所有文職疎防職名印官係甘
泉縣知縣鍾承露捕官係甘泉縣邵伯司巡檢
程煥章督捕係同城揚州府總捕同知趙廷熙
督緝係同城揚州府知府王青蓮兼轄係不同
城署分巡淮揚道王貽象查督捕同知趙廷熙

先於拾貳年拾壹月拾玖日委護琉球國
貢使至山東交替於拾貳月拾壹日公回計公出貳
拾貳日前後接扣展至拾叁年叁月貳拾壹日
滿督緝知府王青蓮已於拾叁年正月拾玖日
未經限滿之先調任江寧府卸事不復回任應
行議若現任知府滌盆係接督緝之員例無處
分相應聲明列叅再此案失事處所離城肆拾
里離汛貳拾里並無墩鋪防兵合並陳明謹
具
題伏乞
皇上聖鑒勅部議覆施行謹題請
旨

江蘇巡撫林則徐題本　題參甘泉縣知縣鍾承露等疎防停舟被劫限滿贓犯無獲

道光十三年五月初一日

道光……地方提督軍務總理糧儲臣林則徐

兵部侍郎兼都察院右副都御史巡撫江蘇等處地方提督軍務總理糧儲臣林則徐謹

題為詳參疎防文職事。該臣查得甘泉縣事主徐玉衡停舟被盜毆傷船戶，劫去銀錢衣物壹案，疎防例限肆箇月，應以道光拾貳年拾月貳拾玖失事之日起扣，至拾叁年貳月貳拾玖日屆滿，贓盜無獲，開列疎防職名，請參前來。除飭勒緝贓盜務獲究報外，所有文職疎防職名印官係甘泉縣知縣鍾承露，捕官係甘泉縣邵伯司巡檢程煥章，督捕係同城揚州府總捕同知蔍廷熙，督緝係同城揚州府知府王青蓮，兼轄係不同城署分巡淮揚道王貽象，相應列參，謹題

請

旨。

江蘇巡撫林則徐題本　題參署元和縣知縣平翰等疏防行船被劫屆滿贓犯無獲

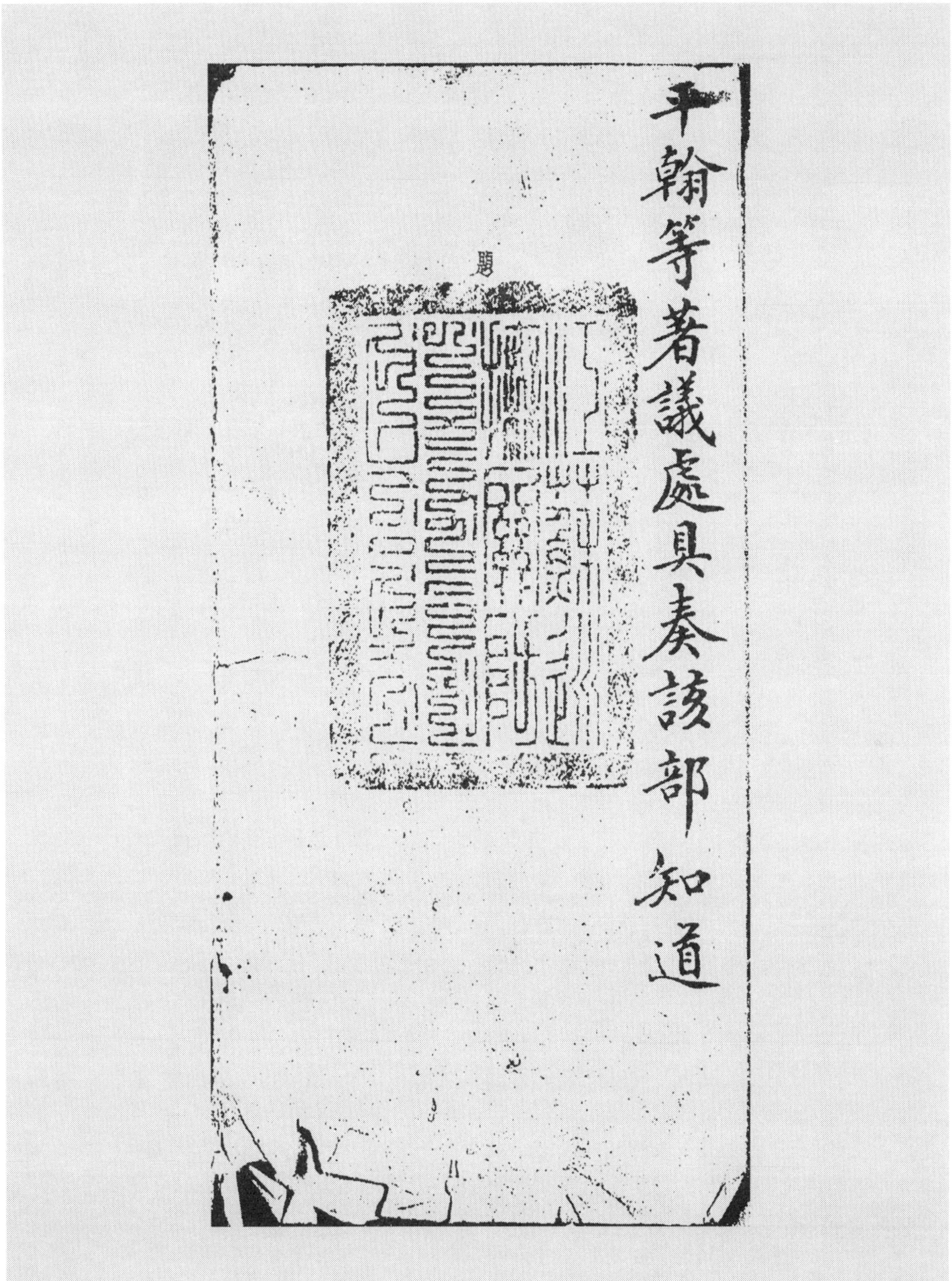
平翰等著議處具奏該部知道

題

兵部侍郎兼都察院右副都御史巡撫江蘇等處地方提督軍務總理糧儲臣林則徐謹
題為詳參疎防文職事據江蘇按察使額騰伊詳
稱據署蘇州府知府陳經詳據署元和縣知縣
平翰詳稱道光拾貳年拾月貳拾玖日據震澤
縣民魏天池稟稱身駕嘉興航船赴蘇是日更
餘時分行至元和縣境接渡橋地方水手姚彩
堂等在岸拉縴被匪多人推按倒地奪取縴繩
拉船靠岸下艙劫去銀洋等物稟叩勘緝等情
到縣當經會營前詣失事處所勘得接渡橋係
屬通行河道兩岸曠野並無居民亦無墩鋪防
兵訊據地保事主水手人等供與報詞相同飭
牙估計失贓值銀壹千貳百玖拾陸兩零造冊

通詳奉批緝參竊因勒緝贓盜無獲奉將周莊
司巡檢張元慶先行撤任飭委試用未入流雷育
謙署理在案茲查疏防例限已屆贓盜無獲合
將印捕職名開報等情由府開具督捕督緝職
名并准巡道開移兼轄職名前來除飭勒緝贓
盜務獲究報外該江蘇按察使額騰伊查得元
和縣事主魏天池行船被盜刦去洋銀壹条疏
防例限肆箇月應以道光拾貳年拾月貳拾玖
失事之日起扣至拾叁年貳月貳拾玖日屆滿
贓盜無獲所有文職疏防職名印官係署元和
縣知縣平翰捕官係元和縣周莊司巡檢張元
慶督捕係蘇州府總捕同知喬知龢督緝係同

城署蘇州府知府陳經兼轄係不同城分巡蘇
松太道吳其泰再捕官巡檢張元禧於道光拾
貳年拾壹月拾貳日因奉文派任卸事掌委試
用未入流俞肩謙署理接緝應俟接扣限滿再
行詳參督捕同知俞知齡已於拾貳年拾貳月
貳拾玖日未經限滿之先病故現署同知查德
基係接督緝之員例無處分相應聲明詳候核
參再此案失事處所離城陸里離汛叁里無
墩鋪防兵合并聲明等情到臣據此該臣查得
元和縣事主魏天池行船被盜劫去洋銀壹案
疎防例限肆箇月應以道光拾貳年拾月貳拾
玖失事之日起扣至拾叁年貳月貳拾玖日屆

滿贓盜無獲開列疎防職名請參前來除飭勒
緝贓盜務獲究報外所有文職疎防職名印官
係署元和縣知縣平翰捕官係元和縣周莊司
巡檢張元禧督捕係蘇州府總捕同知喬知齡
督緝係同城署蘇州府知府陳經兼轄係不同
城分巡蘇松太道吳其泰再捕官巡檢張元禧
於道光拾貳年拾壹月拾貳日本案撤任卸事
飭委試用未入流俞肯謙署理接緝應從接扣
限滿另行咨參督捕同知喬知齡已於拾貳年
拾貳月貳拾玖日未經限滿之先病故現署同
知黄德基係接督緝之員例無處分相應聲明
列參再此案失事處所離城陸里離汛叁里並

無獲端防兵合並陳明臣謹具

題伏乞

皇上聖鑒勅部議覆施行謹題請

旨

道光[illegible]

[illegible]地方提督軍務節制兵馬加[illegible]級臣林則徐

兵部侍郎兼都察院右副都御史巡撫江蘇等處地方提督軍務兼理糧餉臣林則徐謹
題爲詳參疏防文職事該臣查得元和縣事主魏
天池行船被盜劫去洋錢壹案疏防例限肆箇
月應以道光拾貳年拾月貳拾玖日失事之日起
扣至拾叁年貳月貳拾玖日屆滿贓盜無獲開
列疏防職名請參前來除飭勒緝贓盜務獲究
報外所有文職疏防職名印官係署元和縣知
縣平翰捕官係元和縣周莊司巡檢張元禧督
捕係蘇州府總捕同知喬知鄰督緝係同城署
蘇州府知府陳經兼轄係不同城分巡蘇松太
道吳其泰相應列參謹題請
旨

江蘇巡撫林則徐題本

題報道光十二年冬季份蘇州等屬委署州縣員缺職名

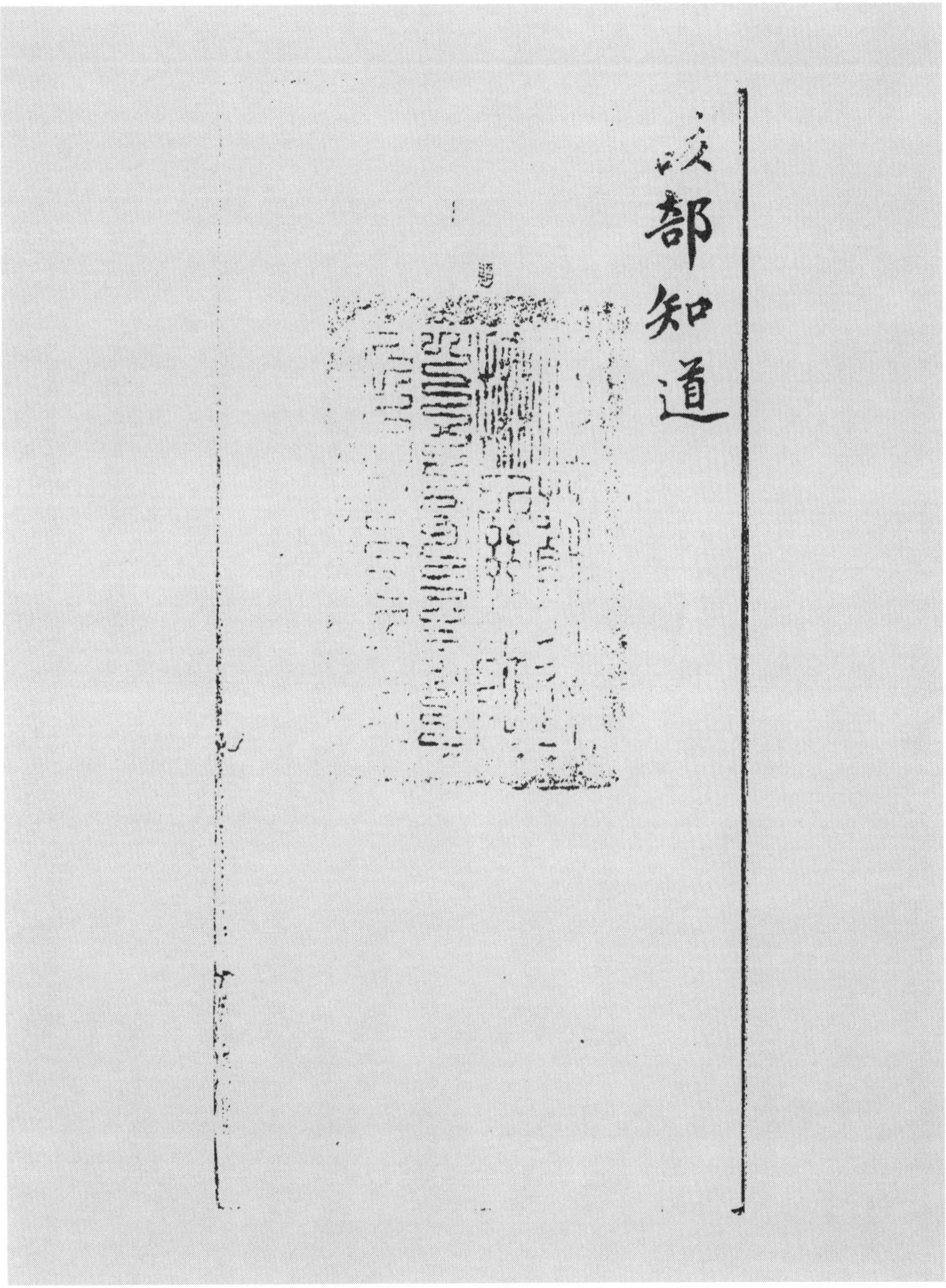
該部知道

江蘇巡撫林則徐題本　題報道光十二年冬季份蘇州等屬委署州縣員缺職名

道光十三年五月初一日

兵部侍郎兼都察院右副都御史巡撫江蘇等處地方提督軍務總理糧儲臣林則徐謹

題爲詳請具

題事據蘇州布政使陳鑾詳稱案奉行准吏部咨

各省委署丞倅等官及試用州縣委署員缺係

暫時署理與實缺調署不同均無庸附摺具

奏令各該督撫按季恭疏具

題等因遵照在案今查道光拾貳年冬季分蘇州

等屬內有蘇州府海防同知劉鈴委署海州知

州遺缺詳委試用布政司理問洪金桂署理又

松江府督糧通判馬惠患病告假遺缺詳委試

用通判姚元浩署理又常州府總捕通判崔夢

委解革職廣東提督劉榮慶進京遺缺詳委試

用同知高㷆署理又陽湖縣知縣廖鴻苞請陞
蘇州府督糧同知飭令先行赴任遺缺詳委試
用知縣金咸署理各在案相應查明詳候會
題等情到臣據此該臣查得委署丞倅等官及試
用州縣委署員缺例應按季恭疏具
題所有道光拾貳年冬季分蘇州等屬內有蘇州
府海防同知劉鍔委署海州知州遺缺委試用
布政司理問洪金桂署理又松江府督糧通判
馬恵患病告假遺缺委試用通判姚元浩署理
又常州府總捕通判崔蓉委解革職府東湜督
劉榮慶進京遺缺委試用同知高㷆署理又陽
湖縣知縣廖鴻苞請陞蘇州府督糧同知飭令

先行赴任遺缺委試用知縣金咸署理各在案

茲據蘇州布政使陳鑾查明詳請會

題前來謹會同兩江總督臣陶澍合詞具

題伏乞

皇上聖鑒勅部查照施行謹題請

旨

道光十三年五月初一日 [illegible] 林則徐

江蘇巡撫林則徐題本　題報道光十二年冬季份蘇州等屬委署州縣員缺職名

道光十三年五月初一日

兵部侍郎兼都察院右副都御史巡撫江蘇等處地方提督軍務總理糧儲臣林則徐謹
題爲詳請具
題事該臣查得委署丞倅等官及試用州縣委署
員缺例應按季恭疏具
題所有道光拾貳年冬季分蘇州等屬內有蘇州
府海防同知劉鋐委署海州知州遺缺委試用
布政司理問洪金桂署理又松江府管糧通判
馬惠恩病故遺缺委試用通判姚元吉署理
又常州府總捕通判崔萬委解革職廣東提督
劉榮慶進京遺缺委試用同知高煥署理又陽
湖縣知縣廖鴻苞請陞蘇州府管糧同知飭令
先行赴任遺缺委試用知縣金咸署理各在案
茲據蘇州布政使陳鑾查明詳請會
題前來謹會題請
旨

江蘇巡撫林則徐題本　**審明沭陽縣民夏三倉傷斃魏畱丫頭案擬絞監候**

三法司核擬具奏

題

江蘇巡撫林則徐題本　審明沭陽縣民夏三倉傷斃魏畱丫頭案擬絞監候

道光十三年五月初一日

兵部侍郎兼都察院右副都御史巡撫江蘇等處地方提督軍務總理糧儲臣林則徐謹

題爲報驗事據江蘇按察使額騰伊詳據署海州

知州劉鈴詳據署沭陽縣知縣劉琅詳稱道光

拾貳年捌月貳拾柒日據地保高立本報據民

人魏佫平投稱捌月貳拾肆日晚伊弟魏畱丫

頭因被夏三倉索欠懇緩不允起釁爭毆被夏

三倉戳傷經王華勸住延至貳拾陸日因傷身

死等語往查屬實報候驗究等情到縣據即差

拘兇犯傳齊人證帶領吏仵親詣屍所如法相

驗據仵作徐順喝報已死魏畱丫頭問年貳拾

伍歲驗得仰面不致命左手食指刃劃傷壹處

斜長柒分寬壹分斜深至骨血污不致命左肐

刃戳傷壹處斜長壹寸柒分寬壹分斜深透入
小腹皮開血污餘無故委係受傷身死報畢親
驗無異飭起兇刀比對傷痕相符塡格取結屍
飭棺殮隨訊據地保高立本供與報詞同據鄰
證王華供道光拾貳年捌月貳拾肆日晚小的
聽得鄰人夏雲從門首吵鬧趕出查看見魏雷
丫頭揪夏三倉髮辮拔刀向戳夏三倉奪刀過
手致刀尖劃傷魏雷丫頭手指魏雷丫頭仍揪
住他髮辮往下捺按被夏三倉用刀戳傷左胯
鬆手倒地小的趕上勸住問據魏雷丫頭說因
夏三倉向他索欠起釁小的因魏雷丫頭傷重
不能行走就近扶到小的家內通知他哥子魏

增平起來查看不料魏雷丫頭傷重到貳拾陸
日就死了魏增平投保報驗的並沒別故小的
勸阻不及是實據屍兄魏增平供魏雷丫頭是
胞弟道光拾貳年捌月貳拾肆日晚兄弟怎樣
路遇夏三倉因被索欠懇緩不允起衅爭毆被
夏三倉奪刀戳傷小的先不知道是王華通知
小的趕往查看向兄弟問明纔曉得的不料兄
弟傷重到貳拾陸日就死了小的投保報驗的
並沒起衅別故求究抵據地主夏雲從供小的
與夏三倉同姓不宗道光拾貳年捌月貳拾肆
日晚夏三倉怎樣在小的門首撞遇魏雷丫頭
索欠爭毆把魏雷丫頭戳傷那時小的探親外

出先不知道從來回家纔曉得的不料魏雷丫頭傷重到貳拾陸日就死了並沒起釁別故是實據光犯夏三倉供沭陽縣人年貳拾玖歲父親夏泳名年柒拾歲母親朱氏年陸拾歲哥子夏景會夏景住小的娶妻耿氏沒生子女與魏雷丫頭素識無嫌道光拾貳年捌月貳拾貳日魏雷丫頭向小的借錢壹千文約期兩日歸償並未立票貳拾肆日晚小的趕集回歸走過夏雲從門首撞遇魏雷丫頭小的向索欠錢魏雷丫頭推諉小的不依魏雷丫頭斥說小的薄情出言混罵小的回罵魏雷丫頭趕攏用右手揪小的髮辮左手拔出身帶小刀向戳小的門側

趁勢把刀奪獲致刀尖劃傷他左手食指魏番
丫頭仍揪住小的髮辮往下揿按小的掙不脱
身一時情急用刀嚇戳適傷他左膀鬆手倒地
是王華勸散不料魏番丫頭傷重到貳拾陸日
就死了並非有心從殺也没起釁别故及另有
在場幫毆的人是實各等供據此將犯收禁餘
俱省釋光刀貯庫録供通詳奉批飭審道光拾
貳年拾月貳拾壹日據禁卒稟報夏三倉在監
患病醫治詳咨於拾壹月貳拾貳日報痊隨提
犯證覆訊各供均與前審無異不敍外該署沭
陽縣知縣劉琨審看得縣民夏三倉戳傷魏番
丫頭身死壹案緣夏三倉籍隸沭陽與魏番丫

頭素識無嫌道光拾貳年捌月貳拾貳日魏雷
丫頭向夏三倉借錢壹千文約期兩日歸償並
未立票議拾肆日晚夏三倉赶集回歸路遇魏
雷丫頭向索前欠魏雷丫頭懇緩夏三倉不允
魏雷丫頭斥其薄情出言混駡夏三倉回詈魏
雷丫頭赶攏用右手揪其髮辮左手拔出身帶
小刀向戳夏三倉閃側將刀奪獲致刀尖劃傷
魏雷丫頭左手食指魏雷丫頭揪住其髮辮往
下捺按夏三倉掙不脫身一時情急用刀嚇戳
適傷魏雷丫頭左膀鬆手倒地經王華勸住因
魏雷丫頭傷重難行就近扶至伊家通知其兄
魏增平往看詎魏雷丫頭傷重延至貳拾陸日

殞命報縣驗訊通詳奉批飭審遵復提犯研鞫
據供前情不諱究非有心欲殺亦無起釁別故
及在場幫毆之人案無遁飾查律載鬬毆殺人
者不問手足他物金刃並絞監候等語此案夏
三倉因向魏畱丫頭索欠爭毆奪刀戳傷魏畱
丫頭身死應按律問擬夏三倉合依鬬毆殺人
者不問手足他物金刃並絞律擬絞監候秋後
處決王華勸阻不及應無庸議魏畱丫頭所欠
錢文身死勿徵無干省釋屍棺飭屬領埋兇器
小刀解驗等情由州審解到司該江蘇按察使
額騰伊提犯親審核擬無異解候勘
題等情招解到臣提犯親審無異該臣看得沭陽

江蘇巡撫林則徐題本　審明沭陽縣民夏三倉傷斃魏畱丫頭案擬絞監候

道光十三年五月初一日

縣民夏三倉戳傷魏畱丫頭身死壹案緣夏三倉籍隸沭陽與魏畱丫頭素識無嫌道光拾貳年捌月貳拾貳日魏畱丫頭向夏三倉借錢壹千文約期兩日歸償並未立票貳拾肆日晚夏三倉趕集回歸路遇魏畱丫頭向索前欠魏畱丫頭懇緩夏三倉不允魏畱丫頭斥其薄情出言混罵夏三倉回詈魏畱丫頭趕攏用右手揪其髮辮左手拔出身帶小刀向戳夏三倉閃側將刀奪獲致刀尖劃傷魏畱丫頭左手食指魏畱丫頭揪住其髮辮往下揿按夏三倉掙不脫身一時情急用刀嚇戳適傷魏畱丫頭左膀鬆手倒地經王華勸住因魏畱丫頭傷重難行就

近扶至伊家通知其兄魏增平往看詎魏雷丫
頭傷重延至貳拾陸日殞命報驗訊詳審供不
諱究非有心欲殺亦無起釁別故及在場幫毆
之人案無遁飾查律載鬬毆殺人者不問手足
他物金刃並絞監候等語此案夏三倉因向魏
雷丫頭索欠爭毆奪刀戳傷魏雷丫頭身死應
按律問擬夏三倉合依鬬毆殺人者不問手足
他物金刃並絞律擬絞監候秋後處決王華勸
阻不及應無庸議魏雷丫頭所欠錢文身死勿
徵無干省釋屍棺飭埋兇刀發回貯庫臣謹具
題伏乞
皇上聖鑒勅下三法司核覆施行再此案審限應以

道光拾貳年捌月貳拾柒報驗之日起縣審分限叁箇月又犯病壹月連閏扣至拾壹月貳拾柒日滿據於拾貳月拾陸日審解計遲延拾玖日所有承審遲延不及壹月職名係署沭陽縣知縣劉琅開報附叅至州司院分限各壹月應以拾貳月拾陸該縣審解之日起除封印壹月自縣由州解司程限貳拾柒日統應扣至拾叁年伍月拾叁日全限屆滿合並陳明謹題請

旨

江蘇巡撫林則徐題本 審明沭陽縣民夏三倉傷斃魏畱丫頭案擬絞監候

道光十三年五月初一日

道光

處地方提督軍務總理糧儲臣林則徐

兵部侍郎兼都察院右副都御史巡撫江蘇等處地方提督軍務總理糧儲臣林則徐謹

題爲報驗事。該臣看得沭陽縣民夏三倉戳傷魏畱丫頭身死壹案，緣夏三倉與魏畱丫頭素識無嫌。道光拾貳年捌月貳拾貳日，魏畱丫頭向夏三倉借錢，約期兩日歸償。貳拾肆日晚，夏三倉路遇魏畱丫頭，向索前欠，魏畱丫頭懇緩不允，斥其薄情，出言混駡。夏三倉回詈，魏畱丫頭趕攏，用右手揪其髮辮，左手拔出身帶小刀向戳。夏三倉閃側，將刀奪獲，致刀尖劃傷魏畱丫頭左手食指。魏畱丫頭揪住其髮辮往下捺按，夏三倉掙不脫身，一時情急，用刀嚇戳，適傷魏畱丫頭左膀，鬆手倒地，經主華勸住。詎魏畱丫頭傷重，延至貳拾陸日殞命。報驗訊詳審供不諱。夏三倉依鬬毆殺人律擬絞監候，秋後處決。謹題請

旨

江蘇巡撫林則徐題本　審明元和縣慣犯陳老行竊刀傷吳順其案擬絞監候

江蘇巡撫林則徐題本　審明元和縣慣犯陳老行竊刀傷吳順其案擬絞監候

道光十三年五月初一日

兵部侍郎兼都察院右副都御史巡撫江蘇等處地方提督軍務總理糧儲臣林則徐謹
題為詳報事據江蘇按察使額騰伊詳據署蘇州
府知府陳經詳據元和縣知縣平翰詳稱道光
拾貳年拾壹月初陸日據捕役王勝等稟稱拾
壹月初伍日夜協同汛兵地保巡至普濟橋地
方見有賊匪在事主吳順其船上行竊被獲拒
捕伊等當將該犯拏獲詢名陳老并獲小刀壹
把解候訊究等情並據該事主吳順其稟稱伊
先於道光拾貳年拾壹月初貳日夜船泊普濟
橋地方被竊衣物未經稟報茲於初伍日夜船
泊原處又被賊人撬開頭艙板進內行竊伊驚
覺起捕被賊用刀戳傷頭上劃傷右手腕伊妻

吳陸氏幫補亦被劃傷手腕手指並未竊去衣
物合將前次被竊各物開單稟叩究追各等情
到縣據即會營押犯前詣該處勘得吳順其船
隻停泊晉濟橋下岸頭艙木板驗有撬損痕跡
該處離城肆里離桐橋汛壹里並無舖戶兵
勘單飭仵驗得吳順其偏右刀傷壹處右手腕
刀劃傷壹處俱皮破血污又驗得吳陸氏右手
腕右手大指各有刀劃傷壹處俱皮破血污分
別填單附卷提訊吳順其等各供均與報詞無
異飭醫調治並據吳順其指認該犯陳老所穿
銀衣棉襖即伊前次被竊原贓當飭具領取領
附卷提驗陳老右臂刺有竊盜貳字週身並無

拷痕隨訊據賊犯陳老即陳二供睢寧縣人年
肆拾貳歲父母俱故並沒弟兄妻子小的先於
道光柒年捌月在邳州地方夥竊金山幫旗丁
任企龍船上衣物被獲杖刺發落遞籍交保陳
桂管束以後來蘇幫工度日並沒再犯拾貳年
拾壹月初貳日小的因貧難度起意偷竊就是
那夜獨自一人走到晉濟橋下岸見有小快船
壹隻停在那裏小的空開船窗進內偷得衣飾
錢洋第貳日把偷得銀鐲空耳銀圈綿紬女棉
襖藍布袷白布單褲青白布短衫小錫茶壺陸
續賣與過路不識姓名人得錢壹千多文同偷
得洋錢肆圓錢壹千柒百文都已用掉還有元

色布銀衣青布棉襖各壹件穿在身上已被事
主認獲初伍日夜叁更時候小的走到晉濟橋
地方見事主船隻仍停在那裏小的走上船頭
用身帶小刀撬開頭艙板進內尚没偷竊事主
驚醒起捕小的害怕轉身逃出船頭事主追上
拉住衣服不放小的情急圖脫順用小刀嚇戳
適傷事主頭上並劃傷他手腕又有女事主出
來喊拏也被小的劃傷手腕手指就有公差們
趕至把小的獲解的小的實止情急圖脫拒傷
事主並未得財此外委没窩夥窩竊别案也没
同居親屬知情分贓及牌保得規包庇的事刀
子已蒙起獲原保陳桂不知小的在外復竊是

實等供據此將犯收禁光刀貯庫餘牙估計前
次失贓值銀陸兩叁錢玖分取結附卷移准邳
州抄送陳老犯事原案内開陳老於道光柒年
捌月貳拾陸日夜聽從崔大觀等行竊金山幫
旗丁任企龍船上衣物銀錢被獲計贓肆拾玖
兩零審依竊盜贓肆拾兩杖壹百爲從減壹等
律擬杖玖拾照例刺字折責遞籍交保管束等
情録供詳蒙飭審等因道光拾叁年正月貳拾
肆日據禁卒稟報陳老在監患病醫治詳咨於
貳月貳拾陸日報痊查驗事主吳順其等傷已
平復隨提犯覆訊供與前審相同不敢外該元
和縣知縣平翰審看得賊犯陳老行竊被獲圖

脫刀傷事主吳順其等平復臺案緣陳老即陳
二籍隸睢寧縣先於道光柒年捌月在邳州地
方夥竊金山幫旗丁任企龍船上衣物被獲杖
刺遞籍交保陳桂管束迨後來蘇傭趂爲業道
光拾貳年拾壹月初貳日陳老因貧難度起意
行竊是夜獨自一人走至縣境普濟橋下岸見
吳順其船隻停泊該處陳老挖開船窗進內竊
得衣飾洋錢分別變賣花用是月初伍日夜叁
更時分陳老又至普濟橋見吳順其船隻仍泊
該處即走至船頭用身帶小刀撬開頭艙板進
內行竊尚未得贓事主吳順其驚覺起捕陳老
畏懼轉身逃出船頭被吳順其追及扭住衣服

江蘇巡撫林則徐題本　審明元和縣慣犯陳老行竊刀傷吳順其案擬絞監候　道光十三年五月初一日

不放陳老情急圖脱順用小刀嚇戳適傷吳順
其偏右出劃傷右手腕吳順其之妻吳陸氏上
前幫捕亦被陳老用刀劃傷右手腕右手大指
適甲縣兵役地保巡緝走至將陳老拏獲解縣
會勘驗訊通詳奉批飭審遵復提犯研鞫據供
前情不諱詰無窩夥竊刦別案案無遁飾查例
載竊盜未經得財逃走被事主追逐拒捕傷人
未死刃傷者擬監候等語此案陳老行竊吳順
其船上尚未得贓因事主驚覺起捕逃出船頭
被吳順其扭獲情急圖脱輒用刀向拒致將事
主吳順其夫婦戳劃致傷平復應按例問擬該
犯前次犯竊刺臂在道光拾壹年正月拾貳日

恩旨以前應免并計此次仍以初犯論陳老即陳二
除先經行竊吳順其衣物計贓罪止擬杖輕罪
不議外合依竊盜未經得財逃走被事主追逐
拒捕傷人未死刃傷者絞例擬絞監候秋後處
決照例刺字前刺臂字應予起除該犯訊無同
居親屬知情分贓牌保得規包庇情事應無庸
議事主吳順其等傷俱平復亦無庸議原保陳
桂失於約束移會睢寧縣提案責懲起贓給主
未起追賠買贓之不識姓名人無從查提小刀
解驗等情由府審解到司該江蘇按察使額騰
伊提犯親訊核擬無異解候勘
題等情招解到臣提犯親審無異該臣看得元和

縣賊犯陳老行竊被獲圖脫刃傷事主吳順其
等平復壹案緣陳老即陳二籍隸雎寧縣先於
道光柒年捌月在邳州地方夥竊金山幫旗丁
任企龍船上衣物被獲杖刺遞籍交保陳桂管
束迨後來蘇傭趁為業道光拾貳年拾壹月初
貳日陳老因貧難度起意行竊是夜獨自一人
走至該縣晉濟橋下岸見吳順其船隻停泊該
處陳老空開船牕進內竊得衣飾洋錢分別變
賣花用是月初伍日夜叁更時分陳老又至晉
濟橋見吳順其船隻仍泊該處即走至船頭用
身帶小刀撬開頭艙板進內行竊尚未得贓事
主吳順其驚覺起捕陳老畏懼轉身逃出船頭

被吳順其追及扭住衣服陳老情急圖脫順用
小刀嚇戳適傷吳順其偏右並劃傷右手腕吳
順其之妻吳陸氏上前幫捕亦被陳老用刀劃
傷右手腕右手大指適該縣兵役地保巡緝走
至將陳老拏獲解縣會勘驗訊通詳審供不諱
詰無窩夥竊劫別案案無遁飾查例載竊盜未
經得財逃走被事主追逐拒捕傷人未死刃傷
者絞監候等語此案陳老行竊吳順其船上尚
未得贓因事主驚覺起捕逃出船頭被吳順其
扭獲情急圖脫輒用刀向拒致將事主吳順其
夫婦戳劃致傷平復應按例問擬該犯而次犯
竊刺臂在道光拾叁年正月拾貳日

恩旨以前應免并計此次仍以初犯論陳老即陳二
除先經行竊吳順其衣物計贓罪止擬杖輕罪
不議外合依竊盜未經得財逃走被事主追逐
拒捕傷人未死刀傷者絞例擬絞監候秋後處
決照例刺字前刺臂字應予起除該犯訊無同
居親屬知情分贓牌保得規包庇情事應無庸
議事主吳順其等傷俱平復亦無庸議原保陳
桂失於約束飭縣移會睢寧縣提案責懲起贓
給主未起追賠買贓不識姓名人無從查提小
刀發回貯庫臣謹具
題伏乞
皇上聖鑒勅下三法司核覆施行再此案審限肆箇

江蘇巡撫林則徐題本　審明元和縣慣犯陳老行竊刀傷吳順其案擬絞監候

道光十三年五月初一日

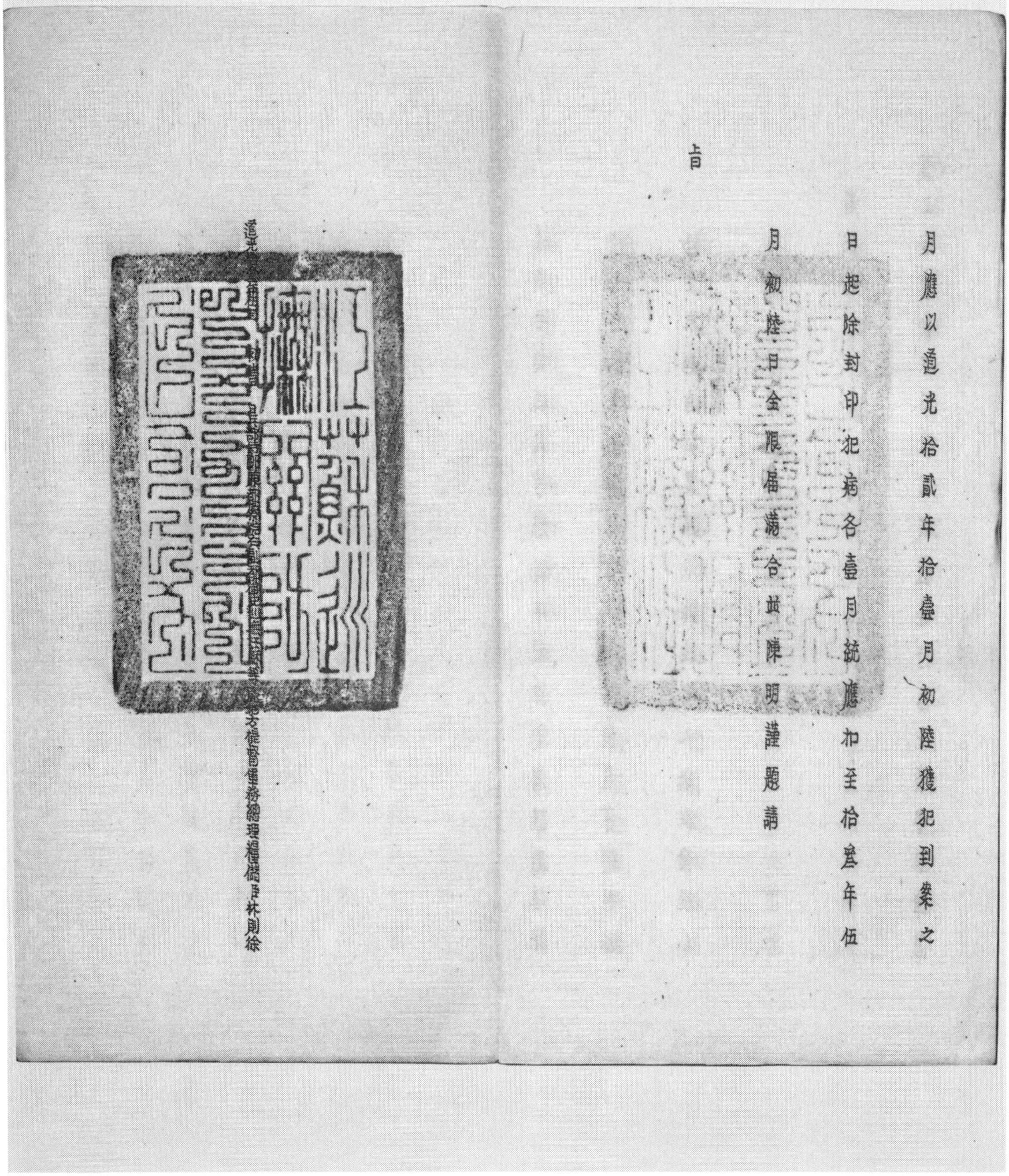

月應以道光拾貳年拾壹月初陸獲犯到案之
日起除封印犯病各壹月統應扣至拾叁年伍
月初陸日全限屆滿合並陳明謹題請
旨

道光[illegible]臣林則徐

江蘇巡撫林則徐題本　審明元和縣慣犯陳老行竊刀傷吳順其案擬絞監候

道光十三年五月初一日

兵部侍郎兼都察院右副都御史巡撫江蘇等處地方提督軍務總理糧儲臣林則徐謹
題爲詳報事該臣看得元和縣賊犯陳老行竊被
獲圖脱刀傷事主吳順其等平復壹案緣陳老
於道光拾貳年拾壹月初貳日因貧難度起意
行竊是夜獨自一人走至普濟橋下岸見吳順
其船隻停泊該處陳老穵開船艙進内竊得衣
飾洋錢分别變賣花用是月初伍日夜陳老又
至普濟橋見吳順其船隻仍泊該處即走至船
頭用小刀橇開頭艙板進竊尚未得贓事主吳
順其驚覺起捕陳老逃出船頭被吳順其追及
扯住衣服不放陳老情急圖脱順用小刀嚇戳
適傷吳順其偏右並劃傷右手腕吳順其之妻
吳陸氏上前幫捕亦被陳老用刀劃傷右手腕
右手大指適該縣兵役地保巡緝走至將陳老
拏獲解縣勘驗訊詳審供不諱陳老依竊盜未
經得財逃走被事主追逐拒捕傷人未死刃傷
者絞例擬絞監候謹題請
旨

江蘇巡撫林則徐題本　**審明沭陽縣民姚小五等毆斃黃占沅案分別定擬**

江蘇巡撫林則徐題本　審明沭陽縣民姚小五等毆斃黃占沅案分別定擬

道光十三年五月初一日

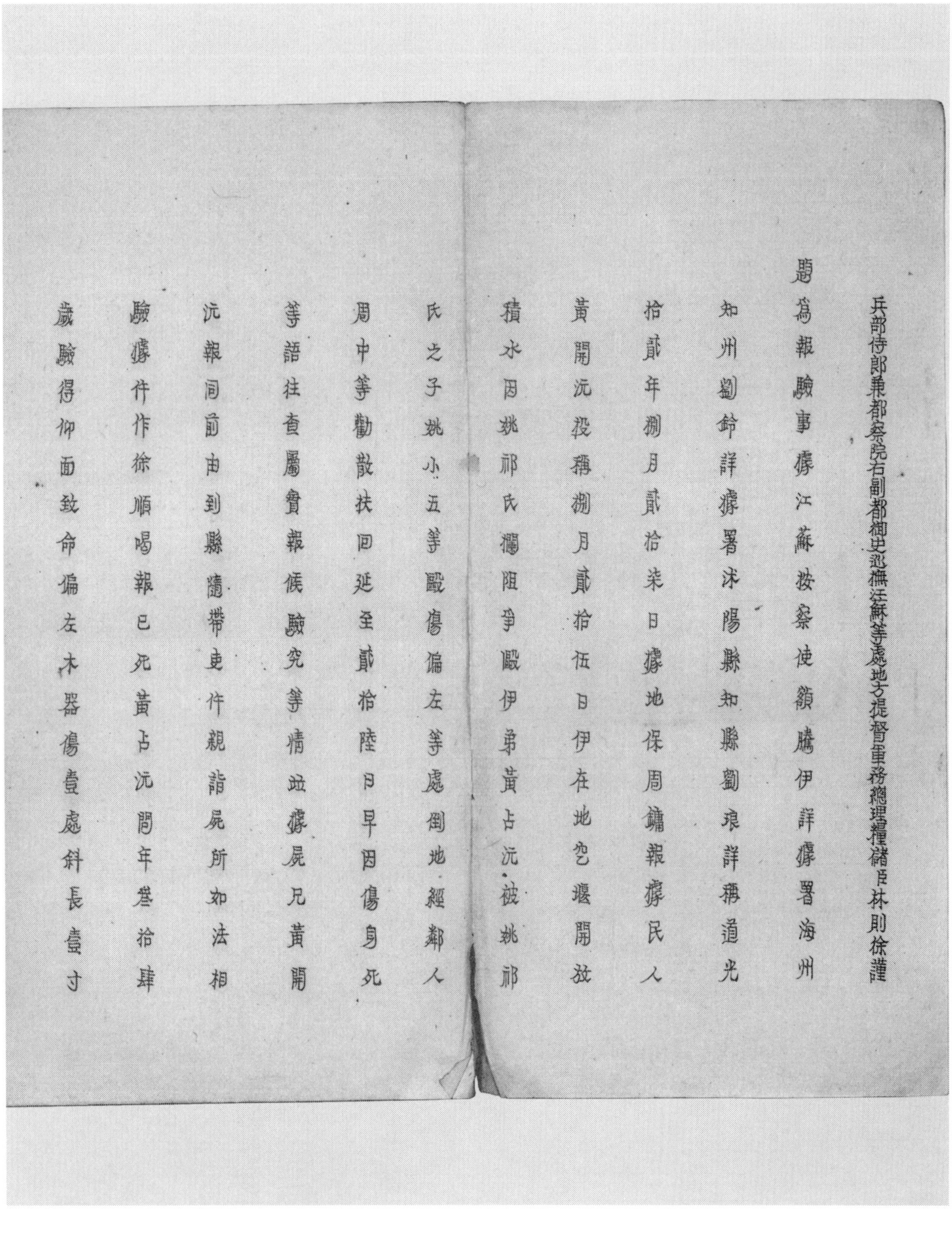
兵部侍郎兼都察院右副都御史巡撫江蘇等處地方提督軍務總理糧儲臣林則徐謹
題為報驗事據江蘇按察使穎騰伊詳據署海州
知州劉鈴詳據署沭陽縣知縣劉琅詳稱道光
拾貳年捌月貳拾柒日據地保周鏞報據民人
黃開沅投稱捌月貳拾伍日伊在地包堰開放
積水因姚祁氏攔阻爭毆伊弟黃占沅被姚祁
氏之子姚小五等毆傷偏左等處倒地經鄰人
周中等勸散扶回延至貳拾陸日早因傷身死
等語往查屬實報候驗究等情並據屍兄黃開
沅報同前由到縣隨帶吏仵親詣屍所如法相
驗據仵作徐順喝報已死黃占沅問年叁拾肆
歲驗得仰面致命偏左木器傷壹處斜長壹寸

貳分寬叁分深至骨骨不損皮開血污致命額
顱磕傷壹處尖圓貳寸叁分微紅色不致命右
眼胞拳傷壹處圍圓叁寸貳分青腫餘無故委
係受傷身死報畢親驗無異飭取兇器木扁擔
比對傷痕相符塡格取結屍飭棺殮隨訊據地
保周鏞供與報詞同據鄰證周中華馨堂同供
黃開沅地畝與姚祁氏的地毗連道光拾貳年
捌月貳拾伍日黃開沅用木鍬挖堰開放地內
積水姚祁氏因他地勢較低恐被水淹向黃開
沅攔阻黃開沅用木鍬打傷姚祁氏右臂膊倒
地姚祁氏喊救他兒子姚小五同前夫的兒子
張振與趕往救護把黃開沅拉開黃開沅的兄

弟黃占沅不依向姚小五們撲毆張振興用拳
毆傷黃占沅右眼胞姚小五用木扁擔毆傷黃
占沅偏左撲跌倒地磕傷額顱小的們看見趕
向喝住問明情由黃開沅把黃占沅扶回走散
不料黃占沅傷重到貳拾陸日早死了並沒起
釁別故小的們勸阻不及是實據犯母姚祁氏
供丈夫張有德故後婦人改嫁姚泳康為妻張
振興是前夫所生自幼隨婦人改嫁同居姚小
五是後夫所生的兒子姚小五佃種地畝與黃
開沅的地毗連中隔水溝壹道築有土壩以備
蓄洩道光拾貳年捌月貳拾伍日婦人見黃開
沅用木掀挖壩放水因婦人家地勢較低恐被

水淹向黃開沅攔阻爭吵被黃開沅用木杴打
傷右臂䠞倒地婦人喊救兒子姚小五同張振
興趕來救護把黃開沅拉開黃開沅的兄弟黃
占沅不依向兒子們撲毆張振興用拳毆傷黃
占沅右眼胞姚小五用木扁擔毆傷黃占沅偏
左撲跌倒地磕傷額顱經周中們勸散不料黃
占沅傷重到貳拾陸日早就死了並沒起釁別
故也沒另有在場幫毆的人是實據屍兄黃開
沅供年叁拾玖歲黃占沅是兄弟與姚小五鄰
居無嫌小的地畝與姚小五佃種地畝毗連中
隔水溝壹道築有土堰以備蓄洩道光拾貳年
捌月貳拾伍日小的因地內積水用木杴挖堰

開放姚小五的母親姚祁氏說他地勢較低恐
被水淹向小的攔阻爭吵小的用木扒打傷他
右臂膊倒地姚祁氏喊救姚小五同姚祁氏前
夫的兒子張振興趕來幫護把小的拉開兄弟
在旁不依向姚小五們撲毆被張振興用拳毆
傷右眼胞又被姚小五用木扁擔毆傷偏左撲
跌倒地磕傷額顱經周中們勸住小的把兄弟
扶回不料兄弟傷重到貳拾陸日早就死了小
的投保報驗的並沒起釁別故求究抵擬餘人
張振興供年叁拾肆歲父親已故母親祁氏改
嫁姚泳康爲妻小的自幼隨母過門同居姚小
五是小的同母異父兄弟他佃種地畝與黃開

沅的地畈連中隔水溝壹道築有土堰以備蓄
洩道光拾貳年捌月貳拾伍日黃開沅用木掀
空堰放水母親看見因兄弟佃種地畝較低恐
被水淹向黃開沅攔阻爭吵被黃開沅用木掀
毆傷右臂膊倒地母親喊救兄弟攜帶木扁擔
同小的趕往救護把黃開沅拉開黃占沅在旁
不依向小的們撲毆小的用拳毆傷黃占沅右
眼胞兄弟用木扁擔毆傷黃占沅偏左撲跌倒
地磕傷額顱經周中們勸住黃開沅把黃占沅
扶回各散不料黃占沅傷重到貳拾陸日早就
死了並沒起釁別故也沒另有在場幫毆的人
是實據兇犯姚小五供沭陽縣人年貳拾壹歲

父親姚泳康年柒拾肆歲母親祁氏年陸拾貳
歲並沒弟兄娶妻胡氏沒生子女張振與是同
母異父的哥子與黃占沅鄰好無嫌小的佃種
地畝與黃占沅的哥子黃開沅地畝毗連中隔
水溝壹道築有土堰以備蓄洩道光拾貳年捌
月貳拾伍日黃開沅用木掀穵堰開放他地內
積水母親看見因小的佃種地畝較低恐被水
淹上前攔阻爭吵被黃開沅用木掀打傷右臂
膊倒地母親喊救小的聽聞攜帶木扁擔同張
振與趕往救護把黃開沅拉開黃占沅在旁不
依向小的們撲毆張振與用拳毆傷黃占沅右
眼胞小的用木扁擔毆傷黃占沅偏左撲跌倒

地磕傷額顱經周中們勸散黃開沅把黃占沅
扶回不料黃占沅傷重到貳拾陸日早就死了
竝非有心致死也沒起釁別故及另有在場幫
毆的人是實各等供據此飭件驗得姚邢氏右
臂膊木器傷壹處塡單飭醫將犯收禁餘人保
釋兇器木扁擔貯庫錄供通詳奉批飭審道光
拾貳年拾月貳拾貳日據禁卒稟報姚小五在
監患病醫治詳咨於拾壹月貳拾叁日報痊隨
提犯證覆訊查驗姚邢氏傷已平復除各供均
與前審無異不叙外該署沭陽縣知縣劉琨審
看得縣民姚小五等共毆黃占沅身死壹案緣
姚小五籍隸沭陽與黃占沅鄰好無嫌姚小五

佃種地畝與黃占沅之兄黃開沅地畝毗連中
隔水溝壹道築有土壩以備蓄洩道光拾貳年
捌月貳拾伍日黃開沅用木掀挖壩開放已地
積水經姚小五之母姚祁氏看見因伊子佃地
較低恐被水淹向黃開沅攔阻爭吵被黃開沅
用木掀毆傷右臂膊倒地喊救姚小五聽聞攜
帶木扁擔與同母異父之張振興趕往救護將
黃開沅拉開黃占沅在旁不依向姚小五等撲
毆張振興拳毆其右眼胞姚小五用木扁擔毆
傷黃占沅偏左撲跌倒地磕傷額顱經周中等
勸散黃開沅將黃占沅扶回詎黃占沅傷重延
至次早殞命報縣驗訊通詳奉批飭審遵復提

犯研鞫據供前情不諱究非有心致死亦無起釁別故及另有在場幫毆之人案無遁飾查律載共毆人致死下手致命傷重者絞監候餘人杖壹百等語此案姚小五與張振興共毆黃占沅身死查黃占沅身受各傷惟姚小五所毆致命偏左爲重應以該犯當其重罪姚小五合依共毆人致死下手致命傷重者絞律擬絞監候秋後處決據供親老丁單是否屬實俟秋審時查明取結辦理張振興合依餘人律杖壹百折責發落黃開沅穵堰放水因被姚邢氏攔阻爭吵輒行毆傷肇釁釀命殊屬不合黃開沅除他物毆人成傷輕罪不議外應照不應重律杖捌

江蘇巡撫林則徐題本　審明沭陽縣民姚小五等毆斃黃占沅案分別定擬
道光十三年五月初一日

拾折責發落姚祁氏傷已平復應與勸阻不及
之周中等均無庸議無干省釋屍棺飭屬領埋
兇器木扁擔解驗等情由州審解到司該江蘇
按察使額騰伊提犯親審核擬無異解候勘
題等情招解到臣提犯親審無異該臣看得沭陽
縣民姚小五等共毆黃占沅身死壹案緣姚小
五籍隸沭陽與黃占沅鄰好無嫌姚小五佃種
地畝與黃占沅之兄黃開沅地畝毗連中隔水
溝壹道築有土堰以備蓄洩道光拾貳年捌月
貳拾伍日黃開沅用木掀挖堰開放已地積水
經姚小五之母姚祁氏看見因伊子佃地較低
恐被水淹向黃開沅攔阻爭吵被黃開沅用木

掀毆傷右臂膊倒地喊救姚小五聽聞攜帶木
扁擔與同母異父之張振興趕往救護將黃開
沅拉開黃占沅在旁不依向姚小五等撲毆張
振興拳毆其右眼胞姚小五用木扁擔毆傷黃
占沅偏左撲跌倒地磕傷額顱經周中等勸散
黃開沅將黃占沅扶回詎黃占沅傷重延至次
早殞命報驗訊詳審供不諱究非有心致死亦
無起釁別故及另有在場幫毆之人案無遁飾
查律載共毆人致死下手致命傷重者絞監候
餘人杖壹百等語此案姚小五與張振興共毆
黃占沅身死查黃占沅身受各傷惟姚小五所
毆致命偏左爲重應以該犯當其重罪姚小五

合依共毆人致死下手致命傷重者絞律擬絞
監候秋後處決據供親老丁單是否屬實俟秋
審時查明取結辦理張振興合依餘人律杖壹
百折責發落黃開沅穵堰放水因被姚祁氏攔
阻爭吵輒行毆傷肇釁釀命殊屬不合黃開沅
除他物毆人成傷輕罪不議外應照不應重律
杖捌拾折責發落姚祁氏傷已平復應與勸阻
不及之周中等均無庸議無干省釋屍棺飭埋
兇器木扁擔發回案結銷毀臣謹具
題伏乞
皇上聖鑒勑下三法司核覆施行再此案審限應以
道光拾貳年捌月貳拾柒日報驗之日起縣審分

限叁箇月又犯病壹月連閏扣至拾壹月貳拾
柒日滿據於拾貳月拾伍日審解計遲延拾捌
日所有承審遲延不及壹月職名係署沭陽縣
知縣劉垠開報附參至州司院分限各壹月應
以拾貳月拾伍該縣審解之日起除封印壹月
又自縣由州解司程限貳拾柒日統應扣至拾
叁年伍月拾貳日全限屆滿合並陳明謹題請
旨

江蘇巡撫林則徐題本　審明沭陽縣民姚小五等毆斃黃占沅案分別定擬

道光十三年五月初一日

道光十三年五月初一日

兵部侍郎兼都察院右副都御史巡撫江蘇等處地方提督軍務總理糧儲臣林則徐

兵部侍郎兼都察院右副都御史巡撫江蘇等處地方提督軍務總理糧儲臣林則徐謹

題為報驗事該臣看得沭陽縣民姚小五等共毆黃占沅身死壹案緣姚小五與黃占沅鄰好無嫌姚小五佃種地畝與黃占沅之兄黃開沅地畝毗連中隔水溝壹道築有土壩以備蓄洩道光拾貳年捌月貳拾伍日黃開沅用木楸挖壩開放已地積水經姚小五之母姚祁氏看見因伊子佃地較低恐被水淹向黃開沅攔阻爭吵被黃開沅用木楸毆傷右臂膊倒地喊救姚小

五聽聞攜帶木扁擔與同母異父之張振興趕
往救護將黃開沅拉開黃占沅在旁不依向姚
小五等撲毆張振興拳毆其右眼胞姚小五用
木扁擔毆傷黃占沅偏左撲跌倒地磕傷額顱
經周中等勸散詎黃占沅傷重延至次早殞命
報驗訊詳審供不諱姚小五依共毆人致死下
手致命傷重者絞律擬絞監候秋後處決謹題
請
旨

江蘇巡撫林則徐題本　審明沭陽縣民姚小五等毆斃黃占沅案分別定擬　道光十三年五月初一日

旨
各省督撫保舉人員硃筆圈出者著吏部調取引見

道光十三年五月初八日奉
旨此次各省督撫保舉人員所有圈出之直隸天津
道李振翥等二十四員俱著吏部調取引見其現
報丁憂之員著俟服闋後補行調取欽此

旨　各省督撫保舉人員硃筆圈出者著吏部調取引見
道光十三年五月初八日

硃

直隸總督琦善保奏人員

長蘆鹽運使陞授直隸按察使陳崇禮　浙江監生

直隸通永道陳繼昌　廣西進士

○直隸天津道李振翥　安徽進士

兩江總督陶澍保奏人員

○江南鹽巡道調補山西歸綏道葆謙　正藍旗滿洲舉人

○江南蘇松糧道陶廷杰　貴州進士

安徽蕪湖道郭承恩　山西進士

○江西督糧道廖鴻藻　福建進士

江西鹽法道余正煥　湖南進士

○江蘇蘇州府知府陞授廣東南韶連道劉鴻翱　山東進士

○安徽安慶府知府胡調元　福建副榜

各省督撫保舉人員硃筆圈出者著吏部調取引見旨
道光十三年五月初八日

該府前據安徽巡撫鄧廷楨保舉上次具奏單內奉
硃筆點出尚未給咨到部
安徽廬州府知府陞授廬鳳道周天爵 山東進士
該道前據安徽巡撫鄧廷楨保舉上次具奏單內未經
硃筆點出
安徽鳳陽府知府朱士達 江蘇進士
該府前據安徽巡撫鄧廷楨保舉上次具奏單內未經
硃筆點出
○江西南昌府知府李本楡 山東進士
○江西南安府知府李廷錫 湖北進士
江西贛州府知府汪云任 安徽進士
○江蘇通州直隸州知州王錫蒲 山西進士

○江蘇海州直隸州知州王用賓安徽進士

○安徽泗州直隸州知州舒夢齡湖南進士祖籍江西

該直隸州陞署調取引

見尚未到部

○江蘇金壇縣知縣姚瑩安徽進士

○安徽歙縣知縣金鼎壽貴州進士

○江西南昌縣知縣石家紹山西進士

前任江南河道總督張井保奏人員

南河淮海道文麟正藍旗滿洲文舉人

南河徐州河道李國瑞河南舉人

○南河裡河同知知府銜王廷彥浙江監生

該同知實授調取引

見尚未到部
、河東河道總督吳邦慶保奏人員
河南開歸陳許道張坦江蘇監生
該道前據河南巡撫楊國楨保舉上次具奏奉
硃筆點出本年四月初五日引
見著回任欽此
山東運河道陞授長蘆鹽運使李恩繹內務府正白旗漢軍進士
該運使前據陞任山東巡撫訥爾經額保舉上次具奏單內未經
硃筆點出
○河南蘭儀廳同知知府銜鄒鳴鶴江蘇進士
江蘇巡撫林則徐保奏人員
江蘇通州直隸州知州王錫蒲山西進士　此次單內兩江總督陶澍已經保奏

旨 各省督撫保舉人員硃筆圈出者著吏部調取引見
道光十三年五月初八日

江蘇海州直隸州知州王用賓 安徽進士 此次單內兩江總督陶澍已經保奏

江蘇金壇縣知縣姚瑩 安徽進士 此次單內兩江總督陶澍已經保奏

○江蘇元和縣知縣平翰 順天監生 祖籍浙江

○江蘇高郵州知州王澐 浙江舉人 祖籍順天

浙江巡撫富呢揚阿保奏人員

○浙江杭嘉湖道覺羅桂菖 鑲藍旗舉人

○浙江寧波府石浦同知鄧廷彩 四川監生

○前任浙江溫台玉環同知楊國翰 雲南進士 丁憂未服滿

○浙江平湖縣知縣盧昆鑾 江西進士

該知縣俸滿調取引

見尚未到部

○浙江歸安縣知縣王德寬 湖南進士

旨各省督撫保舉人員硃筆圈出者著吏部調取引見

道光十三年五月初八日

江西巡撫周之琦保奏人員

江西督糧道廖鴻藻 福建進士

此次單內兩江總督陶澍已經保奏

江西南昌府知府李本榆 山東進士

此次單內兩江總督陶澍已經保奏

○原任江西吉安府知府劉體重 山西舉人

該府降調開復留省候補尚未奉

旨

江西饒州府景德鎮同知吳名鳳 直隸舉人

江西義寧州知州陳雲章 福建進士

江西署永寧縣事試用知縣何錫光 廣東舉人

服滿尚未准其起復

雲南巡撫伊里布保奏人員

雲南水利糧儲道牛鑑 甘肅進士

雲南雲南府知府董國華 江蘇進士

旨　各省督撫保舉人員硃筆圈出者著吏部調取引見
道光十三年五月初八日

該府前據協辦大學士雲貴總督阮元保舉上次具奏單內未經
硃筆點出

江蘇巡撫林則徐題本

核銷江淮等屬歷年未完地丁各項錢糧數目

該部察核具奏

江蘇巡撫林則徐題本 核銷江淮等屬歷年未完地丁各項錢糧數目
道光十三年五月十六日

兵部侍郎兼都察院右副都御史巡撫江蘇等處地方提督軍務總理糧儲臣林則徐謹

題為請定奏銷成例以昭畫一事據江寧布政使

趙盛奎詳稱案奉行准部咨嗣後奏銷現年錢

糧之時將歷年未完項下續完若干仍未完若

干并動用存貯各數目分別彙造清冊另摺

題本隨本年奏銷一并具

題等因今江淮等屬道光拾壹年地丁等項錢糧

奏銷業經造冊詳

題所有嘉慶貳拾叁肆伍等年並道光元貳叁肆

伍陸柒捌玖等年未完解司民屯地丁並徵撥

江腳學租漕價雜稅公費地畝空缺節省等款

共該正銀貳百捌拾陸萬貳千玖百陸拾伍兩

玖錢叁釐耗羨並經支養廉銀貳拾陸萬柒百
柒拾貳兩叁分內除淮安府屬清河縣一件
題請等事案內道光拾壹年玖月內奉部准豁嘉
慶貳拾叁年起至道光伍年止原續報減則地
丁正銀貳萬貳千伍百伍拾柒兩捌錢壹分耗
羨銀貳千貳百柒拾玖兩叁錢玖分捌釐實未
完正銀貳百捌拾肆萬肆百捌兩玖分叁釐耗
羨銀貳拾伍萬捌千肆百玖拾貳兩陸錢叁分
貳釐又道光拾年奏銷冊報未完各款正銀貳
拾玖萬玖千肆百叁拾貳兩伍錢伍釐耗羨並
經支養廉銀貳萬叁千玖百捌拾伍兩陸錢捌
分壹釐共該正銀叁百壹拾叁萬玖千捌百肆

拾兩伍錢玖分捌釐耗羨銀貳拾捌萬貳千肆
百柒拾捌兩叁錢壹分叁釐內已完正銀並徑
撥各款銀玖萬柒千捌百伍拾叁兩壹錢叁分
伍釐耗羨銀捌千貳百伍拾兩肆釐外溢完正
銀玖兩捌錢捌分壹釐耗羨銀玖錢捌分玖釐
仍該未完正銀叁百肆萬壹千玖百捌拾柒兩
肆錢柒分叁釐耗羨並徑支養廉銀貳拾柒萬
肆千貳百貳拾捌兩叁錢玖釐又道光拾年隨
奏冊報及奏銷案內未完嘉慶貳拾叁貳拾伍
等年並道光元貳叁伍陸柒捌玖拾等年恤孤
米壹千叁百玖拾玖石叁斗叁升伍合叁勺仍
未完解又道光拾年隨奏冊報及奏銷案內未

完道光元叁陸拾等年公費易豆貳百陸拾玖
石壹升米勺仍未完解又道光拾年造奏冊報
及奏銷案内未完嘉慶貳拾叁肆伍等年並道
光元貳叁肆伍陸柒捌玖拾等年南屯米豆貳
拾壹萬叁千壹百玖拾玖石柒斗叁升玖合捌
勺內已完米豆捌千肆百貳拾叁石壹斗陸升
肆合陸勺仍未完米豆貳拾萬肆千柒百柒拾
陸石伍斗柒升伍合貳勺理合截至道光拾壹
年並拾貳年伍月底止將已未完解數目循照
向例分晰造冊詳送具
題等情據此該臣查得奏銷現年錢糧之時例應
將歷年未完項下續完仍欠動存各數分別造

用另繕
題本隨本年奏銷一并具
題今據江寧布政使趙盛奎詳稱江淮等屬道光
拾壹年地丁等項錢糧奏銷業經造冊詳
題所有嘉慶貳拾叁肆伍等年並道光元貳叁肆
伍陸柒捌玖等年未完解司民屯地丁並經徵
社腳學租漕價雜稅公費地畝空缺節省等款
共該正銀貳百捌拾陸萬貳千玖百陸拾伍兩
零耗羨並經支養廉銀貳拾陸萬柒百柒拾貳
兩零內除淮安府屬清河縣道光拾壹年奉部
准豁嘉慶貳拾叁年起至道光伍年止原續報
減則地丁正銀貳萬貳千伍百伍拾柒兩零耗

羨銀貳千貳百柒拾玖兩零實未完正銀貳百
捌拾肆萬肆百捌兩零耗羨銀貳拾伍萬捌千
肆百玖拾貳兩零又道光拾年奏銷冊報未完
各款正銀貳拾玖萬玖千肆百叁拾貳兩零耗
羨並經支養廉銀貳萬叁千玖百捌拾伍兩零
共該正銀叁百壹拾叁萬玖千捌百肆拾兩零
耗羨銀貳拾捌萬貳千肆百柒拾捌兩零內已
完正銀並經撥各款銀玖萬柒千捌百伍拾叁
兩零耗羨銀捌千貳百伍拾兩零外溢完正銀
玖兩零耗羨銀玖錢零仍該未完正銀叁百肆
萬壹千玖百捌拾柒兩零耗羨並經支養廉銀
貳拾柒萬肆千貳百貳拾捌兩零又道光拾年

隨奏冊報及奏銷案内未完嘉慶貳拾叁貳拾
伍等年並道光元貳叁伍陸柒捌玖拾等年恤
粟米壹千叁百玖拾玖石零仍未完解又道光
拾年隨奏冊報及奏銷案内未完道光元叁陸
拾等年公費易豆貳百陸拾玖石零仍未完解
又道光拾年隨奏冊報及奏銷案内未完嘉慶
貳拾叁肆伍等年並道光元貳叁肆伍陸柒捌
玖拾等年南屯米豆貳拾壹萬叁千壹百玖拾
玖石零内已完米豆捌千肆百貳拾叁石零仍
未完米豆貳拾萬肆千柒百柒拾陸石零合將
已未完解數目照例分晰造冊詳送具
題等情前來臣覆核無異除冊送部查核外相應

江蘇巡撫林則徐題本　核銷江淮等屬歷年未完地丁各項錢糧數目

道光十三年五月十六日

具

題伏乞

皇上聖鑒勅部核覆施行謹題請

旨

道[illegible]地方提督軍務[illegible]糧儲臣林則徐

兵部侍郎兼都察院右副都御史巡撫江蘇等處地方提督軍務總理糧儲臣林則徐謹
題為請定奏銷成例以昭畫一事該臣查得奏銷
現年錢糧之時例應將歷年未完項下續完仍
欠動存各數分別造冊另摺
題本案本年奏銷一併具
題今據江寧布政使趙盛奎詳稱江淮等屬道光
拾壹年地丁等項錢糧奏銷業經造冊詳
題所有嘉慶貳拾叁肆伍等年並道光元貳叁肆
伍陸柒捌玖等年未完民屯地丁並徑撥扛脚
學租漕項雜稅公費地畝空缺節省等款又道
光拾年奏銷隨奏冊報未完各款銀米豆石已
未完解數目照例分晰造冊詳
題前來臣覆核無異除冊送部外謹題請
旨

江蘇巡撫林則徐題本　**審明沛縣民人曹泳再毆斃胞兄案擬斬立決**（首缺）

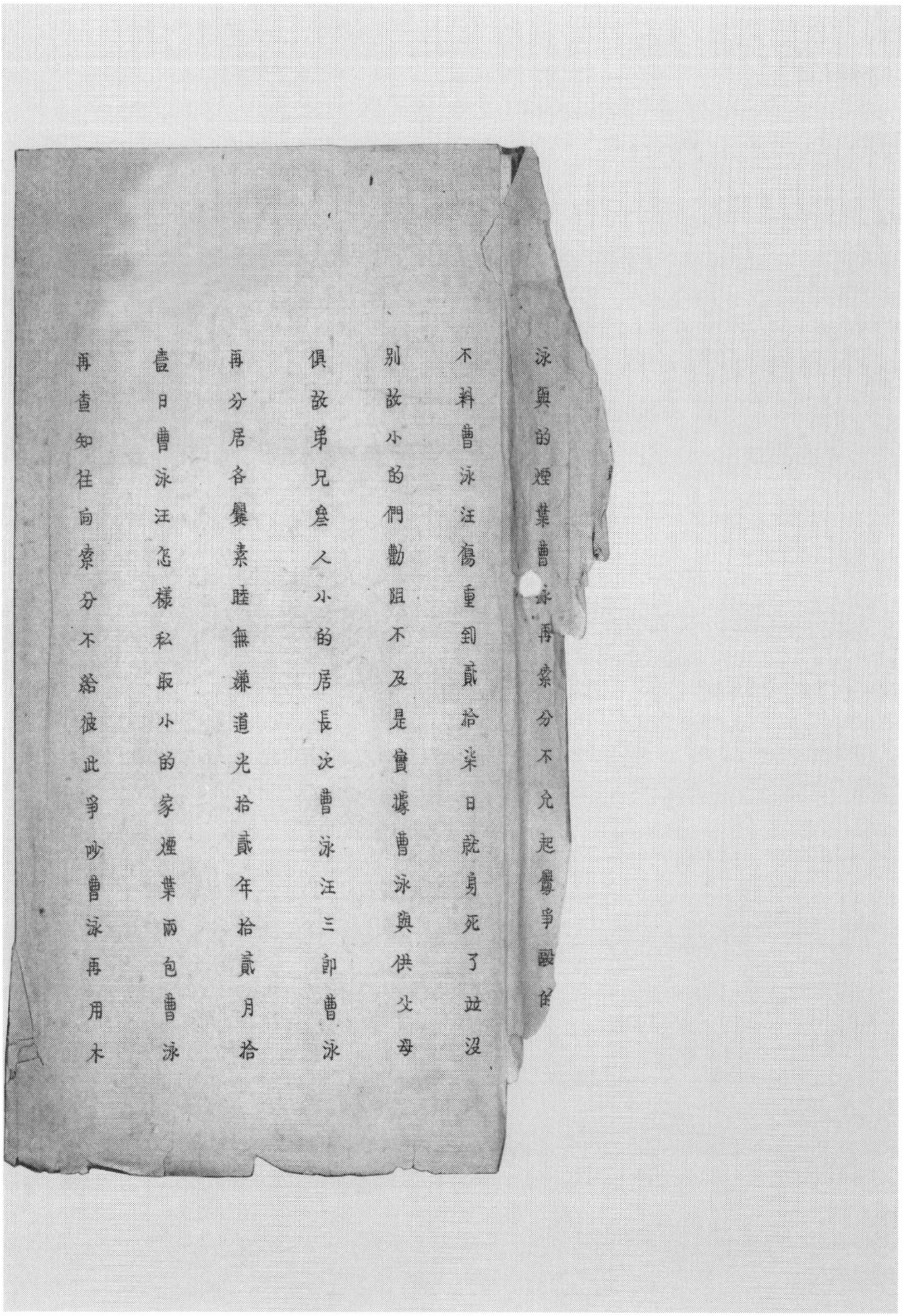

泳與的煙葉曹泳再索分不允起釁爭毆的
不料曹泳汪傷重到貳拾柒日就身死了並沒
別故小的們勸阻不及是實據曹泳與供父母
俱故弟兄叁人小的居長次曹泳汪三郎曹泳
再分居各爨素睦無嫌道光拾貳年拾貳月拾
壹日曹泳汪怎樣私取小的家煙葉兩包曹泳
再查知往向索分不給彼此爭吵曹泳再用木

棒毆傷曹泳汪左膁肋曹泳汪的兒子曹仲寬
護被曹泳再的兒子曹武毆傷那日小的外出
先不知道後來回家纔曉得的不料曹泳汪傷
重醫治無效到貳拾柒日就身死了並沒起釁
别故是實據曹仲供曹泳汪是父親曹泳與是
胞伯曹泳再是胞叔道光拾貳年拾貳月拾壹
日父親因貧苦難度私取伯子曹泳與家煙葉
兩包想要變賣使用叔子曹泳再查知向父親
索分不給彼此爭吵父親撲向毆打自已在旁
上拉傷右膁肋當把叔子髮辮揪住捺按叔子
掙脫順拏木棒毆傷父親左膁肋倒地小的看
見上前拉護用木棍向曹泳再打去被堂弟曹

江蘇巡撫林則徐題本　審明沛縣民人曹泳再毆斃胞兄案擬斬立決
道光十三年五月十六日

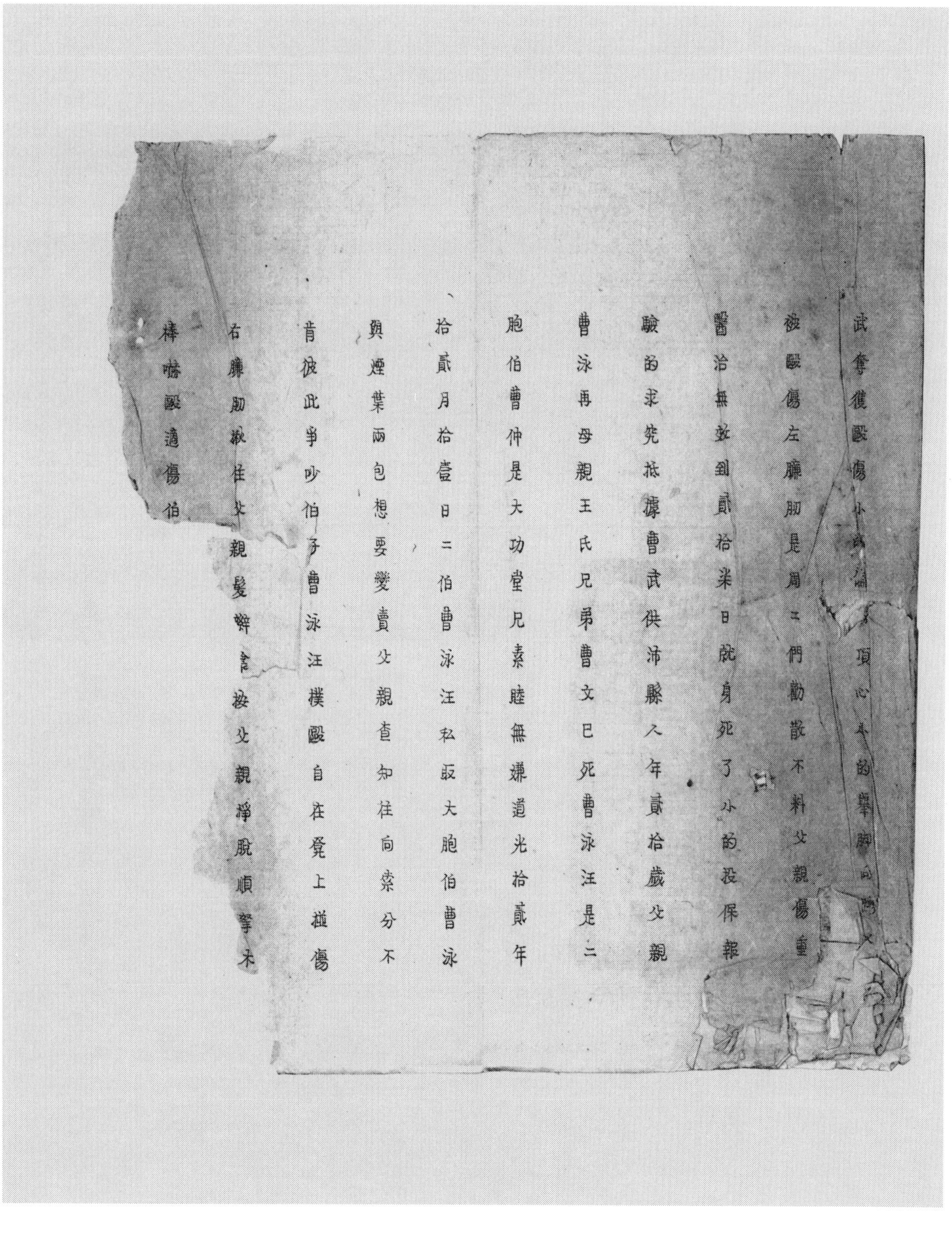
武奪獲毆傷小[illegible]項心小的舉脚向[illegible]
被毆傷左臁肕是周二們勸散不料父親傷重
醫治無效到貳拾柒日就身死了小的投保報
驗的求究抵據曹武供沛縣人年貳拾歲父親
曹泳再母親王氏兄弟曹文已死曹泳汪是二
胞伯曹仲是大功堂兄素睦無嫌道光拾貳年
拾貳月拾壹日二伯曹泳汪私取大胞伯曹泳
頭煙葉兩包想要變賣父親查知往向索分不
肯彼此爭吵伯子曹泳汪撲毆自在凳上撞傷
右臁肕叔往父親髮辮拉按父親掙脫順拏木
棒嚇毆適傷伯

江蘇巡撫林則徐題本　審明沛縣民人曹泳再毆斃胞兄案擬斬立決　道光十三年五月十六日

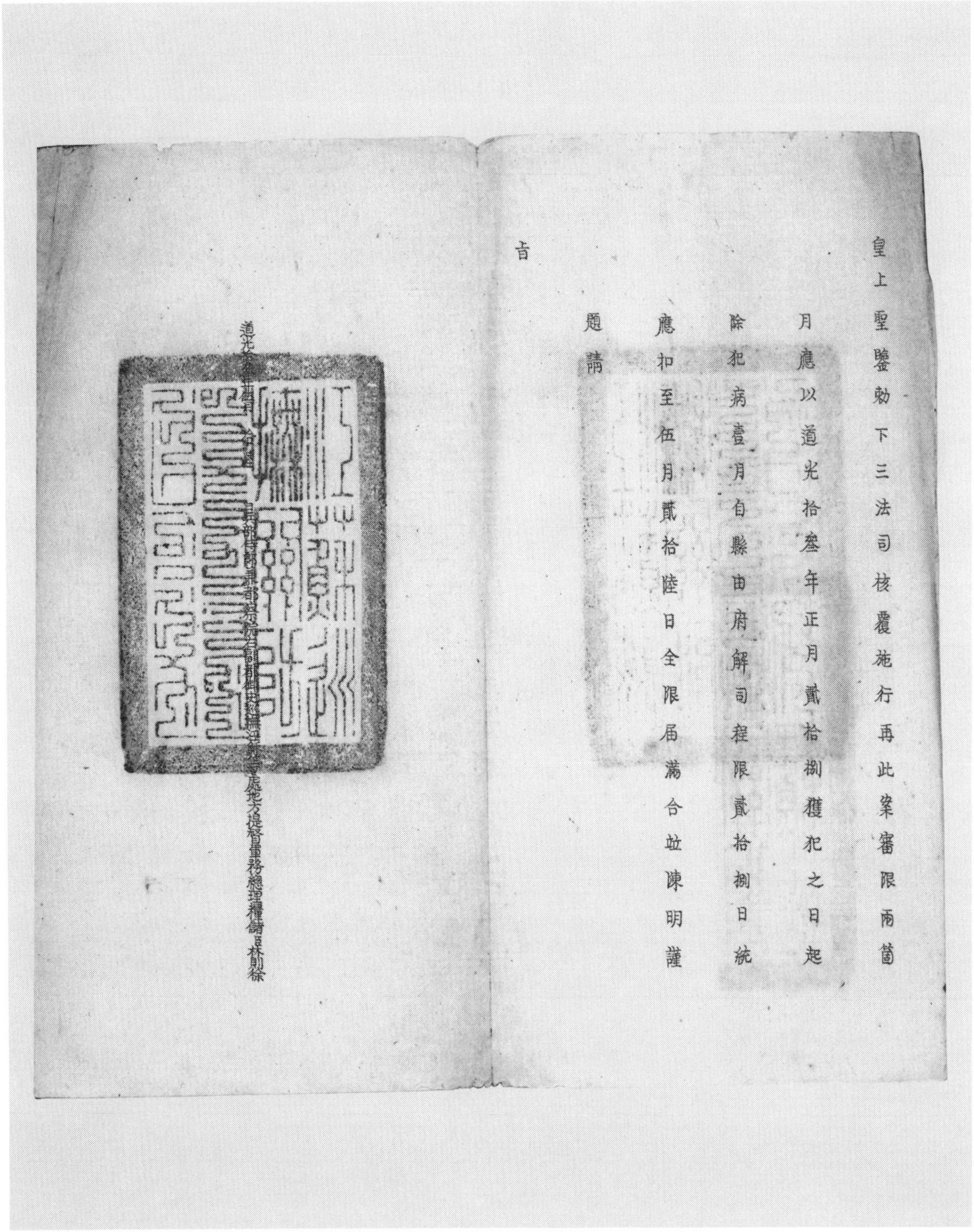

皇上聖鑒勅下三法司核覆施行再此案審限兩箇
月應以道光拾叁年正月貳拾捌獲犯之日起
除犯病壹月自縣由府解司程限貳拾捌日統
應扣至伍月貳拾陸日全限屆滿合並陳明謹
題請
旨

道光[illegible]日兵部右侍郎兼都察院右副都御史巡撫江蘇等處地方提督軍務總理糧儲臣林則徐

江蘇巡撫林則徐題本　審明沛縣民人曹泳再毆斃胞兄案擬斬立決

道光十三年五月十六日

兵部侍郎兼都察院右副都御史巡撫江蘇等處地方提督軍務總理糧儲臣林則徐謹
題爲報驗事該臣看得沛縣民曹泳再毆傷胞兄
曹泳汪身死壹案緣曹泳再與胞兄曹泳與曹
泳汪分居各爨素睦無嫌道光拾貳年拾貳月
拾壹日曹泳汪因貧無度私取曹泳與家煙葉
欲圖變賣曹泳再查知往向索分不允致相爭
吵曹泳汪撲向毆打曹泳再閃避曹泳汪自在
凳上跌傷右膁肕趕攏揪住曹泳再髮辮捺按
曹泳再掙脫順取木棒往下嚇毆適傷曹泳汪
左膁肕骨斷倒地延至貳拾柒日殞命報驗獲
犯訊詳審供不諱曹泳再依弟毆胞兄死者斬
律擬斬立決謹題請
旨

江蘇巡撫林則徐題本

補參前署甘泉縣知縣孫炳煒等疏防行船被劫限滿首犯未獲

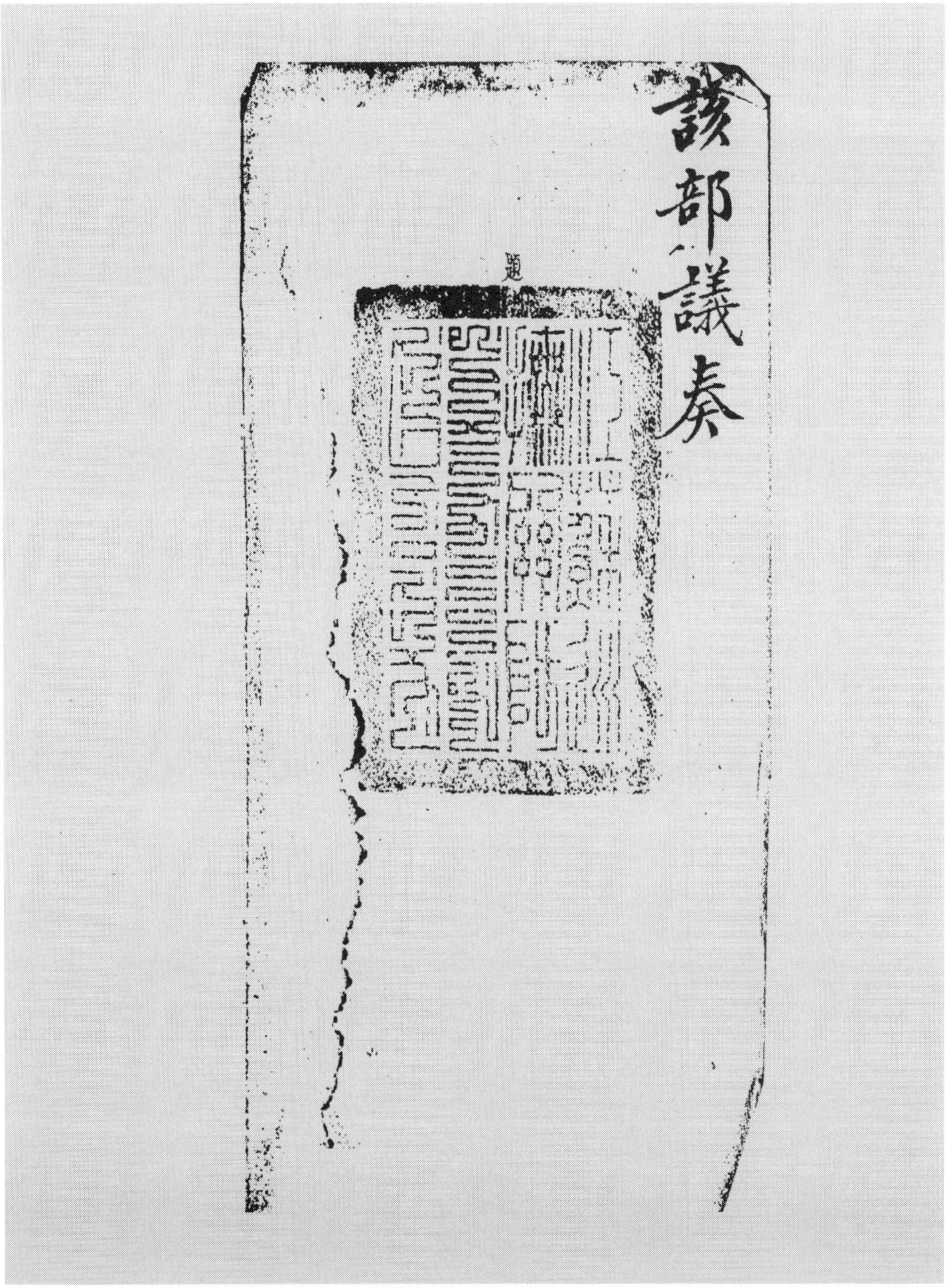
該部議奏

題

江蘇巡撫林則徐題本　補參前署甘泉縣知縣孫炳煒等疏防行船被劫限滿首犯未獲
道光十三年六月初一日

兵部侍郎兼都察院右副都御史巡撫江蘇等處地方提督軍務總理糧儲臣林則徐謹
題爲補參疏防文職事據江蘇按察使顏鷟伊詳
稱據揚州府知府豫岱詳據甘泉縣知縣鍾承
露詳稱查接管卷內道光拾貳年陸月初伍日
據地保孟文報據安徽休寧縣民徐紀堂投稱
伊在淮安汪采彰衣店爲夥陸月初叁日雇坐
張得才船隻攜帶銀兩來揚置貨初肆日傍晚
船至三溝閘地方被匪船用篙鉤住羣匪持械
過船進艙聲稱搜查私鹽將箱貯銀錢首飾同
鈔馬錢文衣服一并搶去逃逸遺下鐵尺壹條
交身稟報等語往查屬實合繳鐵尺報候勘緝
等情並據事主徐紀堂開單呈同前由到縣據

經前署縣孫炳煒會營前詣勘得該處係通行
運河兩岸並無居民亦無城鋪營房事主船泊
西岸查驗船上門窗並無毀損痕跡艙內竹箱
兩隻鐵鎖均已扭斷劫畢提訊地保事主人等
供與報詞無異飭牙估計失贓值銀陸百貳拾
叁兩叁錢玖分取結附卷選差勒緝旋於本月
初伍日據原補具稟在盱眙縣地方協同盱眙
儀徵等縣役暨邵伯司弓兵及汛兵拏獲劉士
才王士沅周添金盧文俊劉萬年楊兆幅等稟
由盱眙縣解經前署縣孫炳煒訊供關起供贓
拘夥未及詳報卸事卑職回任催緝關准盱眙
縣於捌月貳拾壹日續獲周萬升等移解提訊

江蘇巡撫林則徐題本　補參前署甘泉縣知縣孫炳煒等疎防行船被劫限滿首犯未獲
道光十三年六月初一日

據各供認聽從逸犯盧開玉起意夥同在逃之
盧開淋張明玉楊起連楊起邦郭添才共夥拾
叁人乘坐楊兆幅船隻搶奪得贓分變等供將
該犯等分別問擬軍流解勘詳咨聲明此案首
夥拾叁人雖於疎防限內獲犯過半第首犯未
獲文職疎防職名另行開報補參在案合將文
職疎防印捕職名開報等情由府道遞開督捕
督緝兼轄名職名前來除飭勒緝逸犯盧開玉
等務獲究報外該江蘇按察使額騰伊查得甘
泉縣搶犯王士沅等聽從逸犯盧開玉夥搶事
主徐紀堂行船銀物錢貫壹案疎防例限肆箇
月應以道光拾貳年陸月初肆失事之日起扣

主閏玖月初肆日滿所有文職疏防職名印官
係前署甘泉縣知縣孫炳煒補官係甘泉縣邵
柏司巡檢程焕章督捕係同城總捕同知邵廷
熙督緝係同城前任揚州府知府王青蓮兼轄
係不同城署分巡淮揚道王貽象查印官孫炳
煒已於拾貳年柒月貳拾肆日未經限滿之先
革事不復回任應請議結該縣鍾承露是日回
任應俟接緝限滿有無弋獲再行詳參督捕同
知邵廷熙先於拾貳年伍月拾貳日奉委赴海
州會勘沙地公出至陸月貳拾玖日公回失事
之日係在公出期內例得免議督緝知府王青
蓮已於拾叁年正月拾玖日卸事另任知府豫

並據接督緝之員例無處分相應聲明照詳
候核㕘再失事處所離城肆拾里離汛捌里並
無墩舖防兵合并聲明等情到臣據此該臣查
得甘泉縣搶犯王士洸等聽從逸犯盧閶玉夥
搶事主徐紀堂行船銀物逾貫壹案疎防例限
肆箇月應以道光拾貳年陸月初肆失事之日
起扣至閏玖月初肆日滿獲犯過半首犯未獲
開列文職疎防職名請㕘前來除飭勒緝逸犯
盧閶玉等務獲究報外所有文職疎防職名印
官係前署甘泉縣知縣孫炳煒捕官係甘泉縣
邵伯司巡檢程煥章督捕係同城揚州府總捕
同知趙廷熙督緝係同城前任揚州府知府王

青蓮泉轄係不同城署分巡淮揚通王貽象查
卸官孫炳煒已於拾貳年柒月貳拾肆日未經
限滿之先卸事不復回任應請議結該縣丞
露是日回任應俟接緝限滿有無弋獲再行查
參督捕同知趙廷熙先於拾貳年伍月拾貳日
委赴海州會勘沙地公出至陸月貳拾玖日公
回失事之日係在公出期內例得免議督緝知
府王青蓮已於拾叁年正月拾玖日卸事現任
知府豫益係接督緝之員例無處分相應聲明
列參再失事處所離城肆拾里離汛捌里並無
撥鋪防兵合並陳明臣謹具
題伏乞

江蘇巡撫林則徐題本　補參前署甘泉縣知縣孫炳煒等疏防行船被劫限滿首犯未獲

道光十三年六月初一日

皇上聖鑒敕部議覆施行謹題請

旨

道光[illegible]地方提督軍務兼理糧餉臣林則徐

江蘇巡撫林則徐題本 補參前署甘泉縣知縣孫炳煒等疏防行船被劫限滿首犯未獲

道光十三年六月初一日

兵部侍郎兼都察院右副都御史巡撫江蘇等處地方提督軍務總理糧儲臣林則徐謹

題為補參疏防文職事。該臣查得甘泉縣搶犯王士沅等聽從逸犯盧閙玉夥搶事主徐紀堂行船銀物逾貴查參疏防例限四箇月，應以道光十二年五月初八奉文之日起扣至閏九月初十日滿，獲犯過半，首犯未獲，開列文職疏防職名請參前來。除飭緝逸犯盧閙玉等務獲究報外，所有文職疏防職名，印官係前署甘泉縣知縣孫炳煒，捕官係甘泉縣邵伯司巡檢程煥章，督捕係同城揚州府總捕同知趙廷熙，督緝係同城前任揚州府知府王青蓮，兼轄係不同城署分巡淮揚道王詒象，相應列參。謹題請

旨。

江蘇巡撫林則徐題本　**題參署句容縣知縣石常泰等疎防竊案限滿贓犯無獲**

題
石常泰等著議處具奏該部知道

江蘇巡撫林則徐題本　題參署句容縣知縣石常泰等疏防竊案限滿贓犯無獲

道光十三年六月初一日

兵部侍郎兼都察院右副都御史巡撫江蘇等處地方提督軍務總理糧儲臣林則徐謹
題爲詳參疏防文職事據江蘇按察使額騰伊詳
稱據江寧府知府王青蓮詳據署句容縣知縣
石常泰詳稱道光拾貳年拾貳月初壹日據監
生經奠邦稟報拾壹月貳拾捌夜被賊越牆進
內行竊聞聲起捕賊人嚇門行強入室搶去衣
物銀兩並將工人馬四毆傷逃逸報候緝究等
情到縣據即會營前詣勘明訊據事主地鄰人
等供與報詞無異飭仵驗得馬四右手背有鐵
器傷壹處填單附卷撥醫調治飭牙估計失贓
值銀叁拾貳兩零造冊通詳蒙批緝參在案迄
今疏防限屆犯無弋獲飭查馬四傷已平復合

江蘇巡撫林則徐題本 題參署句容縣知縣石常泰等疎防竊案限滿贓犯無獲

道光十三年六月初一日

將文職印捕職名開報等情由府開列督捕
緝職名詳叅到司據此並准江巡道移送兼轄
職名前來除飭勒緝贓盜務獲究報外該江蘇
按察使額騰伊查得句容縣事主監生經賓邦
被竊臨時行強壹案疎防例限肆箇月應以道
光拾貳年拾壹月貳拾捌失事之日起扣至拾
叁年叁月貳拾捌日滿贓盜無獲所有文職疎
防職名印官係署句容縣知縣石常泰捕官係
代理句容縣典史沈德薰督捕係不同城署江
寧府北捕通判葛起元督緝係不同城前任江
寧府知府趙炳言兼轄係不同城前任江南鹽
巡道葆謙理合開報查捕官沈德薰已於拾叁

年正月貳拾肆日未經限滿之先卸事係代理
人員不復回任應請議結正任共安沈炳卸於
是日回任接緝應俟限滿有無獲犯另詳請咨
督緝知府趙炳言已於拾叁年貳月初陞未經
限滿之先陞任廣東惠潮嘉道卸事不復回任
應請議結現任江寧府知府王青蓮係接督緝
之員例無處分相應聲明詳候核叅至失事處
所離城汛伍拾里並無墩舖防兵合并聲明等
情到臣據此該臣查得句容縣事主監生經蕡
家被竊臨時行強壹案疎防例限肆箇月應以
道光拾貳年拾壹月貳拾捌失事之日起扣至
拾叁年叁月貳拾捌日滿贓盜無獲關列疎防

職名請參前來除飭勒緝贓盜務獲究報外所
有文職疏防職名印官係署句容縣知縣石常
泰捕官係代理句容縣典史沈德藻督捕係不
同城署江寧府北捕通判葛起元督緝係不同
城前任江寧府知府趙炳言兼轄係不同城前
任江南鹽巡道崇禕相應列參聽候部議查捕
官沈德藻已於拾叁年正月貳拾貳日未經限
滿之先卸事係代理人員不復回任應行議結
正任典史沈炳即於是日回任接緝應俟限滿
有無獲犯另行咨參督緝知府趙炳言已於拾
叁年貳月初陸未經限滿之先陞任廣東惠潮
嘉道卸事不復回任應行議結現任江寧府知

江蘇巡撫林則徐題本　題參署句容縣知縣石常泰等疏防竊案限滿贓犯無獲

道光十三年六月初一日

府王青蓮係接督緝之員例無處分至失事處
所離城汛伍拾里並無墩舖防兵合並陳明臣
謹具
題伏乞
皇上聖鑒勅部議覆施行謹題請
旨

道光十三年六月初一日[illegible]兼提督軍務總理糧儲臣林則徐

兵部侍郎兼都察院右副都御史巡撫江蘇等處地方提督軍務總理糧儲臣林則徐謹
題爲詳參疏防文職事該臣查得句容縣事主監
生錢貞邦被竊臨時行強壹案疏防例限肆箇
月應以道光拾貳年拾壹月貳拾捌日失事之日
起扣至拾叁年叁月貳拾捌日滿限贓盜無獲所
列文職疏防職名請參前來除飭勒緝贓盜務
獲究報外所有文職疏防職名印官係署句容
縣知縣石常泰捕官係代理句容縣典史沈德
薰督捕係不同城署江寧府北捕通判葛起元
督緝係不同城前任江寧府知府趙炳言兼轄
係不同城前任江南鹽巡道萊謙相應列參聽
候部議謹題請
旨

江蘇巡撫林則徐題本

題參如皋縣知縣范仕義等疎防竊案限滿贓犯無獲

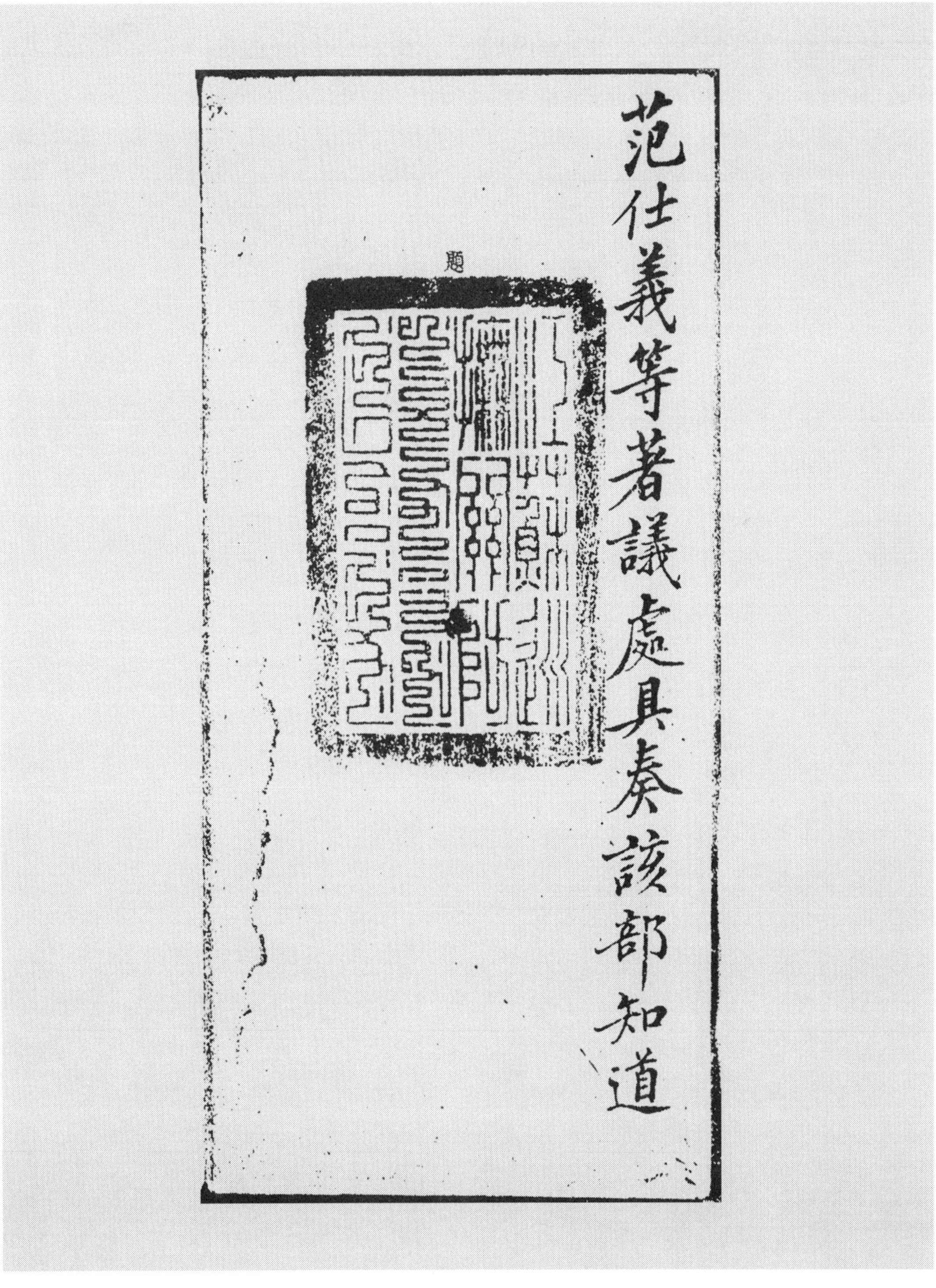
題

范仕義等著議處具奏該部知道

江蘇巡撫林則徐題本　題參如皋縣知縣范仕義等疎防竊案限滿贓犯無獲
道光十三年六月初一日

兵部侍郎兼都察院右副都御史巡撫江蘇等處地方提督軍務總理糧儲臣林則徐謹
題爲詳參疎防文職事據江蘇按察使額騰伊詳
稱據署通州知州傅璋詳據如皋縣知縣范仕
義詳稱道光拾貳年拾壹月貳拾柒日據地保
周鵬報據民人張春美投稱拾壹月貳拾肆日
夜被賊越籬進院撬門入室竊去制錢衣物伊
妻金氏驚覺起捕追出門外扭獲一賊被匪圖
脫用刀拒傷逃逸報候緝究等情到縣據即會
營勘明進竊情形飭仵驗得張金氏右手大貳
指縫刃劃傷壹處塡單附卷撥醫調治訊據事
主地鄰人等供與報詞無異飭令估計失贓值
銀拾貳兩零造冊通詳奉批緝拏在案迄今疎

防限屆犯無弋獲合將文職印捕職名詳報等
情由州開列督捕督緝各職名詳參到司除移
取巡道兼銜職名另詳請參並飭勒緝贓賊務
獲究報外該江蘇按察使額騰伊查得如皋縣
事主張春美之妻金氏被賊圖脫拒捕刃傷壹
案疏防例限肆箇月應以道光拾貳年拾壹月
貳拾肆失事之日起扣至拾叁年叁月貳拾肆
日滿贓賊無獲所有文職疏防職名印官係如
皋縣知縣范仕義捕官係如皋縣典史程勳督
捕係不同城兼攝通州州同事署通州知州傅
璋督緝係不同城署通州知州傅璋再傅璋兼
攝州同已於道光拾貳年拾貳月初壹日未經

限滿之先交卸計督捕未及拾日督捕處分例得免議接督捕係署州同朱恭壽例無處分相應聲明聞報詳候核參再此案失事處所離城捌拾里離汛貳拾里地無塘鋪防兵至該事主被拒傷痕曾否平復未據聲敘現飭查明另詳合併聲明等情到臣據此該臣查得如皋縣事主張春美之妻金氏被賊圖脫拒捕刃傷壹案疎防例限肆箇月應以道光拾貳年拾壹月貳拾肆失事之日起扣至拾叁年叁月貳拾肆日滿贓賊無獲開列文職疎防職名請參前來除飭取巡道兼轄職名另參並飭勒緝贓賊務獲究報外所有文職疎防職名印官係如皋縣知

縣范仕義捕官係如皋縣典史程勳督捕係不
同城兼攝通州州同事署通州知州傅璋督緝
係不同城署通州知州傅璋再傅璋兼攝州同
已於道光拾貳年拾貳月初壹日未經限滿之
先交卸計督捕未及拾日督捕處分例得免議
接督捕係署州同朱恭壽例無處分相應聲明
列叅再此案失事處所離城捌拾里離汛貳拾
里並無墩舖防兵至該事主被拒傷痕會否平
復未據聲明現飭查明另咨合並陳明臣謹具
題伏乞
皇上聖鑒勅部議覆施行謹題請
旨

江蘇巡撫林則徐題本 題參如皋縣知縣范仕義等疏防竊案限滿贓犯無獲

道光十三年六月初一日

道光[illegible]地方提督軍務總理糧餉臣林則徐

兵部侍郎兼都察院右副都御史巡撫江蘇等處地方提督軍務總理糧餉臣林則徐謹
題爲詳參疏防文職事該臣查得如皋縣事主張
春美之妻金氏被賊圖脫拒捕刃傷壹案疏防
例限肆箇月應以道光拾貳年拾壹月貳拾肆
日失事之日起扣至拾叁年叁月貳拾肆日滿贓
賊無獲開列文職疏防職名請參前來除飭取
巡道兼轄職名另參並飭緝贓賊務獲究報
外所有文職疏防職名印官係如皋縣知縣范
仕義捕官係如皋縣典史程勳督捕係不同城
兼攝通州州同事署通州知州傅璋督緝係不
同城署通州知州傅璋相應列參謹題請
旨

江蘇巡撫林則徐題本

奏銷江淮等屬道光七年份未完正耗錢糧已未完數

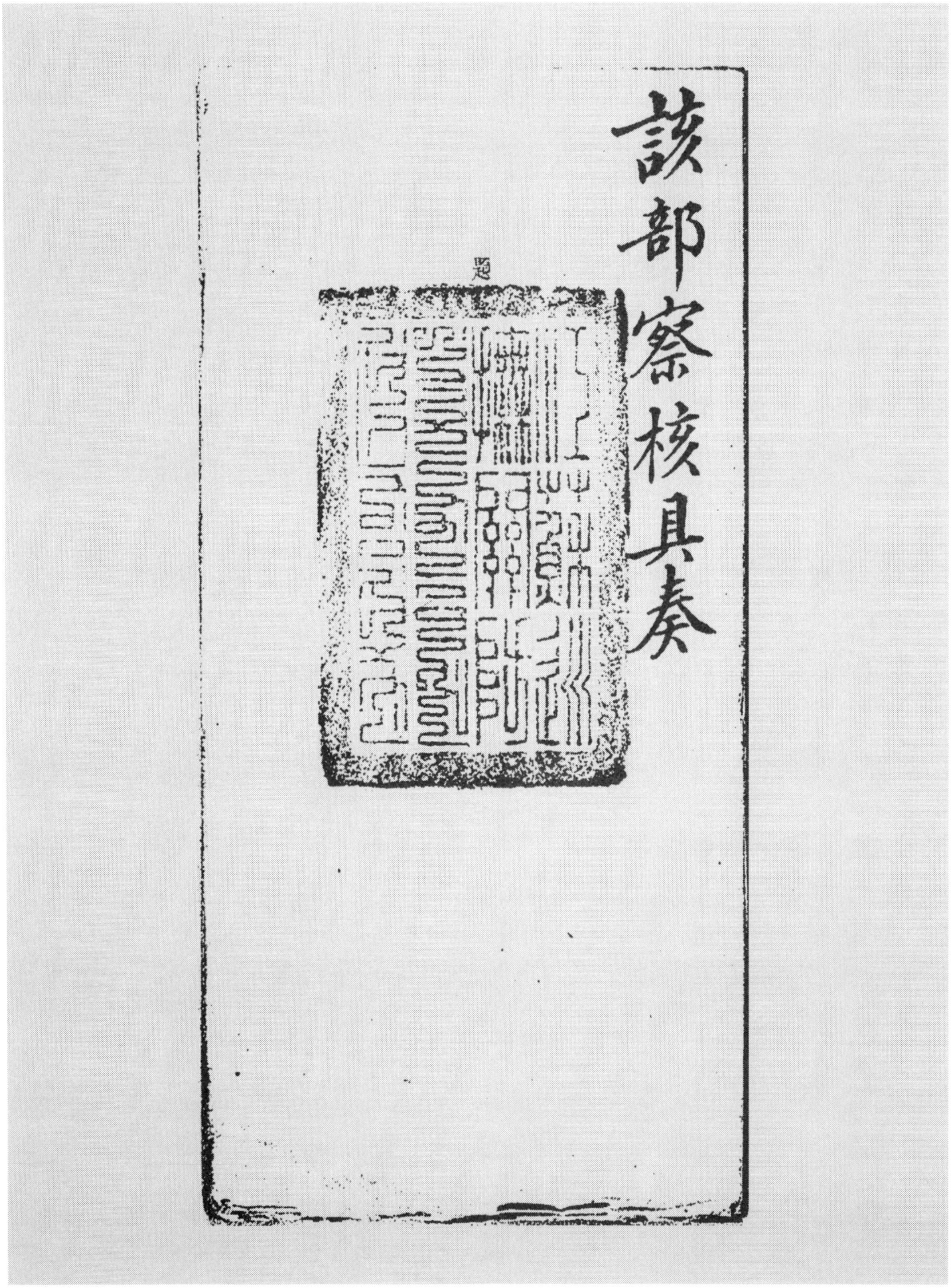
該部察核具奏

題

江蘇巡撫林則徐題本　奏銷江淮等屬道光七年份未完正耗錢糧已未完數

道光十三年六月初一日

兵部侍郎兼都察院右副都御史巡撫江蘇等處地方提督軍務總理糧餉臣林則徐謹
題爲復奏道光柒年奏銷錢糧事據江寧布政使
趙盛奎詳稱竊照江淮等屬道光柒年民屯地
丁等項正耗錢糧先經依限造具奏銷冊結詳
奏核
題奉准部文內開吏部查定例地丁錢糧經徵州
縣官欠不及壹分者停其陞轉罰俸壹年欠壹
分者降職壹級欠貳分者降職貳級欠叁分者
降職叁級俱令戴罪徵收布政使知府直隸州
知州欠不及壹分者停其陞轉罰俸陸箇月欠
壹分者罰俸壹年欠貳分者降職壹級俱令戴
罪督催巡撫欠不及壹分者停其陞轉罰俸叁

箇月戴罪督催又定例江蘇省額徵本色米豆
知有未完初參州縣官欠貳分以上者住俸叁
分以上者降貳級留任俱令戴罪催徵完日開
復督催之巡撫知府欠壹分以上者罰俸叁箇
月戴罪督催完日開復凡州縣及督催各官欠
不及壹分者均免議其署印官照徐淮臨德等
倉錢糧署印官例議處又定例徐淮臨德等倉
錢糧署印官欠壹分貳分者罰俸叁箇月又定
例漕項錢糧未完照地丁錢糧例議處又定例
官員承追不作拾分之雜項錢糧未完初參降
俸貳級戴罪催追完日開復又定例官員任內
有承督未完案件於限內離任者以罰俸壹年

完結又定例官員署印不及壹月者免議又定
例錢糧未完各官參後續報全完者扣除免議
等語除貳叁官徵完各官並米豆公費項下全
完各員例無議敘前任六合縣知縣熊傳栗前
任高郵州知州李宗穎前任沭陽縣休致知縣
譚炳光任内俱有災緩未完均無庸議敘至參
後續報全完各官照例准其扣除免議米豆項
下未完不及壹分之員例得免議前任江寧布
政使張志緒泰興縣知縣陳冀沭陽縣知縣譚
炳光例止停陞罰俸降職降俸俱經休致并病
故各員均無庸議及署印不及壹月卸事之員
例得免議外應將經徵接徵未完不及壹分之

前任上元縣知縣王文炳句容縣毛正坦署山
陽縣事邳州州同祝謙署阜寧縣事高淳縣知
縣許心源阜寧縣知縣安貞吉桃源縣知縣趙
彩麟鹽城縣知縣臧新芝前任江都縣知縣伍
家榕署江都縣事阜寧縣知縣孫世藻前任儀
徵縣知縣劉大烈儀徵縣知縣范仕義署銅山
縣事長洲縣知縣陳經前任銅山縣知縣馮立
崇署豐縣事試用知縣王琛邳州知州李正鼎
署邳州事碭山縣知縣王朝述署贛榆縣事試
用知縣趙本敬均照例停其陞轉罰俸壹年戴
罪徵收未完壹分以上之安東縣知縣胡杰碭
山縣知縣蕭翀前任睢寧縣知縣金更生均照

例降職壹級戴罪徵收未完叁分以上之前任
豐縣知縣朱鳴雷照例降職叁級戴罪徵收督
催未完不及壹分之署江寧布政使事按察使
覺羅慶善江寧布政使賀長齡前任江寧府知
府余霈元前任淮安府知府富斌署淮安府事
淮安府軍捕通判田銳揚州府知府黃在厚署
揚州府事江寧府管糧同知宋獻章前任徐州
府知府張作楠署徐州府事海門廳同知許文
設徐州府知府潘標署海州事通州知州周燾
海州知州許乃大署通州事候補知州周岱齡
均照例停其陞轉罰俸陸箇月戴罪督催督催
未完不及壹分之江蘇巡撫陶澍照例停其陞

照罰俸叁箇月戴罪督催民折官辦漕糧項下
經徵接徵未完壹分以上之署宿遷縣事山陽
縣知縣范鳳諧宿遷縣知縣平翰均照例降職
壹級戴罪徵收本色米豆項下經徵未完貳分
以上之前任六合縣知縣熊傳栗應照例住俸
戴罪催徵完日開復雜税錢糧未完之署儀税
局大使事試用未入流吳正臣儀税局大使陳
廷銓學租項下未完之前任溧水縣知縣鄧秉
乾溧水縣知縣劉佳前任泰州知州王有慶代
理泰州事金壇縣知縣陳希敬署泰州事蘇州
府海防同知劉鈴蕭縣知縣李萬倉署如皋縣
事試用知縣王子洋署如皋縣事沭陽縣縣丞

奏頤齡、如皋縣知縣王善業均照例降俸貳級戴罪催追，完日開復。慶善已陞浙江布政使，余霈元已陞徐州道，王有慶已陞淮安府知府，劉大烈已調東臺縣知縣，鄧秉乾已調奉賢縣知縣，祝豫、許心源、陳經、周燾、范鳳階、秦頤齡均係署事官，吳正臣、王子洋俱係試用署事之員，伍家榕、朱鳴雷均已告病，許文設已經丁憂，張作楠以中簡知府選用，田鈗已另案降調又經開復，均於未經限滿之先卸事，俱應照離任官例。慶善、余霈元、王有慶、劉大烈、鄧秉乾、祝豫、許心源、陳經、周燾、范鳳階、陳布啟、秦頤齡應各於現任內罰俸壹年。吳正臣、王子洋、伍家榕、朱鳴雷

許文設張作楠田鋭應各於補官日罰俸壹年
富斌以道員陞用今授河南河陝汝道王文炳
已調上海縣知縣熊傳栗已調吳縣知縣宋獻
章劉鈐均係署事官王琛趙本敭周岱齡均係
候補試用署事之員孫世藻已經丁憂馮立嵘
以中簡知縣改補王朝述以縣丞選用胡杰金
更生均已另案革職其應照例議結之處均俟
複參案內聲明卸事日期吏部再行核議陶澍
余霈元俱又米豆項下督催未完壹分以上應
照例各再罰俸叁箇月戴罪督催完日開複余
霈元已陞徐州道於限內卸事應照離任官例
於現任內再罰俸壹年劉大烈又前在儀徵縣

一

任內雜稅錢糧項下經徵接徵初參未完朱鳴
雷又前在豐縣任內趙彩麟又前署蕭縣任內
王埰又前署蕭縣任內周燾又前署海州任內
俱又學租空缺項下初參未完均於限內卸事
均照離任官例劉大烈趙彩麟周燾應各於現
任內再罰俸壹年朱鳴雷王埰應各於補官日
再罰俸壹年黄在厚又前署江寧府任內地丁
錢糧項下督催未完不及壹分應照例再停其
陞轉罰俸陸箇月戴罪督催王文炳又前在上
元縣任內公費地畝項下經徵未完不及壹分
應照例再停其陞轉罰俸壹年戴罪嚴收富斌
又前在淮安府任內民折官辦漕糧項下督催

未完壹分以上應照例再罰俸壹年戴罪督催
安貞吉又民折官辦漕糧項下經徵未完壹分
以上應照例再降職壹級戴罪徵收趙本敭又
前署贛榆縣任內民折官辦漕糧項下經徵未
完叁分以上應照例再降職叁級戴罪徵收王
堺又前署豐縣任內學租空缺項下接徵未完
應照例再降俸貳級戴罪催追完日開復富斌
以道員陞用今授河南河陝汝道王文炳已調
上海縣知縣黃在厚係署事官趙本敭王堺俱
係試用署事之員其應照例議結之處亦俟覆
叁案內聲明卸事日期吏部再行核議王文炳
又前在上元縣任內米豆項下經徵未完叁分

以上應照例再降貳級留任戴罪催徵完日開
復其應照例議結之處亦俟復參到日再議王
文炳又前在上元縣任內學租空缺項下經徵
未完應照例再降俸貳級戴罪催追完日開復
其應照例議結之處亦俟復參到日再議賀長
齡許乃大俱又民折官辦漕糧項下督催未完
壹分以上應照例各再罰俸壹年戴罪督催趙
彩麟又民折官辦漕糧項下經徵未完壹分以
上應照例再降職壹級戴罪徵收潘標又民折
官辦漕糧項下督催未完貳分以上應照例再
降職壹級戴罪督催范壯義又雜稅錢糧項下
許乃大又學租空缺項下接徵未完應照例各

再降俸貳級戴罪催追完日開復慶善又前署
江寧布政使任內黃在厚又前署江寧府任內
俱又米豆項下均署印未完壹分以上應照例
各再予現任內罰俸叁箇月至興化縣地丁全
完有無節年緩帶徵錢糧未完行查戶部去後
嗣據戶部聲稱節年緩帶徵奏銷尚未到部無
從查核等語應令該撫查明該縣有無節年緩
帶徵錢糧未完之處詳晰聲敘專案報部再辦
兵部查定例衛所守備千總將一應起運錢糧
於奏銷前如數全完壹千兩以上者紀錄壹次
叁千兩以上者紀錄叁次又定例地丁錢糧經
徵未完衛所守備欠不及壹分者停其陞轉罰

俸壹年戴罪徵收等語應將單開道光柒年分
地丁錢糧全完壹千兩以下之大河衛守備劉
剛徐州衛守備李緯光均照例准其紀錄壹次
全完叁千兩以上之揚州衛守備劉燦照例准
其紀錄叁次經徵屯折正耗銀兩未完不及壹
分之淮安衛守備溫良照例停其陞轉罰俸壹
年戴罪徵收至淮安衛守備溫良大河衛守備
劉剛徐州衛守備李緯光未完銀兩既據聲稱
因災緩徵應令該撫另行扣滿年限補報考成
到日兵部再行核辦等因在案除雜稅項下未
完正耗銀兩均據各州縣陸續徵解全完業經
將奉議各官職名先後詳奉

題咨開復外該江寧布政使趙盛奎查得道光柒年奏銷冊報地丁項下未完正銀伍萬叁百貳拾貳兩貳錢柒分伍釐耗銀柒千貳百柒拾柒兩叁錢柒釐已經催完正銀壹萬伍千伍百陸拾貳兩叁錢壹釐耗銀壹千捌百貳拾叁兩伍錢玖分叁釐坐落道光捌玖年災區遞緩並奏明熟田緩徵及沙壓坍江停緩正銀貳萬陸千伍百陸拾柒兩捌錢壹分貳釐耗銀貳千柒百陸拾壹兩肆錢柒分貳釐未完熟田正銀捌千壹百玖拾貳兩壹錢陸分貳釐耗銀貳千陸百玖拾貳兩貳錢肆分貳釐公費項下未完正銀貳百貳拾叁兩肆錢伍分叁釐耗銀貳拾貳兩

叁錢肆分陸釐坐落道光玖年災區遞緩正銀
柒拾陸兩柒錢肆分叁釐耗銀柒兩陸錢柒分
伍釐未完熟田正銀壹百肆拾陸兩柒錢壹分
耗銀壹拾肆兩陸錢柒分壹釐學租項下未完
正銀壹百肆拾陸兩叁錢伍分肆釐耗銀壹拾
肆兩陸錢叁分伍釐已全數催完空款項下未
完銀柒百玖拾貳兩柒錢捌分玖釐已催完銀
貳百貳拾肆兩壹錢陸分壹釐坐落道光捌年
災區遞緩銀壹百貳拾捌兩貳錢玖分叁釐未
完熟田銀肆百肆拾兩叁錢叁分伍釐漕價項
下未完銀叁萬貳千肆百肆拾玖兩叁錢陸分
捌釐已經催完銀叁千壹百叁拾兩伍錢柒分

伍釐坐落道光捌年災區遞緩銀貳萬玖千叁
百壹拾捌兩柒錢玖分叁釐本色米豆項下未
完米貳萬壹百玖拾玖石伍斗叁升伍合陸勺
已經催完米貳萬陸石陸斗陸升陸合壹勺坐
落道光捌年災區遞緩米壹百玖拾貳石捌斗
陸升玖合伍勺南豆項下未完豆叁斗伍升肆
合伍勺已全數催完相應分晰完欠同該年奏
銷案內原參奉議已經離任應行照例議結各
官開造細冊詳候具
題至江寧省道光柒年
奏銷錢糧例於道光捌年陸月底具
題之日起再限叁箇月作爲貳參起限日期計司

府州督催以及州縣經徵例限均應自道光捌
年拾月初壹日起限再查各屬催徵錢糧年限
考成於乾隆叁拾年奉准吏部議覆每屆封印
停徵之際例不准比較難加以督催考成之責
應照原例扣限辦理等因所有寧屬道光柒年
復參案內經督催徵各官應扣封印日期現遵
於冊內分別扣除造報其地丁公費空缺項下
未完熟田銀兩現在另造續完款冊咨部扣除
免議合並聲明等情據此該臣查得江淮等屬
道光柒年民屯地丁等項正耗錢糧奏銷業經
前撫臣陶澍
題准部覆將未完各官照例分別議處等因行司

遵照在案今據江寧布政使趙盛奎詳稱江淮
等屬道光柒年奏銷案內除雜稅項下未完正
耗銀兩均據各州縣陸續徵解全完業將奉議
各官職名先後詳奉
題
題咨開復外所有地丁項下未完正銀伍萬叁百
貳拾貳兩零耗銀柒千貳百柒拾柒兩零已催
完正銀壹萬伍千伍百陸拾貳兩零耗銀壹千
捌百貳拾叁兩零坐落道光捌玖年災區遞緩
加熟田緩徵及沙壓坍江停緩正銀貳萬陸千
伍百陸拾柒兩零耗銀貳千柒百陸拾壹兩零
未完熟田正銀捌千壹百玖拾貳兩零耗銀貳
千陸百玖拾貳兩零公費項下未完正銀貳百

貳拾叁兩零耗銀貳拾貳兩零坐落道光玖年
災區遞緩正銀米拾陸兩零耗銀米兩零未完
熟田正銀壹百肆拾陸兩零耗銀壹拾肆兩零
學租項下未完正銀壹百肆拾陸兩零耗銀壹
拾肆兩零全數催完空缺項下未完銀米百玖
拾貳兩零已催完銀貳百貳拾肆兩零坐落道
光捌年災區遞緩銀壹百貳拾捌兩零未完熟
田銀肆百肆拾兩零漕價項下未完銀叁萬貳
千肆百肆拾玖兩零已催完銀叁千壹百叁拾
兩零坐落道光捌年災區遞緩銀貳萬玖千叁
百壹拾捌兩零本色米豆項下未完米貳萬壹
百玖拾玖石零已催完米貳萬陸石零坐落道

光捌年災區遞緩米壹百玖拾貳石零兩豆項
下未完豆叁斗零全數催完相應分晰完欠同
該年奏銷案內原參奉議已經離任應行照例
議結各官開造細冊詳候具
題并據聲明江寧省道光柒年奏銷錢糧例於道
光捌年陸月底具
題之日起限叁箇月作爲貳參起限日期計司府
州督催以及州縣經徵例限均應自道光捌年
拾月初壹日起限再查各屬催徵錢糧年限考
成於乾隆叁拾年奉准吏部議覆每屆封印停
徵之際例不催比殊難加以督催考成之責應
照原例扣限辦理等因所有寧屬道光柒年後

參案內經督催徵各官應扣封印日期現遵於
冊內分別扣除造報其地丁公費空缺項下未
完熟田銀兩現在另造續完款田咨部扣除兑
議等情詳來臣覆核無異除冊送部查核外相
應具
題伏乞
皇上聖鑒勅部核覆施行謹題請
旨

江蘇巡撫林則徐題本 奏銷江淮等屬道光七年份未完正耗錢糧已未完數
道光十三年六月初一日

地方提督軍務總理糧儲臣林則徐

兵部侍郎兼都察院右副都御史巡撫江蘇等處地方提督軍務總理糧儲臣林則徐謹
題爲覆奏道光柒年奏銷錢糧事該臣查得江淮
等屬道光柒年民屯地丁等項正耗錢糧奏銷
業經前撫臣陶澍
題准部覆將未完各官照例分別議處等因行司
遵照在案今據江寧布政使趙盛奎詳稱江淮
等屬道光柒年奏銷案內漕雜稅項下未完正
耗銀兩均據續解全完業將奉議各官職名先
後詳奉
題咨開復外所有地丁項下未完正銀伍萬叁百
貳拾貳兩零耗銀柒千貳百柒拾柒兩零已催
完正銀壹萬伍千伍百陸拾貳兩零耗銀壹千

捌百貳拾叁兩零尘落道光捌玖年災區遞緩
並熟田緩徵及沙壓坍江停緩正銀貳萬陸千
伍百陸拾柒兩零耗銀貳千柒百陸拾壹兩零
未完熟田正銀捌千壹百玖拾貳兩零耗銀貳
千陸百玖拾貳兩零公費項下未完正銀貳百
貳拾叁兩零耗銀貳拾貳兩零尘落道光玖年
災區遞緩正銀柒拾陸兩零耗銀柒兩零未完
熟田正銀壹百肆拾陸兩零耗銀壹拾肆兩零
學租項下未完正銀壹百肆拾陸兩零耗銀壹
拾肆兩零全數催完空缺項下未完銀柒百玖
拾貳兩零已催完銀貳百貳拾肆兩零尘落道
光捌年災區遞緩銀壹百貳拾捌兩零未完熟
田銀肆百肆拾兩零漕價項下未完銀叁萬貳
千肆百肆拾玖兩零已催完銀叁千壹百叁拾
兩零尘落道光捌年災區遞緩銀貳萬玖千叁
百壹拾捌兩零本色米豆項下未完米貳萬壹
百玖拾玖石零已催完米貳萬陸石零尘落道
光捌年災區遞緩米壹百玖拾貳石零南豆項
下未完豆叁斗零全數催完相應分晰完欠同
該年奏銷案內原參奉議已經離任應行照例
議結各官開造細冊詳
題等情前來臣覆核無異除冊送部查核外謹題
請
旨

江蘇巡撫林則徐題本

審明儀徵縣民任長懷糾衆毆斃趙秉錡案分別定擬

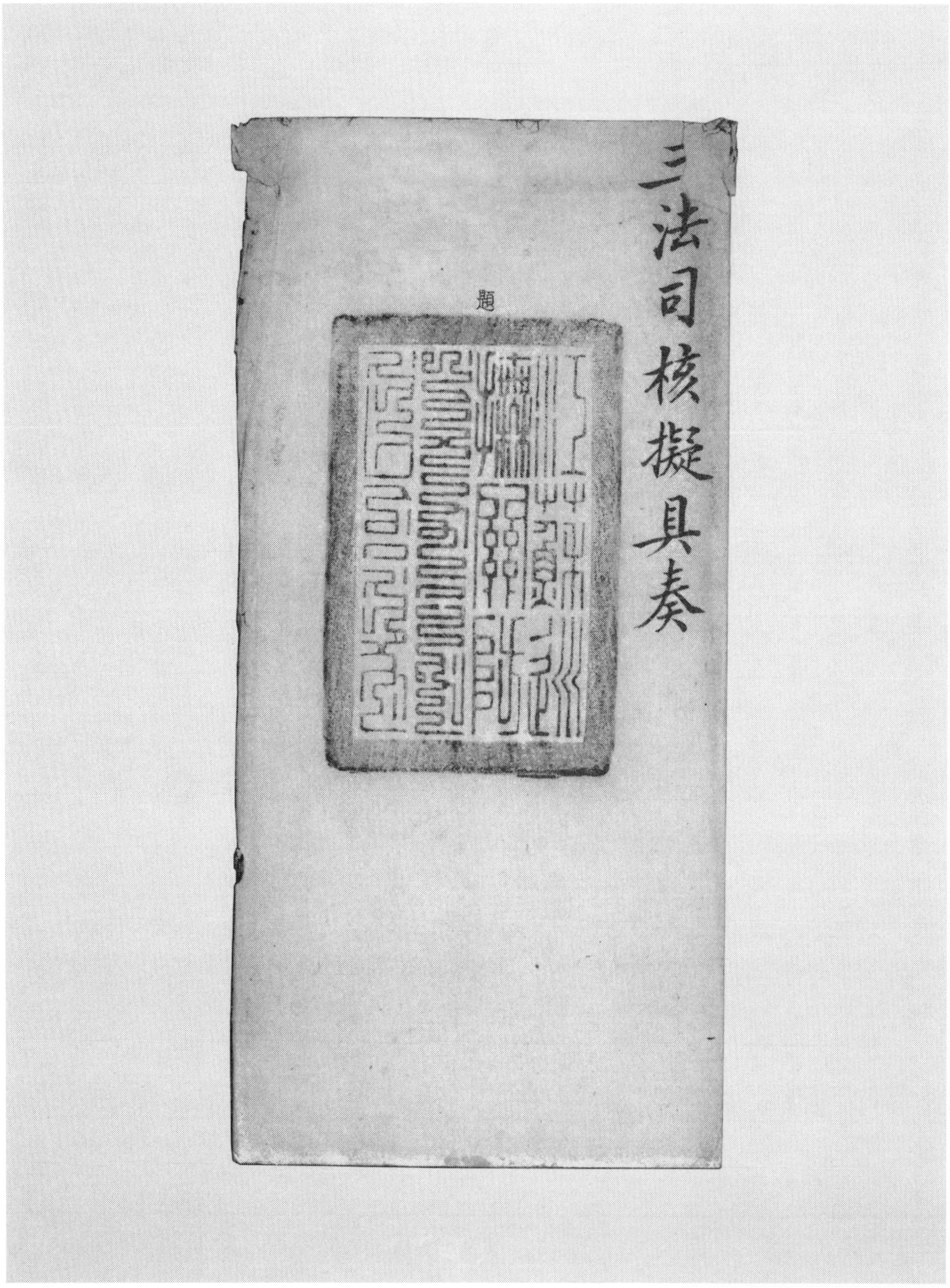

江蘇巡撫林則徐題本 審明儀徵縣民任長懷糾衆毆斃趙秉錡案分別定擬

道光十三年六月初一日

兵部侍郎兼都察院右副都御史巡撫江蘇等處地方提督軍務總理糧儲臣林則徐謹
題爲稟報事據江蘇按察使顏騰伊詳據揚州府
知府璩益詳稱查接管卷內道光拾貳年拾月
初叁日蒙按察司批據儀徵縣民趙雨和以任
長榮素與伊弟趙秉錡有嫌預謀糾令任長恒
等將伊弟揹毆致死任長恒係下手正兇議由
從犯任長懷項認等情赴司呈控核與縣詳不
符批府親提犯證卷宗研審確情擬解等因遵
經前府王青蓮卷查據前任儀徵縣知縣王用
賓詳稱道光拾貳年柒月拾壹日據地保雷楚
稟據坊民趙雨和投稱陸月貳拾肆日任長榮
等弟兄在伊家田畝之上築壩截斷水路伊與

弟趙秉錡向阻任長榮等將伊弟毆傷稟蒙驗
訊飭醫詎伊弟傷重調治不效延至本月拾壹
日因傷身死等語往查屬實理合報驗等情查
先於陸月貳拾肆日據趙雨和同弟趙秉錡稟
稱任長榮等在身家田畝之上新築土壩截斷
水道向理爭鬧身秉錡被毆受傷叩驗並據任
長榮稟稱身家田畝與趙秉錡家田相離貳里
身因天旱築壩蓄水身弟任長懷在壩頭車戽
趙秉錡糾同其兄趙雨和及佃姚二等持鍬前
往挖壩身弟向理爭毆奪取鐵鍬弟腿受傷稟
驗各等情當經分別驗明傷痕飭醫調治填單
附卷差查土壩如係新築押令挖除提齊人證

覆訊在案據報前情隨帶刑仵前詣屍所如法
相驗據仵作聞太喝報已死趙秉錡問年肆拾
柒歲驗得仰面致命左額角木器傷壹處横長
捌分不致命鼻梁拳傷壹處均皮破結疤右肩
甲木器傷壹處圍圓壹寸右肐肕木器傷壹處
横長捌分寬伍分俱紅色左右脚面各有擦傷
壹處俱散漫不齊難量分寸青色合面左臂膊
拳傷壹處散漫不齊難量分寸左後肋下木器
傷壹處長壹寸貳分寬捌分左臂木器傷壹處
散漫不齊難量分寸左腿木器傷壹處長壹寸
叁分寬伍分以上俱青紅色餘無故委係因傷
身死報畢親驗無異填格取結屍飭棺殮訊因

任長肇家田畝在趙兩和家田畝之上向俱公
用小龍潤水各自灌溉道光拾貳年陸月任長
肇因天旱與其弟任長恒任長懷築壩蓄水是
月貳拾肆日趙兩和因被斷截水道同其弟趙
秉錡與佃戶姚二帶鍬前往挖壩放水任長懷
等弟兄見而阻奪互相爭毆任長肇用拳毆傷
趙秉錡鼻梁左臂膊並用木棍毆傷其右臁肕
任長恒用木棍毆傷趙秉錡左腿任長懷用扁
擔毆傷趙秉錡左臂右肩甲左額角左後肋下
等情飭起兇器木扁擔木棍核對屍傷相符貯
庫將任長懷收禁錄供通詳奉批覆審擬解等
因該前縣王用賓未及審解陞任卸事現署縣

孫炳煒抵任即據禁卒稟報命犯任長懷於玖
月貳拾陸日在監患病等情醫治詳咨在案奉
批前因行據該縣於拾月初陸日將犯證卷宗
解府王青蓮提訊供情各執即於初玖日補提
要證姚二未到未及審解調任卸事甲府豫益
到任催據該縣於拾叁年貳月貳拾壹日將姚
二傳到申解前來隨提集犯證逐加研訊據地
保雷楚供道光拾貳年陸月貳拾肆日趙秉錡
如何因任長榮們築壩阻截水道與他哥子趙
兩和前往開挖爭毆被任長懷們毆傷小的當
時並沒在場後來趙秉錡因傷身死報縣驗訊
趙兩和誤認被任長恒毆的傷重疑心上控的

今蒙集訊小的已細細打聽趙秉錡實是任長
懷毆死的求質究至任長榮們築的土壩有礙
水道咨小的協同縣差拆除是實據田鄰陳國
興供任長榮家的田畝在趙雨和家田畝上首
向來都在小瀧澗車水灌田道光拾貳年陸月
貳拾肆日趙雨和與弟趙秉錡知何因任長榮
們築壩阻水前往穵壩互相爭毆趙秉錡被任
長懷們毆傷身死小的當時並未在場後來纔
知道的是實據見證姚二即姚宏德供是趙秉
錡家佃户任長榮家的田在小的承種田畝上
首向來都在小瀧澗車水灌溉道光拾貳年陸
月天氣乾旱任長榮們在上流築一土壩阻住

水路以致下游乾涸。那月貳拾肆日趙秉錡與
他哥子趙雨和因田內無水，叫小的攜帶鐵鍬
木棍同往穵壩。那時任長榮們正在壩頭車水，
趙秉錡斥說不應攔澗築壩，叫小的穵開。小的
把木棍擲在地上，就用鐵鍬穵壩。任長懷上前
奪鍬，自在鍬口上碰傷左腿肚。趙秉錡在旁嚷
罵，任長榮回詈。趙秉錡撲毆，任長榮拳毆他左
臂膊、鼻梁。趙秉錡舉脚向踢，任長榮拾取地上
木棍毆傷他右臁肋。趙秉錡扭住任長榮胸衣，
適任長恒走來，接過任長榮手內木棍毆傷他
左腿。趙秉錡揪住任長榮拚命，任長懷用扁擔
毆傷趙秉錡左臂、右肩甲。趙秉錡把任長榮髮

放轉向任長懷趕打任長懷又用扁擔打傷他
左額角趙秉錡彎身拾石任長懷又打傷他左
後肋是小的勸散他們赴縣互控驗傷飭醫不
料趙秉錡醫治無效到本月拾壹日因傷死了
委沒起釁別故小的勸阻不及是實據屍兄趙
兩和供趙秉錡是胞弟小的家業田在任長榮
田畝下首向來都在小瀧澗車水灌溉道光拾
貳年陸月天時乾旱任長榮們在上流築一土
壩把澗水阻住下游乾涸那月貳拾肆日小的
因田內無水可車同兄弟趙秉錡佃戶姚二攜
帶鐵鍬木棍前往挖壩任長榮們正在壩頭車
水兄弟斥說不應攔澗築壩叫姚二挖開姚二

把木棍擦地就拏鐵鍬空攔任長懷趕來奪鍬
挫傷左腿肚兄弟在旁嚷罵任長榮回詈兄弟
趕向撲毆任長榮拳毆兄弟左臂膊鼻梁兄弟
舉脚向踢任長榮拾取地上木棍打傷兄弟右
膁肋兄弟扭住任長榮胸衣適任長恒走來接
過任長榮手內木棍打傷兄弟左腿兄弟揪住
任長榮拚命任長懷用扁擔毆傷兄弟左臂右
肩甲兄弟把任長榮鬆放轉向任長懷趕打任
長懷又用扁擔打傷兄弟左額角兄弟彎身拾
石又被任長懷打傷左後肋小的恐被毆傷不
敢上前經姚二勸散小的就同兄弟赴縣控驗
蒙飭醫調不料兄弟傷重醫治無效到柒月拾

壹日因傷死了投保報縣驗訊小的疑心任長
恒毆打兄弟左腿壹傷爲重只道他是正兇所
以上控至詞內說任長榮與兄弟有嫌糾毆的
話是圖准牽砌的今蒙研訊兄弟被毆各傷實
是任長懷所毆額角左後肋兩傷較重只求究
抵是實據餘人任長榮供儀徵縣人年叁拾玖
歲二弟任長恒三弟任長懷小的家業田在趙
雨和家田畝上首向來都在小瀧澗車水灌溉
道光拾貳年陸月天時乾旱小的與兄弟們怕
無水車灌在澗內堵築土壩那月貳拾肆日小
的同兄弟任長懷在壩頭車水趙雨和同他兄
弟趙秉錡佃户姚二走來趙秉錡斥說小的們

不應築壩阻水叫桃二用鐵鍁空壩三弟任長
懷向桃二奪鍁自在鍁口上摧傷左腿肚趙秉
錡在旁嚷駡小的回詈趙秉錡趕上撲毆小的
閃避秉勢拳毆他左臂膊鼻梁趙秉錡舉脚踢
來小的拾取地上木棍毆傷他右臁肕趙秉錡
扭住小的胸衣適二弟任長恒走來接過小的
手内木棍打傷他左腿趙秉錡揪住小的拚命
三弟幫護用木扁擔毆傷趙秉錡左臂右肩甲
趙秉錡把小的鬆放轉向三弟趕毆三弟又用
扁擔打他左額角趙秉錡彎身拾石三弟又打
傷他左後肋是桃二勸散小的與趙秉錡們控
縣驗傷飭醫不料趙秉錡醫治無效到本月拾

壹日因傷死了委沒起釁別故預謀糾毆及另
有在場幫毆的人小的情願將壩拆除至趙秉
錡兩脚面的傷想是與小的揪扭時自行擦傷
的是實據餘人任長恒供年叁拾壹歲道光拾
貳年陸月貳拾肆日哥子任長榮同兄弟任長
懷在壩頭車水趙秉錡們走去空壩與哥子們
爭毆小的走去見趙秉錡扭住哥子胷衣小的
恐哥子喫虧就接過哥子手內木棍打他左腿
壹下趙秉錡揪住哥子拚命兄弟任長懷拾取
地上扁擔毆打趙秉錡左臂右肩甲趙秉錡把
哥子鬆放轉向兄弟趕毆兄弟又用扁擔打傷
他左額角趙秉錡彎身拾石兄弟又打傷他左

後肋是桃二勸散的餘與任長榮供同據兇犯
任長懷供年貳拾陸歲儀徵縣人父親已故母
親高氏年陸拾肆歲弟兄叁人大哥任長榮二
哥任長恒小的娶妻任氏與趙秉錡素識無嫌
小的家業田在趙秉錡家田畝上首向來都在
小瀧澗車水灌溉道光拾貳年陸月天時乾旱
小的與哥子們怕無水車灌在澗內堵築土壩
是月貳拾肆日小的同哥子任長榮在壩頭車
水趙秉錡同他哥子趙雨和佃户桃二走來趙
秉錡斥說小的們不應築壩阻水叫桃二用鐵
鍬挖壩小的上前奪鍬自在鍬口上擦傷左腿
肚趙秉錡在旁嚷罵大哥回詈趙秉錡趕上撲

毆大哥拳毆他左臂膊鼻梁趙秉錡舉脚向踢
大哥拾取地上木棍打傷他右臁肕趙秉錡扭
住大哥胷衣適二哥任長恒走來接過大哥手
內木棍打傷他左腿趙秉錡揪住大哥拚命小
的幫護順拏水車上木扁擔毆傷他左臂右肩
甲趙秉錡把大哥鬆放轉向小的趕毆小的用
扁擔打傷他左額角趙秉錡彎身拾石小的又
用扁擔打傷他左後肋下是姚二勸散小的與
趙秉錡控縣驗傷飭醫不料趙秉錡醫治不效
到本月拾壹日因傷死了委非有心致死也沒
起釁别故預謀糾毆及另有在場幫毆的人是
實各等供據此查驗該犯任長懷左腿肚傷已

平復將犯發縣收禁餘人分別保押外該揚州
府知府豫益審看得儀徵縣民任長懷等共毆
趙秉錡身死壹案緣任長懷籍隸儀徵與趙秉
錡素無嫌怨任長懷家業田在趙秉錡家田畝
之上均在小瀧澗車水灌溉道光拾貳年陸月
任長懷與兄任長榮任長恒因天旱恐無水車
灌在澗內堵築土壩以致下游乾涸是月貳拾
肆日趙秉和見田內水乾無可車戽與弟趙秉
錡佃户姚二攜帶鐵鍬木棍前往挖壩放水時
適任長懷與任長榮在壩頭車水趙秉錡村斥
任長榮等不應築壩阻住水道囑令姚二挖開
姚二將木棍擲地即用鐵鍬挖壩任長懷趕向

奪鍬自在鍬口上擦傷左腿肚趙秉錡在旁嚷
罵任長榮回詈趙秉錡向其撲毆任長榮閃避
乘勢拳毆趙秉錡左臂膊鼻梁趙秉錡舉脚向
踢任長榮拾取地上木棍毆傷其右臁肕趙秉
錡扭住任長榮胷衣適任長榮次弟任長恒走
至接過任長榮手內木棍毆傷趙秉錡左腿趙
秉錡揪住任長榮拚命致擦傷兩脚面任長懷
幫護順取水車上扁擔毆傷其左臂右肩甲趙
秉錡將任長榮鬆放轉向任長懷趕毆任長懷
用扁擔毆傷其左額角趙秉錡彎身拾石任長
懷又用扁擔毆傷其左後肋下經桃二勸散兩
造控縣驗傷飭醫提訊詎趙秉錡傷重醫治無

救延至未月拾壹日殞命趙兩和投保報縣獲
犯驗訊通詳前縣王用賓未及審解卸事趙兩
和因疑任長恒所毆左腿壹傷爲重指爲正兇
赴臬司衙門呈控批經前府王青蓮行提犯證
集訊供情各執補提要證姚二未到王青蓮調
任卸事卑府祗任催據該縣傳解集案提犯研
鞫據供前情不諱詰非有心欲殺亦無起釁别
故預謀糾毆及另有在場幇毆之人矢口不移
案無遁飾查律載共毆人致死下手致命傷重
者絞監候餘人杖壹百又一家人共犯侵損於
人者以凡人首從論各等語此案任長懷等共
毆趙秉錡身死查趙秉錡先被任長榮任長恒

所毆鼻梁右臁肋左臂膊左腿各傷俱非致命
其被任長懷用扁擔所毆左額角壹傷雖係致
命業已結痂惟其最後所毆之左後肋下壹傷
近於致命左後脇傷痕較重其爲死於此傷無
疑應以任長懷擬抵任長懷合依共毆人致死
下手致命傷重者絞律擬絞監候秋後處決任
長榮任長恒先將趙秉錡毆傷並非兇助弟勢
惟係一家共犯侵損於人應同凡人首從論任
長榮任長恒均合依共毆餘人杖壹百律各杖
壹百折責發落趙兩和因公用澗水被任長榮
等築壩阻遏偕往究詰尚無不合應與勸阻不
及之姚二均無庸議任長榮等所築土壩飭縣

押拆照舊公用並永禁堵築以杜爭端任長懷
左腿肚擦傷業已平復亦無庸議無干省釋屍
棺飭埋兇器木扁擔木棍解驗等情招解到司
該江蘇按察使顏賸伊提犯親訊核擬無異解
候勘
題等情招解到臣提犯親審無異該臣看得儀徵
縣民任長懷等共毆趙秉錡身死壹案緣任長
懷籍隸儀徵與趙秉錡素無嫌怨任長懷家業
田在趙秉錡家田畝之上均在小瀧澗車水灌
溉道光拾貳年陸月任長懷與兄任長榮任長
恒因天旱恐無水車灌在澗內堵築土壩以致
下游乾涸是月貳拾肆日趙雨和見田內水乾

無可車戽與弟趙秉錡佃户姚二攜帶鐵鍬木
棍前往穵壩放水時適任長懷與任長榮在壩
頭車水趙秉錡村斥任長榮等不應築壩阻住
水道囑令姚二穵開姚二將木棍擲地即用鐵
鍬穵壩任長懷趕向奪鍬自在鍬口上並傷左
腿肚趙秉錡在旁嚷罵任長榮回詈趙秉錡向
其撲毆任長榮閃避乘勢拳毆趙秉錡左臂膊
鼻梁趙秉錡舉脚向踢任長榮拾取地上木棍
毆傷其右膁肕趙秉錡扭住任長榮胷衣適任
長榮次弟任長恒走至接過任長榮手内木棍
毆傷趙秉錡左腿趙秉錡揪住任長榮拚命致
擦傷兩脚面任長懷幫護順取水車上扁擔毆

傷其左臂右肩甲趙秉錡將任長榮鬆放轉向
任長懷趕毆任長懷用扁擔毆傷其左額角趙
秉錡彎身拾石任長懷又用扁擔毆傷其左後
肋下經姚二勸散兩造控縣驗傷飭醫提訊詎
趙秉錡傷重醫調無效延至本月拾壹日殞命
趙雨和報縣獲犯驗訊通詳趙雨和疑任長恒
所毆左腿壹傷爲重指爲正兇赴臬司衙門呈
控批府行提犯證訊明解勘據供前情不諱詰
非有心欲殺預謀糾毆亦無起釁別故及另有
在場幫毆之人矢口不移案無遁飾查律載共
毆人致死下手致命傷重者絞監候餘人杖壹
百又一家人共犯侵損於人者以凡人首從論

各等語此案任長懷等共毆趙秉錡身死查趙
秉錡先被任長榮任長恒所毆鼻梁右臁肕左
臂膊左腿各傷俱非致命其被任長懷用扁擔
所毆左額角壹傷雖係致命業已結痂惟其最
後所毆之左後肋下壹傷近於致命左後脇傷
痕較重其爲死於此傷無疑應以任長懷擬抵
任長懷合依共毆人致死下手致命傷重者絞
律擬絞監候秋後處決任長榮任長恒先將趙
秉錡毆傷並非兄助弟勢惟係一家共犯侵損
於人應同凡人首從論任長榮任長恒均合依
共毆餘人杖壹百律各杖壹百折責發落趙雨
和因公用涸水被任長榮等築壩阻遏偕往吵

啓尚無不合應與勸阻不及之姚二均無庸議
任長榮等所築土壩飭縣押令照舊公用並永
禁堵築以杜爭端任長懷左腿肚揢傷業已平
復亦無庸議無干省釋屍棺飭埋兇器木扁擔
木棍發回銷毀臣謹具
題伏乞
皇上聖鑒勅下三法司核覆施行再此案審限陸箇
月應以道光拾貳年柒月拾壹報驗之日起前
縣王用賓未及審解於玖月拾肆日卸事計承
審兩箇月零叁日該署縣孫炳煒是日到任前
官承審過半例得加展壹箇月除犯病壹月連
閏應扣至拾壹月拾壹日滿該縣未及審解即

據屍親上控批府親提於拾月初陸日將犯卷
解郡並未逾限該前府王青蓮提訊供情各執
即於初玖日補提要證姚二未到未及審解於
拾叁年正月拾玖日卸事該府豫盛是日到任
催據該縣於貳月貳拾壹日傳到姚二解府除
提解例限貳拾日封印壹箇月計遲延兩箇月
零貳拾貳日所有提解遲延壹月以上職名係
署儀徵縣知縣孫炳煒相應附叅至府司院分
限應以拾叁年貳月貳拾壹該縣解到要證之
日起除程限拾壹日統應扣至陸月初貳日全
限届滿合並陳明謹題請
旨

江蘇巡撫林則徐題本 審明儀徵縣民任長懷糾衆毆斃趙秉錡案分別定擬

道光十三年六月初一日

道光十三年六月初一日兵部侍郎兼都察院右副都御史巡撫江蘇等處地方提督軍務總理糧儲臣林則徐

兵部侍郎兼都察院右副都御史巡撫江蘇等處地方提督軍務總理糧儲臣林則徐謹

題為稟報事該臣看得儀徵縣民任長懷等共毆趙秉錡身死壹案緣任長懷與趙秉錡素無嫌怨任長懷家業田在趙秉錡家田畝之上道光拾貳年陸月任長懷與兄任長榮任長桓因天旱在澗内築壩蓄水以致下游乾涸是月貳拾肆日趙兩和見田内水乾無可車戽與弟趙秉錡佃户姚二攜帶鐵鍬木棍前往挖壩放水時適任長懷與任長榮在壩頭車水趙秉錡村斥任長榮等不應築壩阻住水道令姚二挖開姚二即用鐵鍬挖壩任長懷趕向奪鍬致在鍬口上極傷左腿肚趙秉錡在旁嚷罵任長榮回詈趙秉錡向其撲毆任長榮閃避乘勢拳毆其左

江蘇巡撫林則徐題本　審明儀徵縣民任長懷糾衆毆斃趙秉錡案分別定擬　道光十三年六月初一日

骨膊鼻梁趙秉錡舉脚向踢任長榮拾取木棍毆傷其右臁肕趙秉錡扭住任長榮胸衣適任長榮次弟任長恒走至接過任長榮手內木棍毆傷趙秉錡左腿趙秉錡揪住任長榮拚命致擦傷兩脚面任長懷幫護順取扁擔毆傷其左臂右肩甲趙秉錡將任長榮鬆放轉向任長懷趕毆任長懷用扁擔毆傷其左額角趙秉錡彎身拾石任長懷又用扁擔毆傷其左後肋下詎趙秉錡傷重延至本月拾壹日殞命報縣獲犯驗訊通詳審供不諱任長懷依共毆人致死下手致命傷重者絞律擬絞監候秋後處決謹題

請

旨

江蘇巡撫林則徐題本　**盤查前任鹽巡道葆謙任內經管道庫貯船工錢糧收放相符**

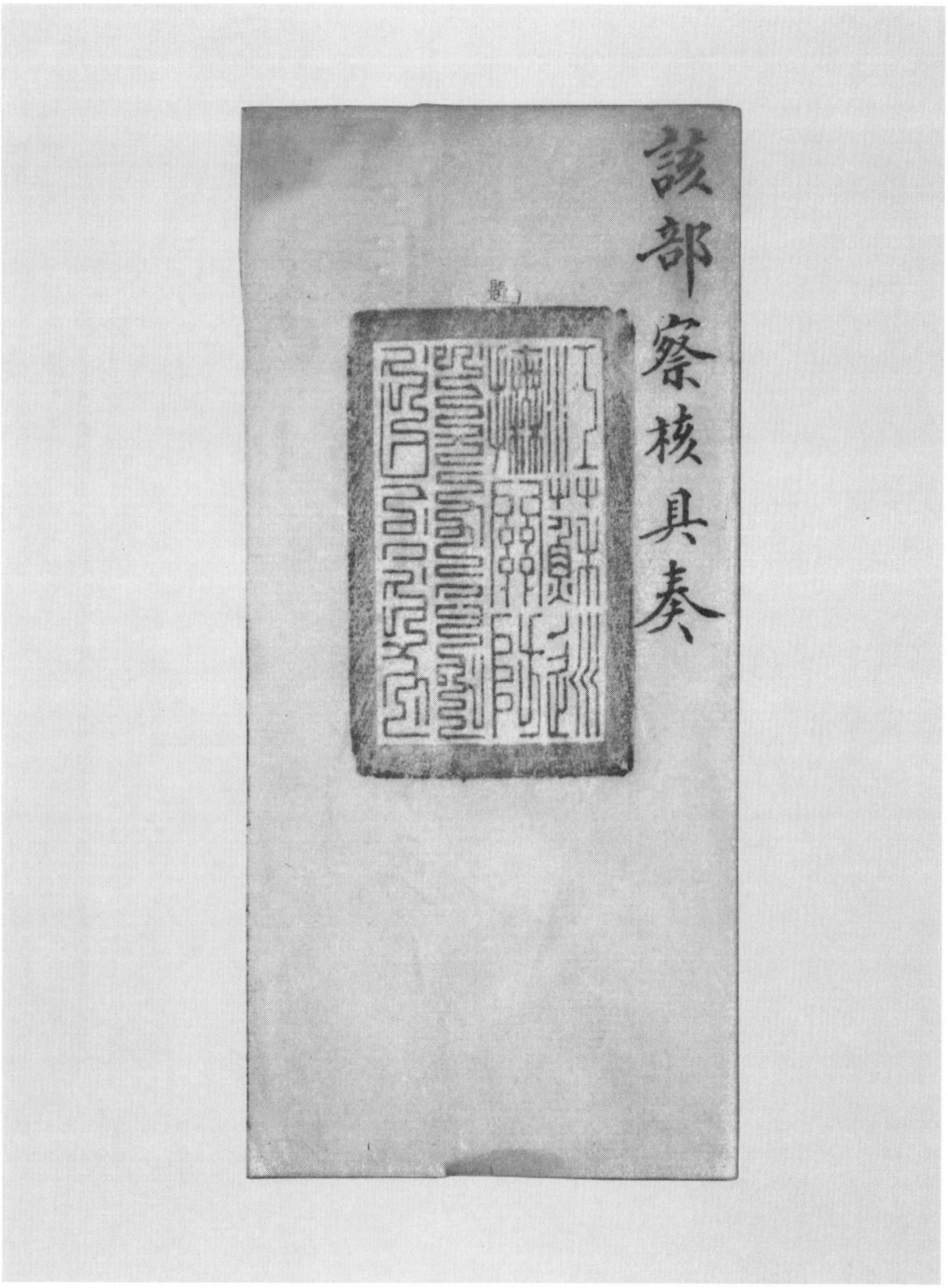

江蘇巡撫林則徐題本　盤查前任鹽巡道葆謙任内經管道庫貯船工錢糧收放相符
道光十三年六月初一日

兵部侍郎兼都察院右副都御史巡撫江蘇等處地方提督軍務總理糧儲臣林則徐謹
題爲盤查道庫交代錢糧事據江寧布政使趙盛
奎江蘇按察使額騰伊會詳稱江南鹽巡道庫
貯船工錢糧例由江寧藩司盤查結報所有前
任江南鹽巡道葆謙任内經手錢糧先經移會
盤報去後今准現署巡道王青蓮移稱前任巡
道葆謙自道光拾貳年玖月貳拾日回任起至
道光拾叁年肆月初壹日卸事止任内經手船
工錢糧俱係收放相符解給有據省塢船隻除
出差未回並届修造外其餘在塢船隻查明無
虧造冊結報到司該江寧布政使趙盛奎江蘇
按察使額騰伊會查得前任巡道葆謙自道光

拾貳年玖月叁拾日回任起至道光拾叁年肆
月初壹日卸事止冊造舊管銀貳萬捌千捌百
柒拾玖兩玖錢貳分叁釐新收銀壹萬柒千肆
百捌拾捌兩肆錢肆分陸釐開除銀壹萬玖千
玖百肆拾壹兩伍錢捌分肆釐實在存庫銀貳
萬陸千肆百貳拾陸兩柒錢捌分伍釐經現署
巡道王青蓮查明俱係收放相符解給有據船
隻齊全由司覆核無異除詳請總督盤查外相
應加結同送到冊結轉詳具
題
至此案交代限期應從現署江南鹽巡道王青
蓮於道光拾叁年肆月初壹日到任起扣限壹
月該扣至肆月叁拾日限滿今於限內交清結

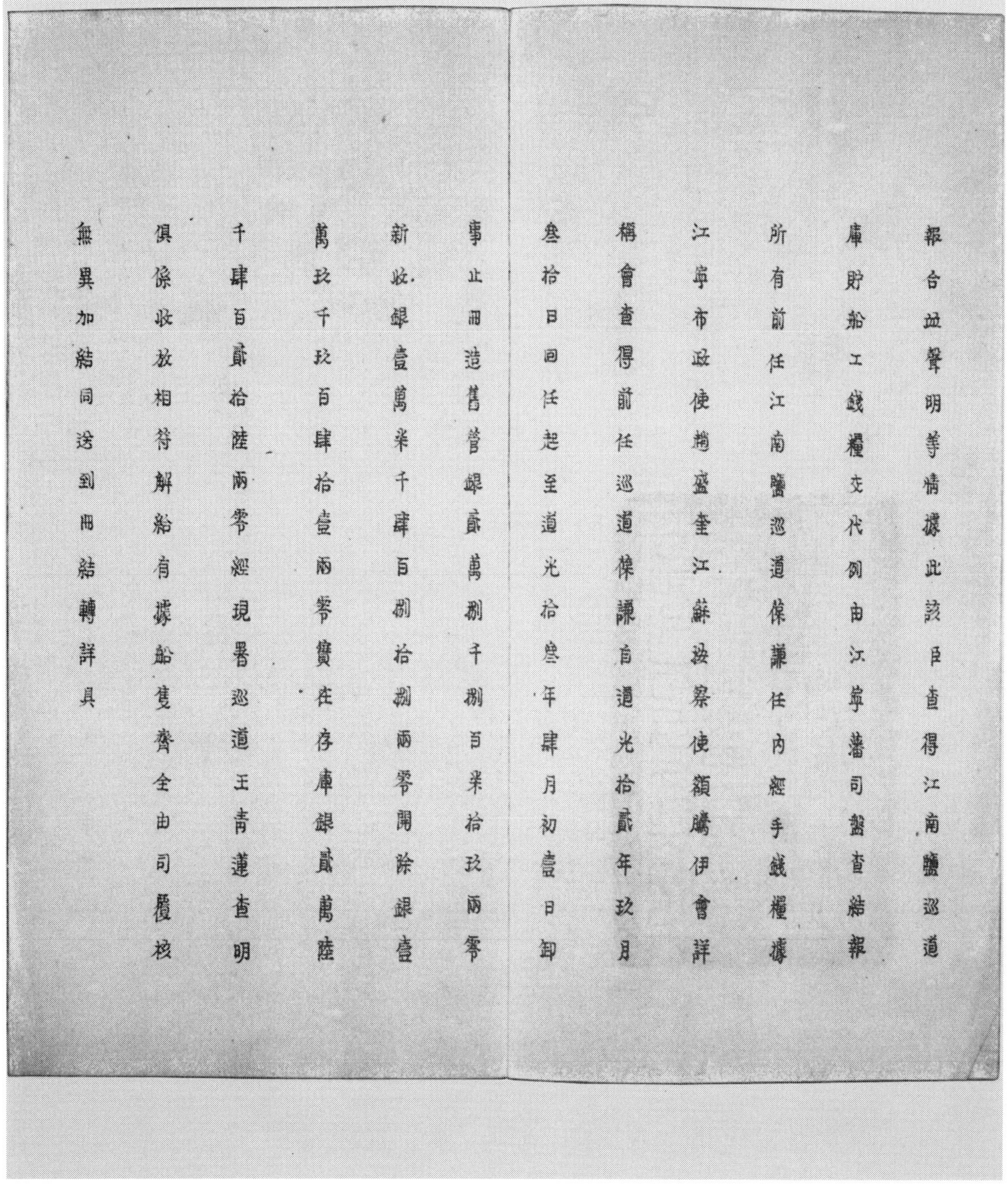
報合並聲明等情據此該臣查得江南鹽巡道
庫貯船工錢糧交代例由江寧藩司盤查結報
所有前任江南鹽巡道葆謙任內經手錢糧據
江寧布政使趙盛奎江蘇按察使額騰伊會詳
稱會查得前任巡道葆謙自道光拾貳年玖月
叁拾日回任起至道光拾叁年肆月初壹日卸
事止冊造舊管銀貳萬捌千捌百柒拾玖兩零
新收銀壹萬柒千肆百捌拾捌兩零開除銀壹
萬玖千玖百肆拾壹兩零實在存庫銀貳萬陸
千肆百貳拾陸兩零經現署巡道王青蓮查明
俱係收放相符解給有據船隻齊全由司覆核
無異加結同送到冊結轉詳具

江蘇巡撫林則徐題本　盤查前任鹽巡道葆謙任內經管道庫貯船工錢糧收放相符

道光十三年六月初一日

題并聲明限內交清結報等情前來臣覆核無異
除照例由督臣盤查兵將冊結送部查核外相
應具
題伏乞
皇上聖鑒勅部核覆施行謹題請
旨

道光[illegible]月[illegible]地方提督軍務總理糧餉臣林則徐

江蘇巡撫林則徐題本　盤查前任鹽巡道葆謙任內經管道庫貯船工錢糧收放相符

道光十三年六月初一日

兵部侍郎兼都察院右副都御史巡撫江蘇等處地方提督軍務總理糧儲臣林則徐謹
題
為盤查道庫支代錢糧事該臣查得江南鹽巡
道庫貯船工錢糧支代例由江寧藩司盤查結
報所有前任江南鹽巡道葆謙任內經手錢糧
據江寧布政使趙盛奎江蘇按察使額騰伊會
詳稱會查得前任巡道葆謙自道光拾貳年玖
月叁拾日回任起至道光拾叁年肆月初壹日
卸事止冊造舊管銀貳萬捌千捌百柒拾玖兩
零新收銀壹萬柒千肆百捌拾捌兩零開除銀
壹萬玖千玖百肆拾壹兩零實在存庫銀貳萬
陸千肆百貳拾陸兩零經現署巡道王青蓮查
明收放相符解給有滯船隻齎全由司加結同
送到冊結詳
題前來臣覆核無異除照例由督臣盤查并將冊
結送部外謹題請
旨

江蘇巡撫林則徐題本

題銷蘇州等府州屬常平倉道光七年份動存米穀數並盈餘銀兩

該部察核具奏

題

江蘇巡撫林則徐題本　題銷蘇州等府州屬常平倉道光七年份動存米穀數並盈餘銀兩
道光十三年六月初一日

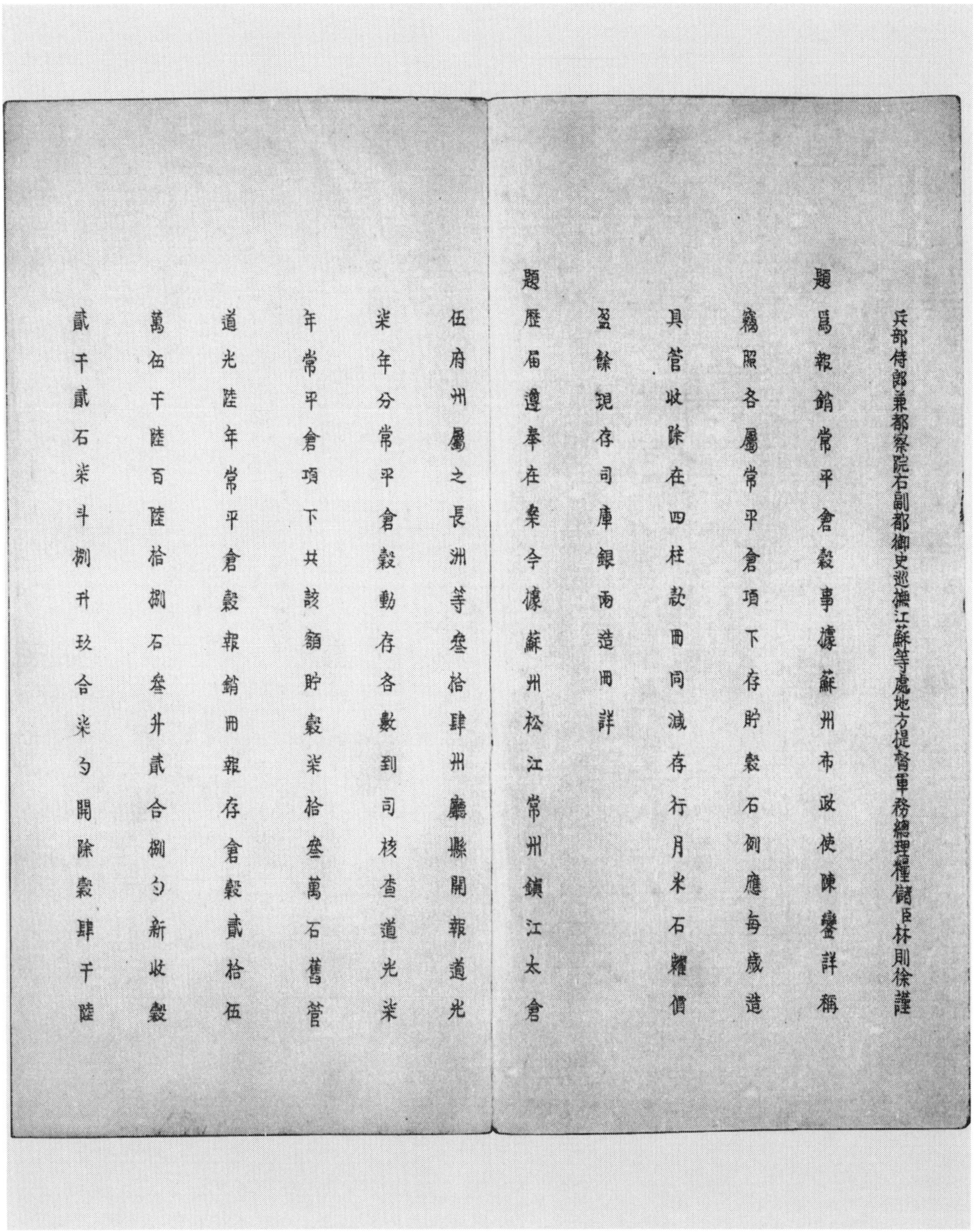
兵部侍郎兼都察院右副都御史巡撫江蘇等處地方提督軍務總理糧儲臣林則徐謹
題爲報銷常平倉穀事據蘇州布政使陳鑾詳稱
竊照各屬常平倉項下存貯穀石例應每歲造
具管收除在四柱款冊同減存行月米石糶價
盈餘現存司庫銀兩造冊詳
題歷届遵奉在案今據蘇州松江常州鎮江太倉
伍府州屬之長洲等叁拾肆州廳縣開報道光
柒年分常平倉穀動存各數到司核查道光柒
年常平倉項下共該額貯穀柒拾叁萬石舊管
道光陸年常平倉穀報銷冊報存倉穀貳拾伍
萬伍千陸百陸拾捌石叁升貳合捌勺新收穀
貳千貳石柒斗捌升玖合柒勺開除穀肆千陸

江蘇巡撫林則徐題本 題銷蘇州等府州屬常平倉道光七年份動存米穀數並盈餘銀兩

道光十三年六月初一日

百貳拾貳石貳斗玖升捌合陸勺肆抄實在截
至道光柒年年底止存倉穀貳拾伍萬叁千肆
拾捌石伍斗貳升叁合捌勺陸抄加上屆冊報
松江太倉貳府州屬嘉慶拾叁年動撥江寧省
倉災缺兵糧米未還穀陸千肆百伍拾肆石肆
斗肆升捌合肆勺又松江太倉貳府州屬嘉慶
拾玖年平糶未買穀叁千捌拾捌石玖斗捌升
又蘇州松江太倉叁府州屬嘉慶拾玖年動撥
蘇城陸冬賑米應買穀陸千石又蘇州松江
太倉叁府州屬嘉慶貳拾年借撥江寧省倉兵
米應還穀壹千柒百陸拾壹石貳斗玖升柒合
又蘇州松江鎮江太倉肆府州屬嘉慶貳拾年

借撥本省兵糧米應還穀柒千壹百柒石陸斗
陸升伍合肆勺又蘇州松江太倉叁府州屬嘉
慶貳拾年借撥本省局糧米應還穀玖百石又
蘇州松江太倉叁府州屬嘉慶貳拾年借撥本
省恤孤米應還穀壹千貳百柒拾叁石陸斗肆
升柒合肆勺又常州鎮江貳府屬嘉慶貳拾伍
年借撥江寧省倉災缺兵糧米應還穀叁千貳
拾貳石陸斗捌勺又各屬貳次清查案內註銷
折價應買穀捌萬陸千肆百玖拾貳石陸斗壹
升肆合伍勺又蘇州府屬長洲元和貳縣貳次
清查案內註銷丹徒縣欠解各年隆冬賣賑米
應買穀伍千肆百石又松江常州貳府屬官墊

江蘇巡撫林則徐題本 題銷蘇州等府州屬常平倉道光七年份動存米穀數並盈餘銀兩

道光十三年六月初一日

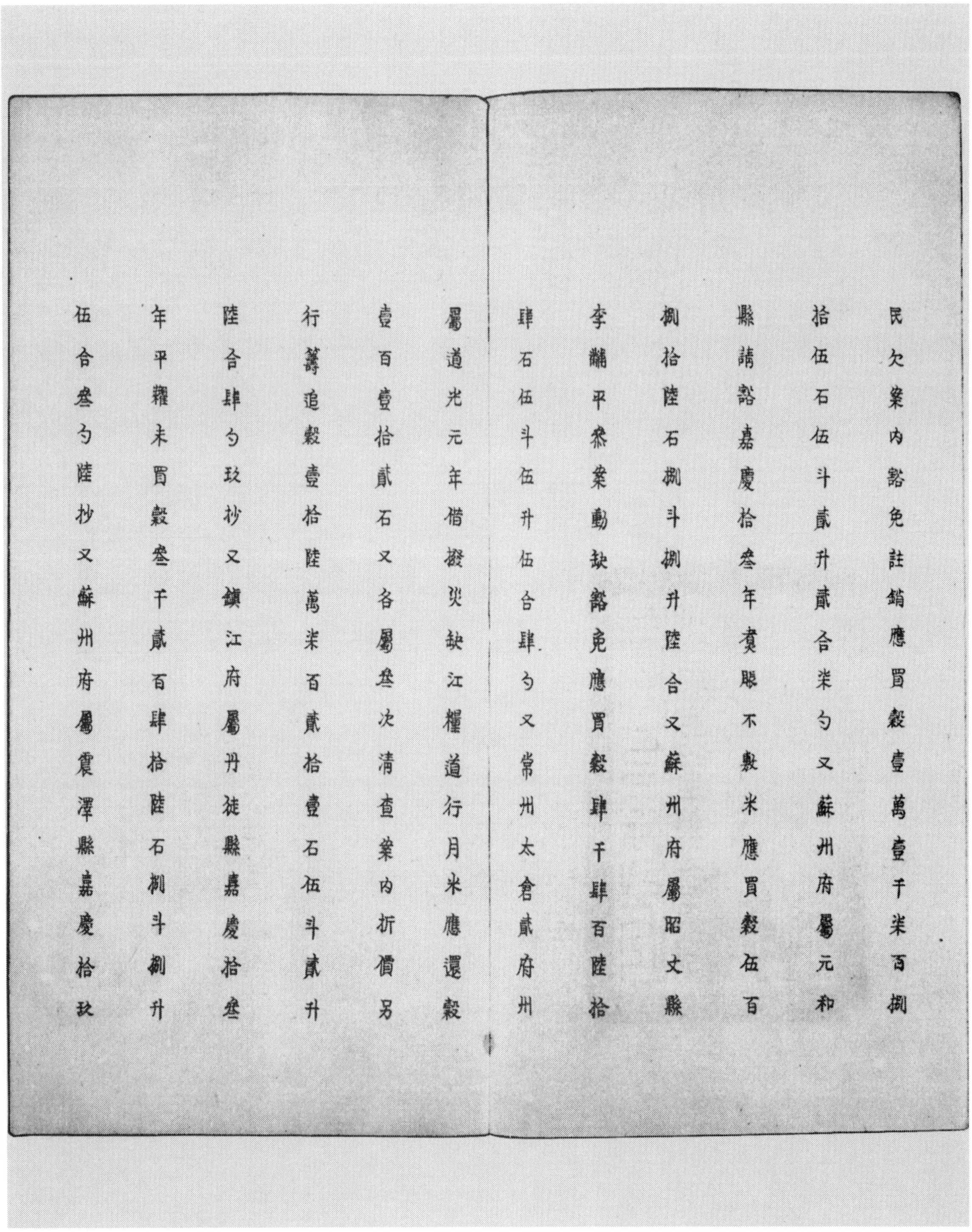

民欠案內豁免註銷應買穀壹萬壹千柒百捌
拾伍石伍斗貳升貳合柒勺又蘇州府屬元和
縣請豁嘉慶拾叁年賑不敷米應買穀伍百
捌拾陸石捌斗捌升陸合又蘇州府屬昭文縣
李鷴平糶案動缺豁免應買穀肆千肆百陸拾
肆石伍斗伍升伍合肆勺又常州太倉貳府州
屬道光元年借撥災缺江糧道行月米應還穀
壹百壹拾貳石又各屬叁次清查案內折價另
行籌追穀壹拾陸萬柒百貳拾壹石伍斗貳升
陸合肆勺玖抄又鎮江府屬丹徒縣嘉慶拾叁
年平糶未買穀叁千貳百肆拾陸石捌斗捌升
伍合叁勺陸抄又蘇州府屬震澤縣嘉慶拾玖

江蘇巡撫林則徐題本　題銷蘇州等府州屬常平倉道光七年份動存米穀數並盈餘銀兩
道光十三年六月初一日

年平糶未買穀壹千捌百貳拾石又松江府屬
奉賢縣嘉慶貳拾年平糶未買穀陸百貳拾捌
石貳斗貳升又蘇州松江常州太倉肆府州屬
道光叁年平糶應買穀玖萬伍千壹百肆拾伍
石叁斗捌升捌合又松江府屬上海縣道光肆
年平糶應買穀柒千捌百玖拾陸石貳斗壹升
陸合又鎮江府屬丹徒溧陽貳縣王臺賞恒泰
業缺交穀貳千貳百玖拾伍石叁升捌勺統共
應存穀陸拾陸萬叁千貳百伍拾貳石捌合壹
勺壹抄內有昭文縣溢穀壹千貳百貳拾伍石
叁升壹合叁勺又溧陽縣溢穀壹萬陸千柒百
捌拾叁石肆斗叁升叁合柒勺伍抄計長洲等

叁拾貳州廳縣歷年支給囚遞軍流等項口糧
動缺穀捌萬肆千米百伍拾陸石肆斗伍升陸
合玖勺肆抄相應分晰轉造司冊並遵新例將
節奉部文於冊首敘明詳送具
題又崇明縣儲崇備糶米壹萬石抵穀貳萬石另
造四柱清冊同送又各年減存行月米石糶價
盈餘舊管無項新收銀柒拾玖兩肆錢捌分玖
釐開除徑收入道光柒年秋撥戶屬事案估餉
冊內報部撥用銀柒拾玖兩肆錢捌分玖釐實
在存庫無項又買補各年平糶盈餘舊管無項
新收無項開除無項實在存庫無項分造清冊
附呈達部至此案報銷例應於道光捌年伍月

江蘇巡撫林則徐題本　題銷蘇州等府州屬常平倉道光七年份動存米穀數並盈餘銀兩

道光十三年六月初一日

內詳
題應俟該年因遞報銷及上屆倉穀報銷造冊詳
題後接續造報所有遲延職名已於上屆嘉慶貳
拾伍年倉穀報銷案內聲明在案合并聲明等
情據此該臣查得各屬常平倉穀例應按年造
冊
題報所有道光柒年動存米穀各數并減存行月
米石糶價盈餘銀兩案經檄飭照例造報今據
蘇州布政使陳鑾詳稱蘇州松江常州鎮江太
倉伍府州屬長洲等叁拾肆州廳縣常平倉項
下共該額貯穀柒拾叁萬石舊管道光陸年常
平倉穀報銷冊報存倉穀貳拾伍萬伍千陸百

陸拾捌石零新收穀貳千貳石零開除穀肆千
陸百貳拾貳石零實在存倉穀貳拾伍萬叁千
肆拾捌石零加上届冊報松江太倉貳府州屬
嘉慶拾叁年動撥江寧省倉兌缺兵糧米未還
穀陸千肆百伍拾肆石零又松江太倉貳府州
屬嘉慶拾玖年平糶未買穀叁千捌拾捌石零

又蘇州松江太倉叁府州屬嘉慶拾玖年動撥
蘇城隆冬賞賑米應買穀陸千石又蘇州松江
太倉叁府州屬嘉慶貳拾年借撥江寧省倉兵
米應還穀壹千柒百陸拾壹石零又蘇州松江
鎮江太倉肆府州屬嘉慶貳拾年借撥本省兵
糧米應還穀柒千壹百柒石零又蘇州松江太

江蘇巡撫林則徐題本　題銷蘇州等府州屬常平倉道光七年份動存米穀數並盈餘銀兩　道光十三年六月初一日

倉叁府州屬嘉慶貳拾年借撥本省局糧米應
還穀玖百石又蘇州松江太倉叁府州屬嘉慶
貳拾年借撥本省恤孤米應還穀壹千貳百柒
拾叁石零又常州鎮江貳府屬嘉慶貳拾伍年
借撥江寧省倉災缺兵糧米應還穀叁千貳拾
貳石零又各屬貳次清查案內註銷折價應買
穀捌萬陸千肆百玖拾貳石零又蘇州府屬長
洲元和貳縣貳次清查案內註銷丹徒縣欠解
各年隆冬賫賑米應買穀伍千肆百石又松江
常州貳府屬官墊民欠案內豁免註銷應買穀
壹萬壹千柒百捌拾伍石零又蘇州府屬元和
縣請豁嘉慶拾叁年賫賑不敷米應買穀伍百

捌拾陸石零又蘇州府屬昭文縣李鶴平叅案
動缺豁免應買穀肆千肆百陸拾肆石零又常
州太倉貳府州屬道光元年借撥災缺江安糧
道行月米應還穀壹百壹拾貳石又各屬叁次
清查案内折價另行籌追穀壹拾陸萬米百貳
拾壹石零又鎮江府屬丹徒縣嘉慶拾叁年平
糶未買穀叁千貳百肆拾陸石零又蘇州府屬
震澤縣嘉慶拾玖年平糶未買穀壹千捌百貳
拾石又松江府屬奉賢縣嘉慶貳拾年平糶未
買穀陸百貳拾捌石零又蘇州松江常州太倉
肆府州屬道光叁年平糶應買穀玖萬伍千壹
百肆拾伍石零又松江府屬上海縣道光肆年

平糶應買穀柒千捌百玖拾陸石零又鎮江府
屬丹徒溧陽貳縣王臺賞恒泉衆缺交穀貳千
貳百玖拾伍石零統共應存穀陸拾陸萬叁千
貳百伍拾貳石零內有昭文縣溢穀壹千貳百
貳拾伍石零又溧陽縣溢穀壹萬陸千柒百捌
拾叁石零計長洲等叁拾貳州廳縣歷年支給
囚遞軍流等項口糧動缺穀捌萬肆千柒百伍
拾陸石零分晰轉造司冊並遵例將節奉部文
於冊首敘明詳送具
題又崇明縣儲崇備糶米壹萬石另造四柱清冊
又各年減存行月米石糶價盈餘舊管無項新
收銀柒拾玖兩零開除徑收造入道光柒年秋

撥户屬事案估餉冊内報部撥用銀米拾玖兩
零實在存庫無項又買補各年平糶盈餘銀兩
實在存庫無項分造清冊附呈達部并聲明此
案報銷例應於道光捌年伍月内詳
題應俟該年四遞報銷及上届倉穀報銷造冊詳
題後接續造報所有遲延職名已於上届嘉慶貳
拾伍年倉穀報銷案内聲明等情前來臣覆核
無異除冊送部查核外相應據詳具
題伏乞
皇上聖鑒勅部核覆施行謹題請
旨

江蘇巡撫林則徐題本　題銷蘇州等府州屬常平倉道光七年份動存米穀數並盈餘銀兩
道光十三年六月初一日

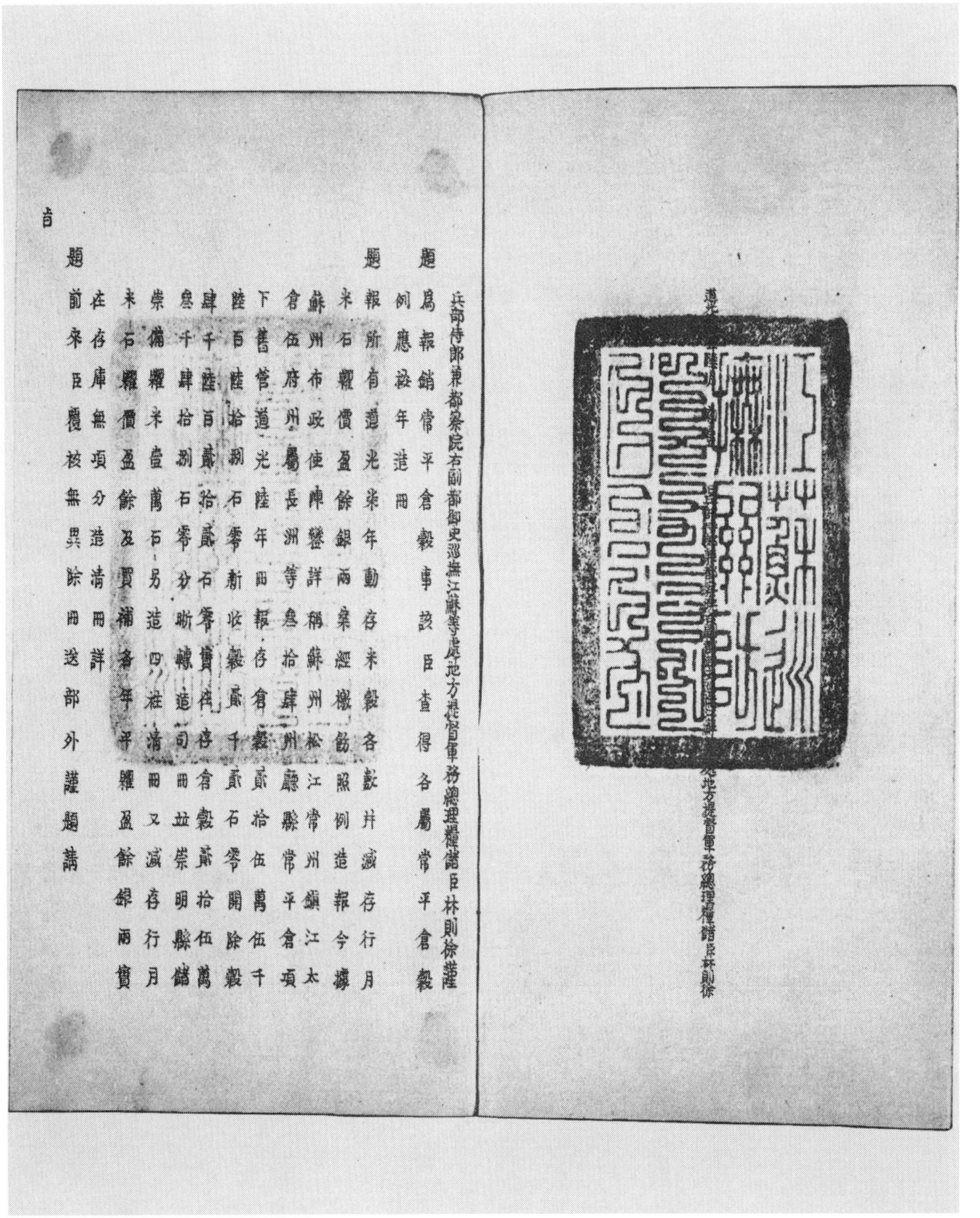
兵部侍郎兼都察院右副都御史巡撫江蘇等處地方提督軍務總理糧儲臣林則徐謹
題為報銷常平倉穀事該臣查得各屬常平倉穀
例應按年造冊
題報所有道光柒年動存米穀各數并減存行月
米石糶價盈餘銀兩案經檄飭照例造報今據
蘇州布政使陳鑾詳稱蘇州松江常州鎮江太
倉伍府州屬長洲等叁拾肆州廳縣常平倉項
下舊管道光陸年冊報存倉穀貳拾伍萬伍千
陸百陸拾捌石零新收穀貳千貳石零開除穀
肆千陸百貳拾貳石零實在存倉穀貳拾伍萬
叁千肆拾捌石零分晰轉造司冊並崇明縣儲
崇備糶米壹萬石另造四柱清冊又減存行月
米石糶價盈餘及買補各年平糶盈餘銀兩實
在存庫無項分造清冊詳
題前來臣覆核無異除冊送部外謹題請
旨

道光
……地方提督軍務總理糧儲臣林則徐

江蘇巡撫林則徐題本　**題參甘泉縣知縣鍾承露等疏防命案限滿兇犯無獲**

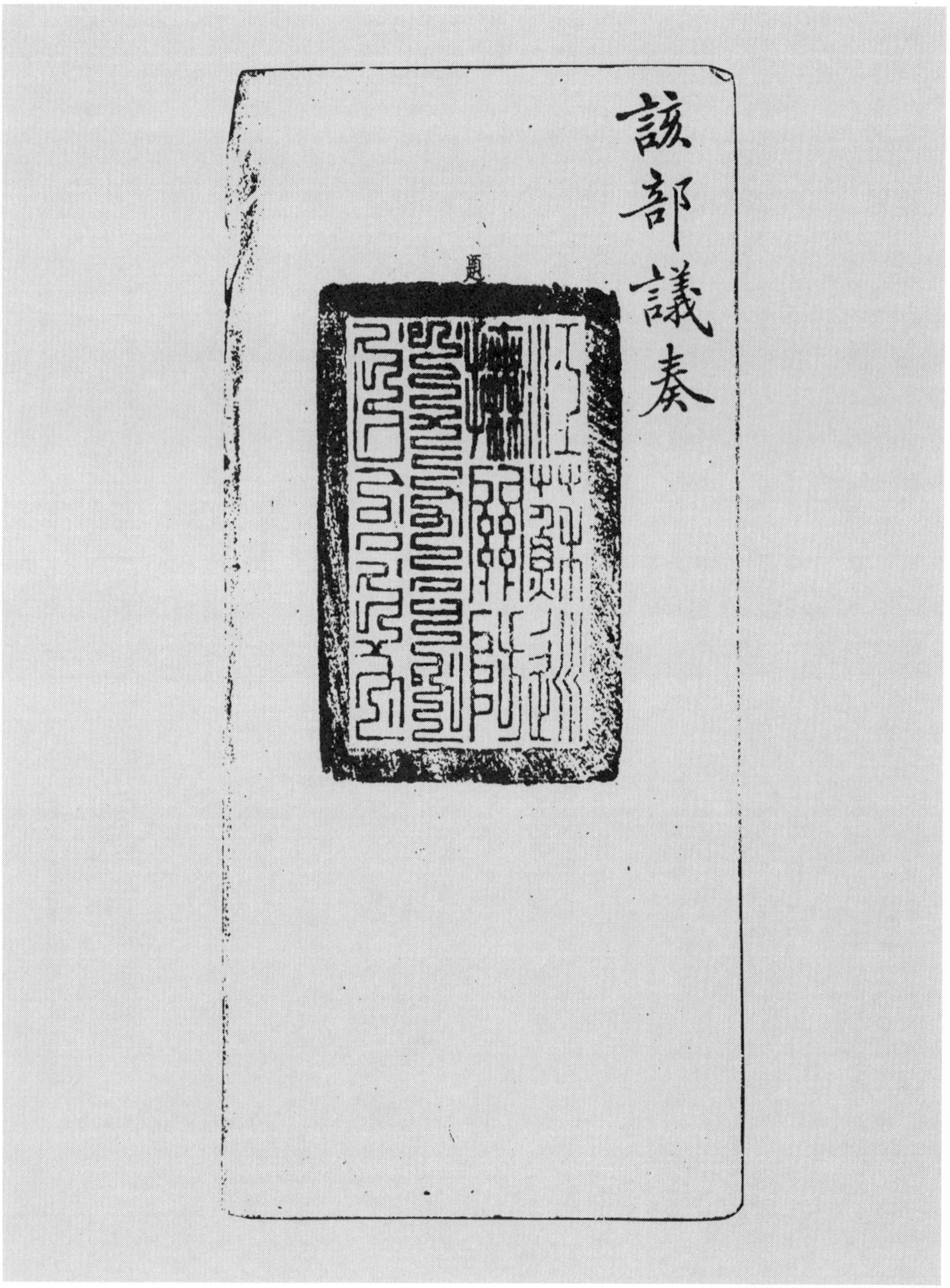

兵部侍郎兼都察院右副都御史巡撫江蘇等處地方提督軍務總理糧儲臣林則徐謹

題爲詳參疎防文職事據江蘇按察使額騰伊詳

稱據揚州府知府孫岱詳據甘泉縣知縣鍾承

露詳稱道光拾貳年拾壹月拾柒日據地保陳

松報據民婦李周氏投稱伊夫李懷逈同次子

士彙住看莊房拾陸日夜更時分被人打門進

内將伊夫毆傷身死失去衣被等物伊子喊同

鄰人張同興看視尋見夫屍在糞坑内遺有木

扁擔壹根等語往查屬實報候驗究等情並據

屍妻李周氏報同前由到縣據即會營詣勘該

處四面空地離鄰莊約有半里門扇均有損破

形跡驗得李懷逈委係受傷身死提訊地鄰屍

屬人等供與報詞相同飭牙估計失贓值銀玖
錢陸分填格取結屍飭棺殮飭取遺下斷木扁
擔核對屍傷相符帶回貯庫選差勒孥兇犯務
獲一面錄供通詳奉批緝系在案茲查此案已
有失物情形自應開系疎防如將來獲犯審係
雠殺再行詳請更正合將印捕職名開報等情
由府開具督捕督緝職名詳系到司並准巡道
開移兼轄職名前來除飭勒緝逃兇務獲究報
外該江蘇按察使額騰伊查得甘泉縣民人李
懷遇被人毆傷身死兇犯脫逃失去衣物壹案
疎防例限肆箇月應以道光拾貳年拾壹月拾
陸失事之日起扣至拾叁年叁月拾陸日滿兇

犯無獲所有文職疏防職名印官係甘泉縣知
縣鍾承露捕官係甘泉縣上官司巡檢李鳳鳴
督捕係同城揚州府總捕同知趙廷熙督緝係
同城揚州府知府王青蓮兼轄係不同城署分
巡淮揚道王貽象查督捕同知趙廷熙先於拾
貳年拾壹月拾玖日委護琉球國
貢使至山東交替公出於拾貳月拾壹日公回計
公出貳拾貳日前後接扣限至肆月初捌日滿
督緝知府王青蓮亦於拾叁年正月拾玖日調
任江寧府卸事不復回任應請議結現任知府
豫盛係接督緝之員例無處分合并聲明相應
詳報詳候核參再此案失事處所離城叁拾伍

里離汛叁拾里並無設鋪防兵合并聲明等情
到臣據此該臣查得甘泉縣民人李懷週被人
毆傷身死兇犯脫逃失去衣物壹案疎防例限
肆箇月應以道光拾貳年拾壹月拾陸失事之
日起扣至拾叁年叁月拾陸日滿兇犯無獲開
列文職疎防職名請參前來除飭勒緝逃兇務
獲究報外所有文職疎防職名印官係甘泉縣
知縣鍾承露捕官係甘泉縣上官司巡檢李鳳
鳴督捕係同城揚州府總捕同知趙廷熙督緝
係同城揚州府知府王青蓮兼轄係不同城署
分巡淮揚道王貽象查督捕同知趙廷熙先於
拾貳年拾壹月拾玖日委設琉球國

青使王山東交替公出於拾貳月拾壹日公回計
公出貳拾貳日前後接加展至肆月初捌日滿
督緝知府王青蓮亦於拾叁年正月拾玖日調
任江寧府印事不復回任應請議結現任知府
豫益係接督緝之員例無處分相應聲明列參
再此案失事處所離城叁拾伍里離汛叁拾里
並無塘鋪防兵合並陳明臣謹具
題伏乞
皇上聖鑒勅部議覆施行謹題請
旨

江蘇巡撫林則徐題本　題參甘泉縣知縣鍾承露等疏防命案限滿兇犯無獲

道光十三年六月十六日

道光……方提督軍務總理糧儲臣林則徐

兵部侍郎兼都察院右副都御史巡撫江蘇等處地方提督軍務總理糧儲臣林則徐謹

題爲詳參疏防文職事該臣查得甘泉縣民人李

榛週被人毆傷身死兇犯脫逃失去衣物壹案

疏防例限肆箇月應以道光拾貳年拾壹月拾

陸失事之日起扣至拾叁年叁月拾陸日滿兇

犯無獲開列文職疏防職名請參前來除傷勒

緝逃兇務獲究報外所有文職疏防職名印官

係甘泉縣知縣鍾承露捕官係甘泉縣上官司

巡檢李鳳鳴督捕係同城揚州府總捕同知趙

廷熙督緝係同城揚州府知府王青蓮兼轄係

不同城署分巡淮揚道王貽象相應列參謹題

請

旨

圖書在版編目（CIP）數據

清宫林則徐檔案匯編.6/ 中國第一歷史檔案館　福建省林則徐研究會　編.－福州：海峽文藝出版社，2016.12

ISBN 978－7－5550－0602－2

Ⅰ.①清…　Ⅱ.①中…②福…　Ⅲ.①林則徐（1785~1850）—檔案資料—匯編　Ⅳ.①K827＝52

中國版本圖書館 CIP 數據核字（2015）第 197942 號

清宫林則徐檔案匯編　6

中國第一歷史檔案館　福建省林則徐研究會　編

責任編輯　茅林立　陳　婧
美術編輯　劉小岳
出版發行　海峽出版發行集團
　　　　　　海峽文藝出版社
經　　銷　福建新華發行(集團)有限責任公司
社　　址　福州市東水路 76 號 14 層　　**郵編**　350001
發 行 部　0591－87536797
印　　刷　福建新華印刷有限責任公司　　**郵編**　350011
廠　　址　福州市福新中路 42 號
開　　本　889 毫米 × 1194 毫米　1/16
字　　數　695 千字
印　　張　32
版　　次　2016 年 12 月第 1 版
印　　次　2016 年 12 月第 1 次印刷
書　　號　ISBN 978－7－5550－0602－2
定　　價　300.00 元